了 解 和 爱 , 终 将 成 就 一 切 !

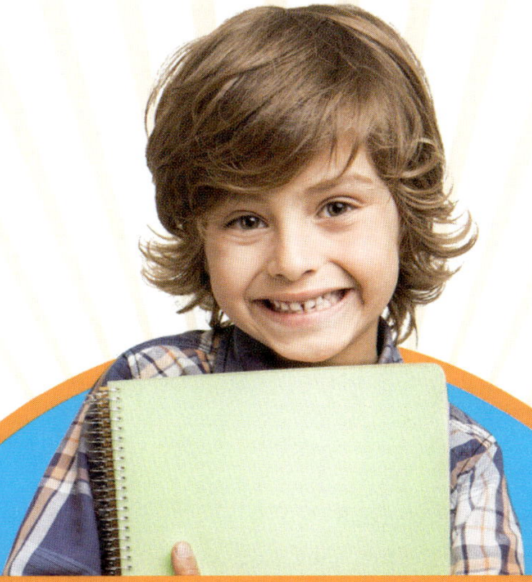

小肩膀有大担当

—— 零压力管教法 ——
还孩子承担责任的能力

上册 头脑风暴学习篇

(美) 马文·马歇尔 ◎著
赵佳荟 ◎译

图书在版编目（CIP）数据

小肩膀有大担当：零压力管教法,还孩子承担责任的能力：全2册／（美）马歇尔著；赵佳荟译.—北京:华夏出版社，2015.1
书名原文: Discipline without stress punishments or rewards
ISBN 978-7-5080-8264-6

Ⅰ．①小… Ⅱ．①马… ②赵… Ⅲ．①家庭教育 Ⅳ．①G78

中国版本图书馆CIP数据核字(2014)第251817号

Copyright © 2007 by Marvin Marshall
The Chinese edition to include the following statement:
Translation rights arranged through Deanna Leah, HBG Productions, Chico CA (www.hbgproductions.com)and CA-LINK INTERNATIONAL LLC (www.ca-link.com)
All Rights Reserved.

版权所有，翻印必究。
北京市版权局著作权合同登记号：图字01-2012-2914

小肩膀有大担当：零压力管教法，还孩子承担责任的能力

作　　者	（美）马歇尔
译　　者	赵佳荟
策划编辑	朱　悦
特约编辑	马　颖
出版发行	华夏出版社
经　　销	新华书店
印　　刷	三河市万龙印装有限公司
装　　订	三河市万龙印装有限公司
版　　次	2015年1月北京第1版 2015年4月北京第1次印刷
开　　本	670×970　1/16开
印　　张	25.5
字　　数	200千字
定　　价	49.80元

华夏出版社　地址：北京市东直门外香河园北里4号　邮编：100028
　　　　　　网址：www.hxph.com.cn　电话：（010）64663331（转）
若发现本版图书有印装质量问题，请与我社营销中心联系调换。

小肩膀有大担当

—— 零压力管教法 ——
还孩子承担责任的能力

上册 头脑风暴学习篇

(美) 马文·马歇尔 ◎著
赵佳荟 ◎译

华夏出版社
HUAXIA PUBLISHING HOUSE

图书在版编目（CIP）数据

小肩膀有大担当：零压力管教法，还孩子承担责任的能力：全2册／（美）马歇尔著；赵佳荟译.—北京：华夏出版社，2015.1
书名原文：Discipline without stress punishments or rewards
ISBN 978-7-5080-8264-6

Ⅰ．①小… Ⅱ．①马… ②赵… Ⅲ．①家庭教育 Ⅳ．①G78

中国版本图书馆CIP数据核字(2014)第251817号

Copyright © 2007 by Marvin Marshall
The Chinese edition to include the following statement:
Translation rights arranged through Deanna Leah, HBG Productions, Chico CA (www.hbgproductions.com)and CA-LINK INTERNATIONAL LLC (www.ca-link.com)
All Rights Reserved.

版权所有，翻印必究。
北京市版权局著作权合同登记号：图字01-2012-2914

小肩膀有大担当：零压力管教法，还孩子承担责任的能力

作　　者	（美）马歇尔
译　　者	赵佳荟
策划编辑	朱　悦
特约编辑	马　颖
出版发行	华夏出版社
经　　销	新华书店
印　　刷	三河市万龙印装有限公司
装　　订	三河市万龙印装有限公司
版　　次	2015年1月北京第1版 2015年4月北京第1次印刷
开　　本	670×970　1/16开
印　　张	25.5
字　　数	200千字
定　　价	49.80元

华夏出版社　地址：北京市东直门外香河园北里4号　邮编：100028
网址：www.hxph.com.cn　电话：(010) 64663331 (转)
若发现本版图书有印装质量问题，请与我社营销中心联系调换。

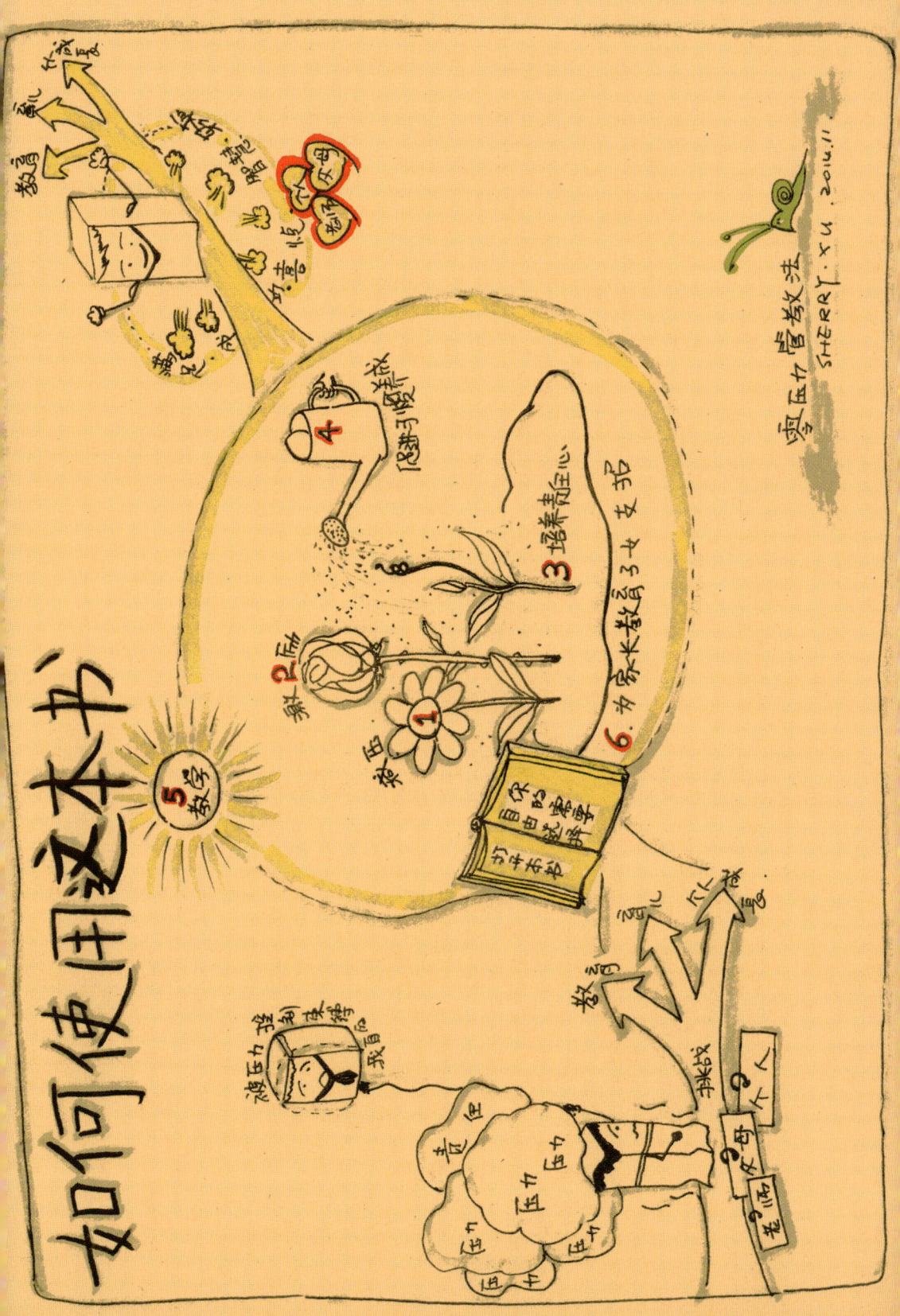

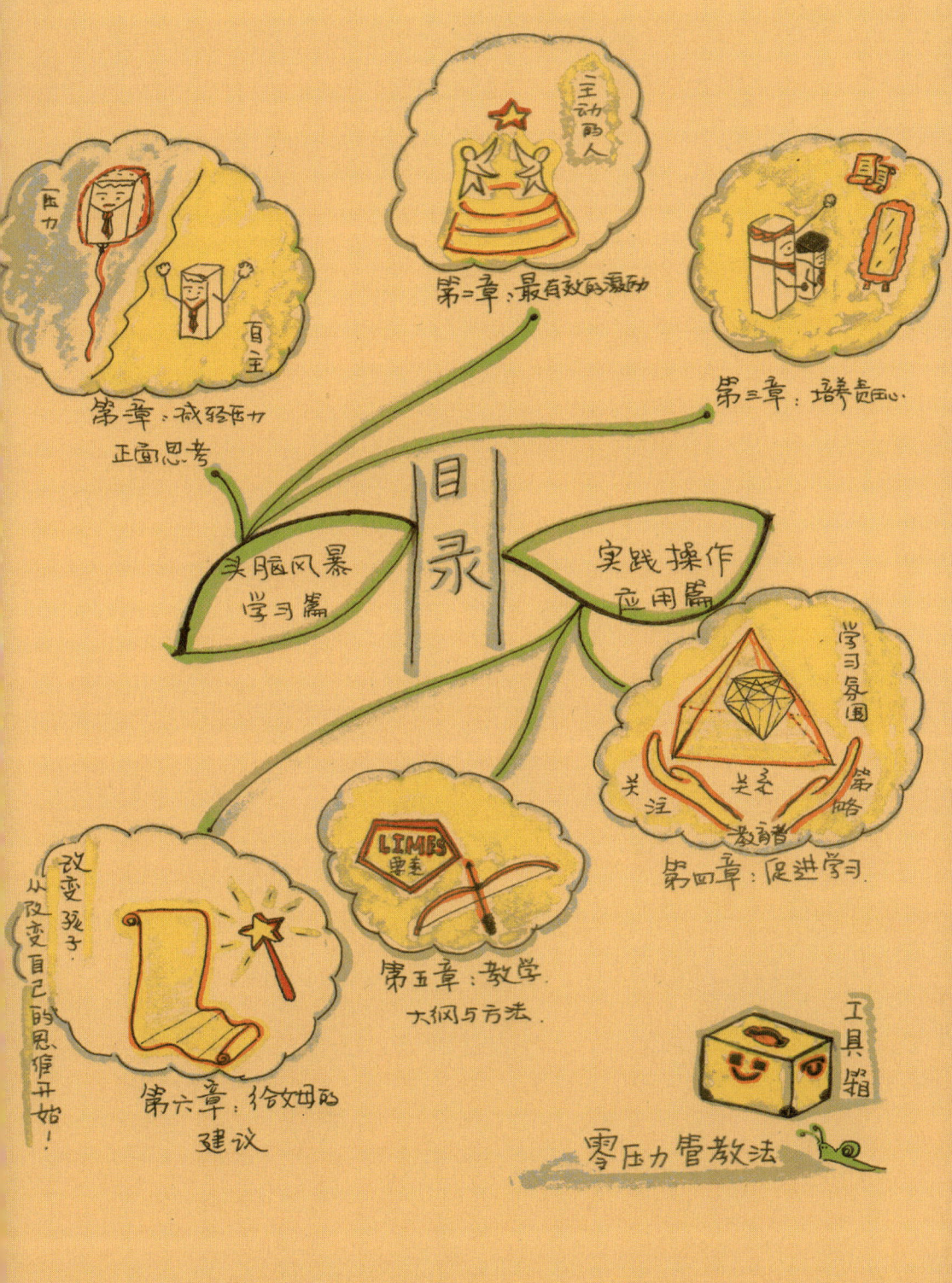

《小肩膀有大担当》受到各个领域专家热烈推荐！

如今在强调个性和个人责任感的时代，用传统的权威至上的观念禁止孩子已经行不通了，而本书所倡导的内在责任感、内部激励、正面而非负面语气沟通等观点，从方法与态度上双管齐下，开启了一个培养孩子的新概念。

——国内教育管理第一刊《校长》

每个孩子，都是带着爱、智慧、天赋而来，经历一段属于自己的独一无二的生命旅程。

他们的背上，都有一对隐形的翅膀。这本书，让我们有机会睁开慧眼，和作者一起，看见每个孩子背后，那一对天使的翅膀。相信孩子的力量，他们可以自由地飞翔。

爱孩子，来读吧！

——视觉引导师 徐向荣（Sherry）

一口气读完这本书。很赞！

孩子来到这个世界，他就是一个独立的人，我们应该把他当我们的伙伴（Partner）。我们就该和孩子伙伴，一起成长，一起学习，一起创造未来。

这本书就是在教我们，怎么和孩子这个伙伴（Partner）有效沟通，找到和他共同的目标（Objective）。

——POA行动力课程原创人、上海益优青年服务中心理事长 张宁

培养有责任有担当的孩子，就是在为他们构筑最好的未来！

——创新派美术教育专家 胡春秀

这个"零压力管教法"简直就是"富尔曼儿童技能教养法"的另一个版本!有人一直在问,"富尔曼儿童技能教养法"背后的理论依据是什么?这本书可以给你答案!

——儿童技能教养法中国推广第一人 李红燕

你希望孩子自我负责、自主管理吗?想从与孩子的冲突中解脱出来吗?不论是老师还是家长,本书都会让你从不自觉的负面思维和情绪中走出来,学会正向的、积极的对话,让孩子把心打开,愿意接纳我们的建议。它将帮助我们构建亲密的师生和亲子关系。

——北京中关村一小 特级教师 刘峰

《小肩膀有大担当》这本书,无论是它外在形式还是内在理念,都以教育最本来的面貌呈现——轻松的、愉悦的。马文·马歇尔带着对孩子满满的爱,把如何从内在激励孩子的方法娓娓道来,让家长和老师感觉到"相信孩子"的力量,让家长和老师们体会到:真正美好的品格,是得到充足的爱和允许之后,灵魂最自然的选择。我相信,只要老师和家长能够按照书中的指导去开始实践,就一定会给自己和孩子带来积极的转变,也一定会创造出属于自己的"锦囊妙计",和孩子共享美好的成长之旅。

——亲子教练 李春苓

《小肩膀有大担当》VS. POA行动力公式

一口气读完这本书。很赞，让我想起一次分享POA公式的经历。

先简单介绍一下POA公式：POA行动力 =（Partner 伙伴 * Acceleration 方法）/ Objective 目标。做任何一件事，伙伴的多少以及方法的有效性和行动力成正比，而和目标的多少则成反比。

那一次分享会上有一个奶奶级的学员，也是我的一个好朋友，一家慈善基金会的副秘书长。在分享会后，她找我寒暄，我问她近况，她说："我现在的O（目标）就是我的孙子了。"

我听完微笑着问她："你的孙子难道不应该是你的P（伙伴）么？"

她瞬间恍然大悟道："对啊！是P伙伴，我们的O应该都是家庭幸福。这下我想通了！"

很多时候，我们有了孩子以后，就把孩子当作自己人生的O，所以就有这么一句话：一切为了孩子。其结果往往是把孩子当一个"物件"一样来保护。所有家庭伙伴P的关注点都集中在孩子O身上，这难道不是巨大的压力么？

其实，孩子来到这个世界，他就是一个独立的人，我们应该把他当我们的伙伴P。作为伙伴P，我们就该和孩子一起保持整洁，一起帮助别人，一起成长学习，一起创造未来。

POA行动力课程原创人、上海益优青年服务中心理事长　张宁

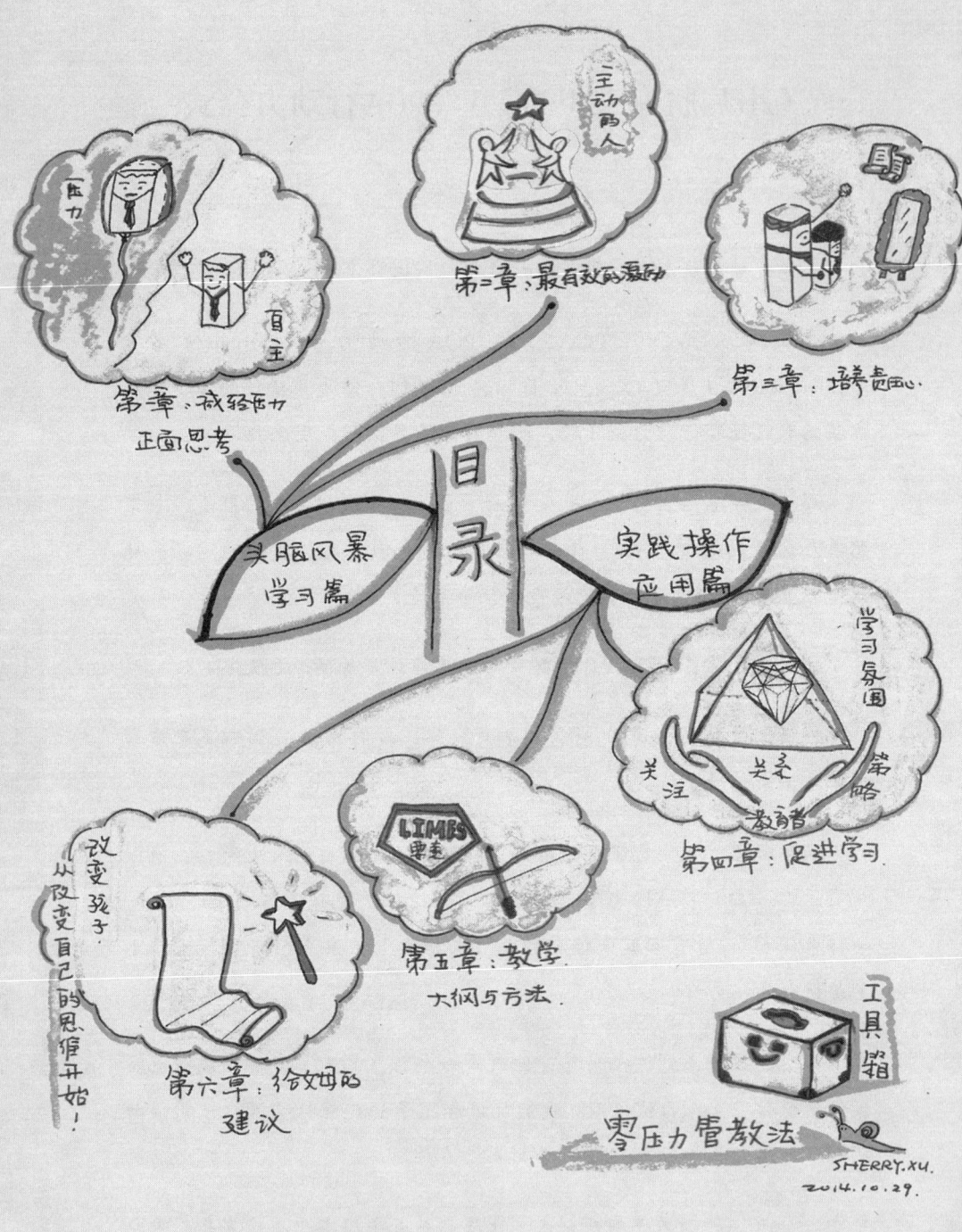

目录

上册：头脑风暴学习篇

序言	1
为什么要选这本书	2
作者简介：谁是马文·马歇尔？	6
写在再版前的序	8
来自方方面面的心得体会	11
一封封热情的来信	30

第一章 减轻压力：给孩子们的皮球放放气 1

开始加强对事物掌控能力的练习了	3
正面思考的力量	5
扔掉"受害者"心态，抓住选择权力	15
学会反思与自我评价	23
理论总结	30
实践操作：我们一起来练习	32

第二章 最有效的激励，事倍功半 35

万丈高楼平地起，有必要知道的理论基础	39

外在与内在动力	45
奖励的效用	53
惩罚的效用	63
奖励与惩罚——一枚硬币的两面	71
说教	75
调整思维模式	78
结论	82

第三章 培养责任心　　85

守纪律离责任心有多远	89
责任心培养体系	92
检查学习效果	113
引导选择	125
总结，回顾，结论	133

下册：实践操作应用篇

第四章 促进学习　　139

培养学习气氛，建立良好关系：谢谢老师在乎我们	143
规矩or期望，效果大不同	146
"减少匿名"带来的神奇效果	152
指导与策略	157
课堂会议	160
用协作取代竞争——提高学习质量	175

减少对完美主义的追求 184
对冲动与愤怒情绪的控制 187
如何对待棘手的孩子 191
总结、回顾、结论 196

第五章 教学 199

谈谈教学大纲与教学方法 203
最有效的管理小窍门：让孩子秩序由混乱变有序的法宝 258
如何让家庭作业的布置变得生动起来 268

第六章 给父母们的有效建议 273

改变孩子，先从改变你的思维开始 276
帮助你开始具体操作 291
处理孩子们彼此间问题的七个小诀窍 305
总论 317

零压力管教"百宝箱" 321

关于激励学生的一些建议 323
零压力管教：以非强迫性的手段为核心 330

责任感培养体系 334
本书的私人订制 336

致家长们的样板信	339
作文	341
"自我诊断书"（高年级版）	343
"自我诊断书"（低年级版）	345
给父母的便条	347
设计学生的执行范本（以4-6年级为例）	349
老师们来练习责任感培养体系	353

序言

"我真拿这孩子没办法啊,我该怎么办?"

在演讲、家长或教师网论坛以及读者答疑时,很多人会问我这个问题。

"不用拿他怎么办,教导他,让他自己学会该怎么办。"我的回答是,"零压力管教"恰好为此而生。

责任心是一个与众不同的话题。责任心决定一个人的行为,就像进程决定事情是怎样完成的一样。

马文·马歇尔的零压力管教法,对于过去传统应用于青少年的一些假设和做法具有极大的冲击。因为零压力管教证明:现在孩子们的成长环境发生了很大改变,这让一切依赖于外部规则、秩序、奖励或惩罚来引导学生行为的方法都变得不再恰当。甚至可以说,产生了相反效果。

零压力管教绝对是一个教育界里程碑式的培养孩子新概念,绝对值得一读!无论你是刚刚工作的新手教师还是有着丰富教学经验老教师,无论你是有亲子教育压力的父母,甚至是人际交往咨询师、企业管理者,无论你是教育学教授还是仅仅想培养青少年的责任心、促进他们成长的普通父母,你都应该看看这本书!因为你将发现,这本书的每一章都能告诉你一些方法,而这些方法能使你对别人包括孩子的影响力大增,并能成倍地提高沟通效率。

——哈里·王,

销量百万、畅销书《如何做一个有效率的教师》的作者

为什么要选这本书

📝 这本书是为我而写的吗？

如果你正在承受巨大压力,这本书可以帮你消除压力。如果你是一位倍感压力的父母或老师,这本书会特别地适合你。

📝 这本书适用于什么领域？

本书涵盖了三个领域的内容:教育、育儿和个人成长。它针对以上每个领域的实际问题都提供了可行的解决办法。曾有一次,在圣路易斯的人格教育大会上,一位教师跟我说:"我很兴奋,我将把我今天从您这里学到的东西运用在十几岁的女儿身上。"

📝 本书的秘诀可以用在哪些地方？

本书所讲授的秘诀可以应用于任何种类的课堂、学校及年级,以及所有青少年或青少年团体上。甚至可以用在日常与人交往中,比如父母与子女之间,夫妻之间,或上司与下属之间等。

📝 什么时候可以开始使用这些方法？

书中的每个建议都可以立即使用,赶快行动吧!

如何使用本书？

✏️ **为什么要选这本书，而不是别的书？**

经历30年的教学咨询、督导、监督及学校管理的工作后，重新审视课堂，我发现：社会和青少年都在变，而父母、老师却仍在用早已不合时宜的方法教育青少年，孩子们不愿接受这种教育方式，于是"不守纪律""不听话""问题孩子""让人头疼"这些负面的形容词都被套在了孩子们身上。这本书就是让你从源头改变这种情形，培养青少年自发的责任与担当。

以下是我总结出的经验的其中三点，与大家分享：(1)你一味强调服从会招来抗拒甚至是反抗，如果你强调的是孩子自己的责任心，相信我，他们会听你的话的。(2)一味崇尚规则管理，只会使你更像警察，而不是教育孩子的人。(3)尽管你能控制一个人，你却不能改变他。人们只能改变自己。所以不改变自己，只强迫孩子改变是最无效的教育手段。

当我开始在各种各样的研讨会中与人分享我的方法策略时。越来越多的人问我："你这一体系有出版成册吗？"于是，在众多老师、父母、听众等一系列人的"逼迫"下，我出版了这本书。

✏️ **该如何阅读这本书？**

本书的每一章节都是独立的。不必按照刻意特定的顺序来阅读。譬如说，你现在最需要的是学会如何减压，如何实行不强迫的纪律制度，

那就直接翻到第三章,阅读"如何培养责任心"即可。

这本书有什么内容?

下面是本书大纲:

1 如何减缓压力

本章介绍了3个基本原则:积极的力量、让孩子自主选择、反思与自我评价的重要性。最后以一个练习作为结尾。展现出通过实践本章所说的原则,你的生活将变得不仅仅更成功,而且会更满足。

2 什么才是最有效的激励

我们在试图影响他人时,背后往往有某个理论依据。在介绍了必要的理论后,将探讨内部激励和外部激励的区别。接下来,探讨奖励和惩罚两种方式,并解释为什么它们像一枚硬币的两面。我们还会说到"倾诉"的重要性。本章的最后是关于"观念模式"的讲述,即观察力和知觉力是如何转化为动力。

3 培养责任心

本章主要介绍的"责任心培养体系"基于人的内在激励机制,是一种非高压体系,促使青少年自发产生责任心。这一机制的可行性很高。整个项目分为3个部分:(1)介绍4个最重要的概念;(2)当学生表现出不负责任时,要检查他们对概念的理解程度;(3)孩子不停捣乱,就要运用权威制止他,但不能运用处罚手段。

4 促进学习习惯的养成

本章开头探讨了学习气氛问题。接下来会给出关于如何改善关系的建议。这些建议不仅能改善老师与班级之间、学生与学生之间的关系，还能改善老师与个别学生之间的关系。本章提供的策略有：课堂会议，通过协作而不是通过竞争来取得更好的学习效果，以及减少完美主义等。最后提供一些关于减少冲动和情绪管理、应对棘手的学生方面的策略。

5 关于课堂教学的基本问题

本章的主题包括：左右脑模式（包括心智地图）、多种才能、学习模式、情绪、风格、授课计划、智力水平、教学问题、运用小组提问的方法、用关键词提问或作答、发挥想象力、讲故事、元认知、调动感观、有助于回想和记忆的其他一些建议、课堂管理以及家庭作业。

6 为家长教育子女支招

这一章包括：养成积极思考的习惯、提供选择、鼓励反思、有效地运用提问、通过倾听学习、减少说教、检查预期目标、把注意力集中在重要的事情上、请孩子帮忙、读懂隐含信息、培养责任心、展示自己的责任心、保持一定的标准、不通过处罚来展示权威、让青少年说了算、对付冲动的教学进程、介入兄弟姐妹之间的拌嘴、注意性别间的区别、用感谢代替表扬、尊重家庭作业、学得更聪明，而不是更勤奋、注重培养发展孩子的天性、享受做父母的喜悦。

作者简介：谁是马文·马歇尔？

马文·马歇尔——零压力管教儿童研究第一人。他向大家展示了，如何用非高压也非放纵的零压力方法培养孩子的责任心以及学习习惯。

没有哪个父母不为了孩子而竭尽全力，但最美好的愿望却不一定给孩子带来最好的结果。

经历30年的教学咨询、督导、监督及学校管理的工作后，重新审视课堂，马文·马歇尔发现：社会和青少年都在变，而父母却仍在用早已不合时宜的方法教育青少年。

1. 你一味强调服从则会招来孩子抗拒甚至是反抗，如果你强调的是孩子自己的责任心，相信我，他们就会听你的话的。

2. 尽管你能控制一个人，你却不能改变他，人们只能改变自己。所以不改变自己，只强迫孩子改变是最无效的教育手段。

3. 解决课堂纪律问题，同时也是解决孩子无人监督时的自控能力——是当今一大重要的教育问题。

其个人在教育领域丰富的工作简历如下：

★ 多年的小学一线教育经验，并曾任洛杉矶加利福尼亚州立大学教育系的全职培训师。

★ 曾任多年多所初高中的顾问，并担任督导部主任。获得威廉·格拉瑟研究机构颁发的"现实治疗法"及"选择理论"的资格证书。

★作为模范教师指导其他教师并制定教学大纲。曾当过课程主任、教学协调员以及高中副校长分管课程设计及指导工作。

★曾担任过小学校长、初中副校长、高中体育指导主任、分管督导的高中副校长、高中校长以及区教育主任。

★硕士毕业于洛杉矶加利福尼亚州立大学经济及商业学院，专业方向为领导力及参与式管理。

★博士毕业于南加利福尼阿亚大学，研究方向为课程设计、管理及指导。

他在教育领域的专业经验丰富，经过近30年历练，马歇尔博士回归到课堂教学，并开发出零压力管教法中最为著名的责任心培养体系。这套体系涵盖了整个教学系统，从乡村、郊区到城市的学校，小到托儿所，大到高中，都适用。它的策略也同样适用于不同国家，不同家庭与青少年的环境。该体系是马文·马歇尔教学模式的一部分。

他致力于引导教育者、父母及管理者们摒弃强制性的外部管理手段，而使用更强有力也更易被人接受的内部因素来达到教育目的，从而培养青少年责任感及良好学习习惯、提高学习效率、改善孩子们人际关系，最终完成减轻青少年和成年人相处的各种压力。实现各负其责，轻松高效的零压力管教。

写在再版前的序

本书的第一版问世之后,马文·马歇尔的零压力管教法形成并发展起来。该模式涵盖了各个核心概念,便于查找。这受到了广大老师、家长的一致欢迎。并给出了非常积极的良好回馈。

于是,借本次再版的机会,我们特别增加了一些上次出版后新写的具有代表性的文章,能很好诠释这一教育模式的各个核心概念。

第一篇"来自一位校长的体验"。讲述了校长如何运用第一章三个原则改变了许多人的职业生涯及生活。

第二篇"这是新教育模式的启蒙书",讲述了一位过去曾经运用奖励等外部手段引导学生行为的教师改变了方法,尝试运用本书第三章中培养责任心体系的内部手段来教导学生,并收到了很好效果的案例。

第三篇"课程、指导、课堂管理与纪律"。只有明白问题的本质,才能解决问题。譬如,人们常常把课堂管理和纪律混为一谈,甚至觉得它们是同义词。这一部分中,把极为重要的加强教学的四个领域进行精简介绍。

本版书我们还隆重推荐的是:

1. 在"一封封热情的来信"这一部分,我们选取了一些读者来信。

他们的经验都是在执行了本书第一版并把零压力管教法运用到实际情况之后得出的。阅读这些来信，你将对本书理念实施起来更有信心。

2. 上一版中的"责任心培养体系"也将扩展成更为全面、能促进个人学习及提升学术素养的模式。

3. 我们还增加了对不同程度的学生分类指导和示范性课程的介绍。

4. "激励"是本书的重要话题，我们给出了关于如何激励学生学习的特别建议。

教学过程本应是构建高效课堂的基础。然而，大多数时间里，学生都在开小差。原因在于，学校并没有教老师们尝试或必须使用吸引学生注意力的方法。应广大老师读者的要求，在这一版本的附记中，特别分享了我在培训演讲过程中使用的一些技巧。

附录中还把责任感培养体系与人类社会发展的四个阶段作了类比。

读者在读附录中的文章和自我诊断表格之前，必须先想好一套实施进程。

> 社会进步，青少年的思想也在改变。很多成年人觉得拿青少年束手无策是因为，他们依旧用着一味强调顺从听话的老一套来要求现在的青少年。他们并没有培养青少年责任心的意识。而今天这个强调个性和个人责任感的时代，传统的权威至上观念是行不通的。

本书介绍的方法简单易行，看完后你会觉得要是早点运用就好了。但是，要知道万事开头难。青少年在尝试新鲜事物时承担的风险很少，成年人则不同。成年人摆脱固有的模式和习惯、尝试新事物时常常感到焦虑和不习惯。一开始就认识到这些问题会使你更容易解决它们。尝试新事物意味着养成新习惯、建立新的神经连接。只有在反复不断尝试过后，你才会觉得这些尝试变得简单起来。

  2001年2月，本书的第一版出版半年后，我开始开通了免费的每月一次的电子邮件服务。每一期电子邮件都有不同的板块，分别是关于培养责任心、提高效率、改善关系、培养学习能力以及非高压性的管教方法等。在此诚意邀请你在 www.MarvinMarshall.com 订阅此邮件。这个网站同时还有很多有趣的文章和出版物的链接。

马文·马歇尔
2007年2月

来自方方面面的心得体会

来自一位校长的体验……

去年4月，我的人生之旅有了新体验。这个体验不仅极大地改变了我作为校长的人生，也改变了我的自身生活。去年是我当小学校长的第5个年头，一位同事建议我参加加利福尼亚州阿纳海姆市举办的美国小学校长联盟大会。同事极力推荐我参加这个大会，因为他从这个大会中获益良多。

我兴致勃勃报了名，开始思考我在会议期间的主要目标。我觉得我应该特别改善一下和那些问题学生的沟通技巧。例如，有个一直表现很糟糕的三年级孩子，我和一位老师每星期都去帮助他，但我们感到越来越生气。我们一直和参与我校行为纠正项目的家长们面对面商讨，情况却未得到改善。我相信，一定还有一些有效的教育方法，可以帮助我和同事以及家长们摆脱困境，从而使有行为问题的孩子们改变行为。

带着这个目标，我参加了大会所有关于"问题学生"、"麻烦学生"的研讨会，第一次聆听马文·马歇尔的演讲。他严谨缜密地谈论关于积极、选择以及回馈等主题，让我感到醍醐灌顶，我终于找到了解决我们学校及我本人所遇问题的方法了。

在马歇尔博士演讲结束后,我和身旁的一位先生交流。他似乎早就知道马歇尔博士的体系,我便问他的学校是否在用,得到肯定的答复后,我迫切地想听听他的感想,他只用了一句话来回复我:"学校里凡是使用了马歇尔博士教育理念的教师在学年结束时都会特别伤心,因为他们舍不得离开那些孩子。而没使用这个理念的老师们早就迫不及待想结束这一学年了。"这句话让我兴奋不已,我马上买了马歇尔博士的这本著作并随身携带,以便在飞机上阅读。

飞机在新泽西着陆之前,我不仅看完了书,而且做了笔记和详细标注。在其后的四月内,我又详细地把马歇尔博士的书重读了至少两遍,有些章节甚至读了三四遍。无论走到哪儿,我都带着这本书,学校、家里、朋友午餐,甚至家庭聚会时都带着。这本书最大的特色不在于它有什么杰出的言论或震惊世界的发现,而在于它能引领我们走向一条教育孩子的全新道路——一种通往崭新的思维方式的道路,一条能让孩子们更有责任心的道路。

这本书讲的是关于积极思考、赋予学生选择权力,以及运用反思性问题引导学生行为,从而培养他们的责任心。于是,我决定每天早上起来后都要提醒自己以积极正面的方式思考和生活。

只是换句话,效果大不同!

因为这本书,我决定每天早上迎着朝阳,向同事们和学生们微笑致意,祝他们有愉快的一天。我还尽量对学生作出正面的评价,用让他们愉悦的方法表达。

我尝试用"让我们走回教室吧"取代"不许乱跑!"
午餐后,我用"安静地收拾餐具吧"替代"不许吵闹!"

过去，每当开会或午餐时间，我们常常通过拍手的方式吸引学生注意。而现在，采取了马歇尔博士的建议，每当这时，我就抬起手开始计时，看看学生要过多久才能恢复安静。如果所用时间比想象中的长，我就会说："这次用了10秒钟。希望下次更快些。"然后，再尝试一次，结果，他们一定会比上一次要快。

我的感觉真是棒极了！人们开始以我对他们的方式来回应我。我养成了积极思考的习惯，而此时，若其他老师用以前的那种方式说话，我会马上察觉到那很烦人。这时我才意识到，原来之前有这么多教育者正在以负面的方式和学生或其他人说话啊！

当感受到这套方法的良好效果后，我尤其希望和其他老师分享我对这本书的心得体会，但又不希望他们觉得这是个命令。于是我决定，在自己尝试了一段时间之后，和其他老师们一起探讨关于学生行为以及他们与学生的沟通方式的问题。

孩子，你有选择的权力！

同时，我开始尝试给学生选择的权力。这对我来说比较容易，因为过去我尝试过。我一直认为孩子们应该积极参与到问题和冲突的解决中来。在课间休息时、午饭时，或者在校车上，在和学生聊天时，我常常会把话题引到他们如何做选择以及怎么才能做出正确的选择上。如果他们的回答让我满意，我就会说："孩子，我同意，你说得不错。"——这是马歇尔博士的原话。每当这话奏效时，我都会觉得，实行这一原则感觉太棒了！

反思性问题让头脑"灵光乍现"

再后来，我开始尝试马歇尔博士体系中最难的一部分——反思性问题。这对于教育者们尤为艰难。因为，我们习惯于不停地告诉孩子们该做什么、怎么做、什么时候做、为什么要做,当我们停止这样的时候,会觉得自己没尽到责任。但是这时,谁是思考和反思的主体呢?当然不是孩子们了!而当我们运用反思性问题时,孩子们马上就得做出反馈。然而提出反思性问题不是一件自然而然的事,需要反复练习。刚开始我显得很笨拙。我觉得我的大脑为了提出这些问题已经在超负荷运转了。甚至不得不多次重读书上的例子,然后,才会感觉好一些。但这种尝试是非常值得,很快我就看到了它的积极效果。

5月,老师们都发现,我无论走到哪儿都拿着这本书。在小组教研计划会议上,我问他们是否满意学生的表现。我们还谈论了不同的课堂教学进程以及他们是如何处理学生的行为问题。他们坦言有些时候并不能如愿地纠正学生的不良行为,这使得他们倍感江郎才尽,压力巨大。于是我开始和他们分享马歇尔博士的理念。老师们都对于阅读他的书及执行这些理念表示出极大的兴趣。

于是,我用学校的管理经费为每位有兴趣的教师订购了一本,在6月的最后一次教师大会上发给了他们,希望他们能在暑期读完。9月,这些教师都准备好了。开学前一天,我们又看了马歇尔博士的介绍录像。这让在暑假里读过他书的人有了很好的回顾,而那些没读过的人也有了基本认识。然后,老师们按照书中的4个层级行为制造了公告板:A级:混乱无序(Anarchy);B级:蛮横专制(Bullying/Bossing);C级:循规蹈矩(Conformity);D级:民主(Democracy)。我们还把马歇尔博士网站上的海报打印出来张贴在每个教室。

初尝胜利果实

9月底,全校师生都能对书中的理论了如指掌。我可以随意问教学楼中的任意学生:"你现在到第几层级了?"他们能马上回答出来。对于学生们来说,最佳目标当然是C级或D级,有些学生马上认识到这一点,并能努力尝试作出正确选择。有个二年级学生的朋友在万圣节前病了,他担心朋友因没法去"不给糖果就捣蛋"(指万圣节孩子们挨家挨户要糖果等礼物,如不遂愿便恶作剧一番的风俗)而失望。于是他问父母能不能把要到的糖果分一半给朋友,他父母就开车把他送到朋友家。这就是第 D 层级的一个典型范例。要不是生病孩子的妈妈第二天打电话向我表扬那个孩子,我对此事还一无所知呢。

当然,还有一些孩子则需要受到更多提醒和引导。特别是那些平时行为就有偏差的孩子。在每周的小组教研会议上,我们都分享经验,互相提问,帮助对方实施这些原则。我们还组织了课后的讨论活动——"读书俱乐部"。老师们自愿参加,一起讨论阅读马歇尔博士书的感想和执行书中理念的经验和体会。我特别享受这一刻——坐在后排听别人分享他们的故事。

一年很快过去了,我的生活和过去大有不同。我每天都过得积极乐观,已经能驾轻就熟运用反思性问题了。我和学生的交流一般都是平和的,交流目的在于让他们反思并且思考如何能尽快地达到 C 或 D 层级的要求。一名一年级学生担心她朋友生日时,她没有什么能招待大家的。她问妈妈能不能和她一起为那位朋友做曲奇。于是她们烤好了曲奇,在朋友生日那天带到他家,和班里的其他同学一起分享。朋友高兴极了。这是一典型例子,表明孩子在正确的时间能够做出正确的行为。

"马歇尔计划"与电动牙刷

在最后,我想把马歇尔博士的理论(我们现在把它昵称为"马歇尔计划")比喻成为电动牙刷。过去,我总是使用手动牙刷,比如说强生、欧乐或每次看完牙病后牙科诊所给的其他牙刷。在我使用电动牙刷前,我从未想过,有什么能更好地清洁我的牙齿。用电动牙刷牙真的比较简单吗?刚开始并非如此。

正如说明书所说，头几次使用时，我们感到刺痛感。我们放弃了吗？没有，我们觉得值得继续尝试。用电动牙刷必须有许多的注意事项，比如说，一定要闭上嘴，否则牙膏就会流到下巴上。如果你忘记把电源关掉就把牙刷从嘴里拿出来，牙膏就会甩得到处都是。牙刷内置了一个计时器，两分钟后就会自动停止。而当你用手动牙刷的时候，你随时随地都能开始或停止。

在对我刷牙习惯进行了如此多的调整和适应后，效果太明显了！我的牙齿比过去干净了许多，我再也不想用手动牙刷了！这就像是我认识了马歇尔博士之后发生的改变一样，我再也不想回到以前的生活了。这个过程简单吗？不，但它物有所值！我变成了一个更加积极更加快乐的管理者，这也使得我的生活大大地改变了。

教育博士 玛丽·卢·塞布拉

新泽西州沃伦市中心小学校长

这是新教育模式的启蒙书

大概在25年前,刚刚开始教书。我每天都在为课堂纪律烦恼。于是,我如饥似渴地翻阅有关的教学杂志,希望获得一些方法和灵感。在某篇杂志中,我发现其中一个教学技巧大受好评,那就是:

把班级分成不同小组,哪一组表现良好或是学习刻苦就给他们高分。每星期,都给得分最高的小组一些奖励,比如巧克力棒、漫画书,或者漂亮的笔之类的。杂志上说,用这一方法能使学生自律,并发挥出最大潜能,好好学习,成为心地善良的人。

在这一诱人结论的促使下,我希望借此改变那些偶尔挑战我权威的少数学生,更好地激励班里其他大部分学生。当时读完杂志就觉得:这真是简单易行的好方法呀,我怎么自己没想到?

这方法真的简单易行吗?

在实际操作的时候,我发现这方法,对我来说并不有效。我想,也许是因为我没有足够的技巧使得这个计划奏效。事实证明,我并不是好裁判,没法准确判断谁应该得到奖励。我看不出哪一组最安静,没法精确评判哪组写字写得最工整,更没法观察到课堂上所有"良好表现",孩子们只好不停地打断我指出自己做了哪些好的行为。

渐渐地,学生们发现我没法控制局面,一些更敢说话的学生开始和我争辩,甚至发展到"好学生"也和我争论我哪些分数给得不对。这和我之前的想象完全不同呀！孩子们并没有变得更合作、更自律、更专注于学习。恰恰相反，他们变得贪婪而叛逆，只关心一样东西——分数，只想比别的组得更高的分数！

那些曾经为人着想、行为良好充满动力、为了享受学习乐趣而学习的好学生哪儿去了？

我想营造的互敬友好、目标明确的课堂环境又哪儿去了？

为什么孩子们对周一早上颁发上周五奖品更感兴趣而无视我花很长时间精心的备课？

我觉得，自己作为老师太失败了！

探　索

我意识到，没有人真正享受这一竞争过程，我受够了一片混乱的景象了！不能再按照杂志上说的去做了。三个星期后，我接受了这一事实：我并非杂志上所假定的可以做出精确判断的老师，我得另想办法。于是我从经验出发，反思曾经教过我、给我印象深刻的启发性的优秀老师，他们身上有着怎样的品质？

🦋 他们这样建立和学生之间的纽带：

- 尊重学生，行为友善。
- 用诚恳而直白的教学方式。
- 对每个人都感兴趣。
- 与我们分享自己的人生经验。
- 平易近人，使我们有安全感；愿意鼓励和帮助每个人。

🦋 他们对学生寄予高度的期望，希望学生能：

- 努力学习，

- 不断尝试，
- 不断思考，
- 表现良好。

他们通过下面方法实现优质的教学效果：
- 通过营造具有吸引力的课堂氛围引起大家注意，
- 给学生愿意上课的理由，
- 使学习变得有意思，
- 运用多种精心准备的教学手段，
- 布置多种形式的有意义的作业。

在接下来的 20 年，我不断追赶这些让人印象深刻的老师。虽然大方向越来越清晰，我依旧每天都在处理行为不当、反应迟钝或不愿意负责的学生问题上苦苦挣扎。就像已经有了很确定的目的地，却对如何到达毫无头绪。最终，我决定开始研究激励原理。

我开始寻找基于内在激励机制的教学和管教方法，事实证明，它们非常有效。我们要抛开一切噱头、奖励和标签，不进行任何权宜之计或是对良好行为的赞颂。经验证明，上述东西都无法带来长期而持久的效果。我决定找寻一种方法，使得孩子们在我的引导下都变得自律、有责任心。但我仍然面临一个挑战：到底该怎样才能使得 6 岁的孩子做到以上这些呢？

尽管我头脑中已经有清晰的目标，事实上我依然缺乏实际的教学方法。我需要一套切实可行的教学方法，让我能帮助那些课堂上做白日梦的、捉弄同学的，或在校园里打架的孩子们得到改进。我又一次垂头丧气了，似乎要在找寻一种根本不存在的教学方法中度过余生了。

直到某一天，我看到一个邮件提醒对话框，内容是有关于基于行为纠正和其他方法的管教计划。于是我输入了"奖励与惩罚"进行搜索,搜到了一个网站,站名是"马文·马歇尔博士——不奖不罚零压力的管教方式"。

这不正是我梦寐以求的东西吗!这个网站讲述了一个简单体系,与以往一味强调听话的体系不同,该体系是基于内部激励的。我终于找到了!就是它了!就是它能帮助我把孩子们培养成为有责任感的人!

我认真地研究了这个网站,发现实行该体系有3个基本原则:

1. 对老师自己来说,对任何事情都要很积极乐观。因为孩子们自我感觉良好时,他们能做得更好。

2. 告诉学生们,无论在何种情况下他们都有选择应对方式的自由。有权力做出选择。因为孩子们变得更有自制力也更有责任心了。他们觉得被赋予权力了。

3. 我学会问学生一些能促使他们自我评价及反思的问题。

通过反复练习这些原则:正面思考、赋予学生选择权以及鼓励他们反思,我作为教师的压力大大减轻了。当我把孩子们的行为问题当作是我改进教学吸取经验的手段而不是麻烦事的时候。我的目标就变成了是影响学生,而不是强迫他们做出行为上的改变。

责任感培养体系的三个阶段

在文章的第一部分,马文·马歇尔详细介绍了责任感培养体系的基本理论。在课堂应用上,这一体系可以分为三个阶段:

第1阶段:教授学生层级分类。责任感培养体系的基础是社会的层级发展。不同的课堂表现可以归类为不同层级。我选取了一些我班学生的表现列成表:

☺ D 层级：民主自律。对他人友善，自制力强。知道什么是好行为并乐于助人。能自我激励。

☺ C 层级：合作／循规蹈矩。能听取意见并能与他人合作。能按照别人的要求行事。靠外在激励。

☹ B 层级：专横／爱欺负人。对待他人行为霸道。干扰别人，欺负别人，扰乱课堂秩序。需要在别人的高压强迫下行事。

☹ A 层级：混乱无序。爱吵闹，完全失控，不安全。

我以常见的现象为例，解释在每一层级制度下的隐含意义，以及这一层级的人会怎样做。

假设教室地板上有垃圾。

🅐 处于 A 层级的学生看见了，也许会把它捡起来扔向他人。

🅑 B 层级的学生也许不讨厌，却把它踢到教室别的地方去。

🅒 C 层级的学生在老师的请求下会捡起垃圾。

🅓 到了 D 层级，不用说，学生主动把垃圾捡起来放进垃圾桶。甚至旁边没人也会这么做，因为他觉得自己在做该做的事儿。

学生需要明白的是：

1. A 层级和 B 层级的行为通常让人难以接受。对这两个层级的行为，老师一定要使用权威来干涉他们的行为。

2. C 层级的行为可以接受，但行动动机来自外部，是通过获得肯定或避免受到责罚而促成。

3. C层级和D层级的区别在于动机不同，而不是行为不同。

4. D层级是学生们努力的目标。在这一层级中，他们的行为动机是内在的，他们主动地做出正确的、恰当的、负责任的行为。

令我吃惊的是，我的学生们很快掌握了这些理念，并能举出新的例子。在他们已经理解了整体概念的基础上，我准备进入实行的第二阶段。

第❷阶段：让学生反思自己的行为。其意义在于让行为有偏差的学生能作出自我评价。我通常会问的第一个问题是："这是属于哪个层级的行为？"显然，就是让孩子认清自己所处的行为层级，而不是像以往一样告诉他，这个行为是不对的，不能被接受的。这样一来，我们讨论的只是某个层级的行为，而不是针对孩子所做出的具体行为，这就让行为主体分离了。学生们会觉得没有必要有为自己辩护了。

现在，学生们很容易分辨自己的行为处于哪一层级。他们发现自己的行为属于不被接受的层级时，他们就会强烈地想要改正它，或者至少下次不再犯了。

看到学生们这么快就发生了如此积极而重大的变化，我真得很惊讶。他们开始懂得分析自己的行为，并且愿意为自己的选择负责。

★那个曾经不断发出噪声把我气得快要发疯了的小女孩，突然表现出超强的自制力。

★那个曾经动不动就在操场上发脾气欺负别的同学的孩子，午休时间居然能安静了。

★那个丢三落四从来找不到自己东西的小男孩，居然会承诺一定按时归还借的书。

★这些多么让人骄傲啊！在感受到有能力自己来负责任将会带来巨大成就感之后，学生们会更有冲劲儿做好事情，而且也会变得更关心他人的感受了。

尽管我对内在激励的威力深信不疑，但之前一直觉得它的效果会在几年后才能显现出来。没想到，短短几星期甚至几天，我就看到它的效果了！把"持续性效果"理解为一个冗长而显效缓慢的过程，看来是我错了。

第3阶段：引发出行为的改变。少数情况下，有些学生即使认识到自己的行为处在不恰当的层级上，依然会继续犯错。这时候，我就使用"引导性选择"的方法。给他安排一个能促进自我反思的活动，引发他想出行动计划（而不是强迫他去做），他就可以改变依旧冲动行事的做法，并且预防未来发生类似错误。这一方法证明了，我们可以在适当时候运用权威，但不一定要通过惩罚的手段。

人生的礼物

每时每刻，我们都做出不同的选择，而我们人生的质量很大程度上取决于这些选择。一旦意识到这一点，我们就能有意识地做出可能带来好结果的选择。责任感培养体系唤醒了青少年（甚至是年幼的孩子）：要有意识地审视自己的选择及计划未来的行为轨迹。

尽管我们的初衷是让那些行为有偏差的孩子从这一体系中受益，但是，不久后我发现，这一体系对每名学生都是一份珍贵的礼物，使得孩子们自然而然地把最高层级作为目标。他们发现，只要有意识地把D层级作为目标，就能做得更好。在D层级中，他们可以不依赖老师指导，自己做主选择。

我还发现，只要对D层级做出更加详尽的描述及解释，就可以轻易地促使孩子们把行为目标锁定到这一层级上。例如,我把"表现出主动性"这个条目列出来,那些已经做到的人就会因为发现自己身上拥有这种良好品质而受到鼓舞,而那些本来打算在较低层级行事的人则有了更好的目标。

把层级理论运用到学习中

渐渐地,运用责任感培养体系的成功例子越来越多,我意识到,这一体系可以发展延伸到其他方面,不再单纯地把它视为控制课堂秩序的手段了。运用它,我们可以让青少年在生活的方方面面都得到启发。

有一天,我决定和学生们谈一谈,他们能怎样将四个层级理论运用到提升阅读水平上。我们以每天早上的30分钟全校早读为例,分析处于四个层级的学生分别会怎样做。

他们能清晰地分析出以下结论:

❀ 处在A层级的学生压根儿就不会开口读,他们会故意捣乱干扰其他同学。

❀ 处于B层级的学生也不怎么读,他们可能也会做干扰别人或拿别人开玩笑之类的事儿,他们装模作样地翻翻书,却从不认真地读。

❀ 如果学生的行为处于A层级或B层级,老师必须介入并且运用权威来控制他们的行为,否则他们不会做出让人满意的表现。

❀ 处于C层级的同学也许会在成年人(老师或家长)陪同或监视下读书。成年人走开时,他们虽然不会捣乱,但也不可能认真读书了。

C层级他们读书的动力来自外部——希望通过读书获得在场成年人的认同。C层级的另外一方面是,处于这一层级的人有时候会为了取悦别人而达到别人的要求。他们阅读的动力来自外部。他们希望阅读时老师能看见，以此来证明他们是好学生。我希望学生能明白，当他们把注意力放在别人的想法上时，实际上是在浪费精力，应该把精力花在阅读本身上。

接着，我们进入到D层级的讨论。我们可以想象D层级的学生们每天早读时真正认真地把时间花在"读"上的人。他们不需要有成年人在旁边全程监控，因为他们知道自己要做什么。他们会自觉地去读书中"再读一次"的部分，因为他们知道，这样可以提高阅读水平。动机源自内在，不需要把时间浪费到老师是否注意到自己正在读书上。

然后，我总结性问大家："你们觉得，以上讨论中，哪个层级的人会阅读呢？"学生们都明白A层级和B层级的学生是不可能学会阅读的，因为他们的行为和选择与目标背道而驰。

C层级的学生也许能阅读，但是他们难以从阅读中获得乐趣或变成高效率的读者，因为他们只有在有人监督时才肯去读，可能心不在焉，马虎应付，因此，他们的学习效果只是普普通通。

D层级学生能成为很好的读者并享受阅读带来的乐趣。因为他们享受阅读，并能保持阅读的习惯。他们非常愉悦，因为他们感受到自身的进步，知道那是自己刻意选择的结果。

最后，我询问了一些学生，他们的阅读正进展到哪一阶段？希望借此促使他们反思，让他们通过思考判断出自己的选择是否正面。片刻思考之后，讨论结束。我们进入了下一节课。

结　果

当天晚上，我并没有布置阅读任务，但平时一个最不喜欢读书的孩子的家长事后反映：那天回家后孩子很自觉地把材料阅读了一遍又一遍。

孩子一遍又一遍阅读材料。他们感受到用心努力和内在动力结合起来，产生了神奇力量——孩子的阅读能力大大提高了！第二天那孩子很自豪地回到学校，下定决心努力读一篇更难的新材料。结果他只花了一晚上就做到了！

责任感培养体系给这名男孩上了宝贵的一课，相信对他日后的行为会产生了长远影响，因为这次他可以清晰地看到选择与结果之间的联系。

只要培养了孩子的责任心，他们必定自然而然地听话起来。同时，在孩子们学会了激发以最高层级为目标的层级体系之后，他们会更有责任心也更愿意付出努力了。在引导孩子反思后，他们学会了怎样的行为才是恰当的，并且自觉以最高层级的行为为目标。

我真高兴，终于找到了一套有效的管教孩子的方法了！它使孩子们内心感到更舒适，也学会更关心他人，更爱学习。而当孩子们更有责任心、更好学的时候，也会反过来使教学工作成为一种乐趣。

凯瑞·威斯纳

加拿大不列颠哥伦比亚省邓肯郡

课堂是要"管理"还是要"纪律"

理解所有概念是有效教学的关键。

著名的教育类期刊上有这样一篇文章《学生们的天才捣蛋发明：测测你的课堂管理技巧》。这篇文章有许多绝妙的意见，但是它题目起得不对，因为它的内容和课堂管理完全没关系。这篇文章从头到尾都是关于纪律的。

你觉得很疑惑吗？

很多编辑，甚至大学教授也同样感到疑惑。在一次关于人格教育的国际会议上，一位大学教授对我说："我不喜欢'纪律'这个词，它看起来太严苛了；我喜欢用'课堂管理'来代替。"然而，这位教师的培训师却丝毫未解释它们之间有什么不同。

我是美国教师培训者协会的荣誉讲师。这一协会的成员基本上都是教教学方法及其他一些教学相关课程的大学教师。在我的请求下，他们把特别兴趣小组（SIG）的名字从"课堂管理"改成了"课堂管理与纪律"。

尽管这两个词意思是相关联的，但它们是完全不同的话题，还是不应该被当作是同义词混为一谈。

★课堂管理描述的是事情是如何开展的；纪律描述的是人们的行为。

★课堂管理与进程，习惯及结构有关，甚至有时候会变成一种老规矩；纪律是关于管理和自我控制的。

★课堂管理是老师的职责；纪律是学生的职责。

在下述的情况下,课堂管理的效果会得到加强:

1. 对学生解释了相关内容时

2. 让学生实践,若需要的话,应每隔一段时间实践

3. 强制学生反复实践

学生学会了整个进程,习惯就养成了。这使得课堂更有秩序,指导也变得有章可循。

良好的课堂管理是教学效率的重要保证。这就像是当你走进一间房间,你不会注意到地板,但如果地板没了,你马上就会注意。课堂管理也是如此。你并不觉得它有多重要,可是一旦缺少了它,马上就会感觉到。

"课堂管理"与"纪律"是实现高效可理解的教学的四个要素中的两个。其他两个要素是"课程"与"指导"。

"课程"指的是有关该主题的相关知识内容及学习技巧。课程内容是由教育部、教育委员会、国家相关法规、行业联盟、社区等组织规定的。而最近,在更多的情况下,是由集体学习表现责任模式决定。

老师的责任在于让课程变得与主题相关、有趣、有意义和(或)使人乐在其中。

"指导"分为教和学两个要素。前者关于教师,后者关于学生。

一堂教得好的课通常包括至少三个部分:(1)吸引学生注意力;(2)有真实材料及演示过程;(3)能基于过去关于加强理解、顺利实行,以及增强记忆时间的经验进行反思。

"学"则是指学生获得知识的过程中的一切形式的活动。

接下来至关重要。如果课讲得不成功,你得问自己以下的问题:

(1)课程是什么?(是我没能把它讲得通俗易懂、有趣、与主题相关联,或者有意义吗?)

(2)这堂课具有指导性吗?(是不是我已经做了很充足而精彩的准

备，但是，我一手包办了，学生们并没有参与其中？）

（3）是课堂管理做得不好吗？（我上课讲得很精彩，但是我花了10分钟才让学生们进入状态。）

（4）这是纪律问题吗？（我激发了学生的兴趣，课讲得很好，学生活动也组织得非常有意义，所有进展都是高效而有意义的。但是，还是有很多学生不愿意学。）

对这些问题进行反思可以帮助你更好地理解课程、指导、课堂管理，以及纪律之间的区别。这是成为高效率老师要走的第一步。

乔治·布鲁斯
美国教师培训者协会荣誉讲师

一封封热情的来信

我的女儿不对她弟弟大吼大叫了！

——一位家长的体验

亲爱的马歇尔博士：

你好，我是一名老师，也是两个孩子的妈妈。当我带的小学刚开始试行责任感培养体系时，我有点担心这新制度在班上运作的情况。我总觉得自己早已在班上创造了一个积极的学习氛围，所以，这套体系也不过是班级管理档案中的另一个流行一时的玩意儿罢了。

然而，在读了马歇尔博士的这本书以后，我发现了自己原来在教育上有很多可以提升的点，要在班上实践这套理论，我决定先在家里试用。因为身为两个孩子的妈妈，我对创造一个无压力的亲自环境真的很感兴趣。我跟孩子讨论家中我管理他们的压力，并且分享我打算"试用"在他们身上的理论。

那天晚些时候，我又听到女儿使劲儿摔门，并对无辜的小弟弟大吼大叫。以前，我会立刻冲进去制止。这次，我却平静地问："你这么做有用吗？"女儿停下来，看着我说："哦，这就是你在学校用的招数，对吧？好吧，没用！我这么做没有用。"我又问："你现在的行为符合家里之前的规定吗?"她叹了口气回答道:"不符合。"我继续说:"那你可不可以告诉我,我们家对于大吼大叫的规定?"她对我说,家里不准吼叫,如果有话要说,就必须心平气和地说。最后,我说道:"哦,那你觉得我们接下来应该怎么办呢?"

我要她回房间去,想想应该怎样处理她和弟弟之间的事。过了一会儿,她回来说要跟弟弟聊一聊。她要为大吼大叫的事向弟弟道歉。我又提议,是不是要为这件事承担一些后果。她答应回去想想,第二天晚上她带回一份她认为自己应该承担后果的清单,上面写着:"我应该一个星期不准玩电脑,或是不能跟朋友去看电影。"这对电脑迷兼电影迷的她是很不容易的,我们全都吓了一大跳!

说真的,这是她第一次如此平静地负起应有责任。接下来的一星期可有意思了,我们听到她接电话时这么跟朋友解释道:"我这周不能去看电影,因为我爸妈……我的意思是,这是我给自己的限制。"自从在家里实施了这套体系,生活变得更有趣了。事实上,孩子确实知道自己肩负的期望,好的引导会让他们愿意负起更多的责任而且这让他们一生都会受用。

谢谢你,马歇尔博士。

你的温迪·霍尔

亚拉巴马州,维斯塔维丘

调皮鬼为打嗝干扰别人而抱歉
——一位班上有调皮鬼孩子老师的体验

亲爱的马歇尔博士：

奇迹发生了，就在实施新体系的第二天。在席地而坐的讲故事时间，过去一整年都让我头痛不已的一名学生，又一次借机捣乱，因为他不到10分钟就借着打嗝发出了5次怪声。

我对他说，他可以选择回座位，但不能让其他人分心。他同意了，两分钟后，他又开始大声打嗝，我说他一定是改变了主意，想坐到教室外头了。他抗议，但我问他，决定要干扰班上同学的人是谁？

他难为情地说："是我。"然后静静地走出教室。以往处理这个孩子的问题时，从来没有这么简单。更神奇的是，等故事时间结束，他回到教室后，他主动说道："克拉克老师，我对自己的行为很抱歉。"我和班上同学都惊讶不已，所以我问："你知道现在是什么层级的行为吗？"他一脸茫然地说不知道，所以我告诉大家，"他是对自己的行为负责任，同时也是关心他人的层级 D 行为。"

我要感谢这套体系让我对教育孩子头脑更清晰了。在接触这套方法以前，我在想，也许五十六岁才开始尝试这套新的教学体系可能已超出了我的能力范围了。但现在，我觉得掌握了这套体系，自己可以再好好教上 10 年的书了。谢谢您，马歇尔博士。

你的瑞秋·克拉克

加利福尼亚州柏克莱

所有孩子坐成一圈，闭上嘴巴，不再吵闹了

——一位一年级班主任的体验

马歇尔博士：

你好，我教书 29 年了，基本都是教一年级。今年，我学习了责任感培养体系。我告诉学生们行为层级的不同分类，也和学生们讨论并模拟了学校场景中各种行为层级的情况。

当时是学期第 5 周的星期二上午，我们要在媒体中心进行一对一的阅读技能测验。到了中心却发现测验延误了，我只好让全班先回到教室。不出所料，回到教室准备开早会时，班上很快陷入一片混乱中。他们吵吵，抱怨有人坐在自己的位置上，或是位置不够之类。这时，有一名对我来说较具挑战性的学生看着我，用其他学生的都能听到的声音大声说："这是层级 A 的行为，对吧？"

很多孩子听到了他的话，我点了点头，接下来发生的事真是令人惊讶。所有孩子都坐成一圈，双手"交叉"放在膝盖，闭上嘴巴，不再吵闹，安静地看着老师。我深受感动，这套体系真是我的减压器！

谢谢你，马歇尔博士！

你的玛莉莎·马修斯

佛罗里达州奥兰多乔治湖小学

我成了心平气和也更快乐的老师
——曾是控制狂老师的体验

马歇尔博士：

你好，大约开学前一周，我在网上搜索让班上同学保持积极主动的合适奖励方式。奖励比处罚更有效——我是这么以为的。我搜寻了"管教奖励"，结果搜到了你的网站，浏览了网页，我马上着迷了。在一小时阅读网页后，我决定今年来试试用你的体系。

开学第二天，我向班上同学解释了行为层级，当天的家庭作业就是上网搜寻责任感培养体系。开学第三天，我们讨论了体系观点，改变马上发生了。这是我25年教学生涯中首次意识到，原来我对学生的信心不足。其实身为控制狂的我必须学会后退一步，放手让他们分析自己的行为，并做出负责任的回应。

我的代数课气氛从此大有改变，变得成熟、自律、有礼貌的孩子们更加喜欢互相帮助了。我再也不用因为想要控制所有学生而在一天工作结束时筋疲力尽。敌对的冲突在逐渐消失！

现在，我经常会被学生显现出来的成熟所感动。自己也从专横的控制者终于变成了信任他们的朋友。

谢谢你的网站、你的书，还有你正确可靠的教育方法，让我成了心平气和、也更快乐的老师。

你的莎朗·麦尔斯
马里兰州克劳什维尔市

你以为你真的会奖励吗?

——一位家长经历的真实故事

马歇尔博士:

你好,我叫乔治·欧菲,来自南达科塔州,我曾经亲身经历一个有关男孩与奖励的故事。男孩的父亲是我的朋友,他告诉我为了激励孩子,他会在孩子每拿到一个A级成绩时,就奖励他5美元。

第一次评分的成绩单上,孩子拿到8个A,得到40美元。

第二次的评分周期在1月结束,成绩单在2月初寄到家。那位父亲非常生气,因为孩子只拿到1个A、2个B,其他都是C。

当我有一天跟这位父亲谈到这件事的时候,我叫他儿子过来,以便一探究竟。男孩来到我身边坐下来时。我问他:"你这次成绩为什么退步这么多?"男孩马上答道:"要知道,其实我并不需要那笔钱!"

当时坐在椅子上的男孩父亲听到后端着咖啡杯的手都气得发抖了。

你的乔治·欧菲

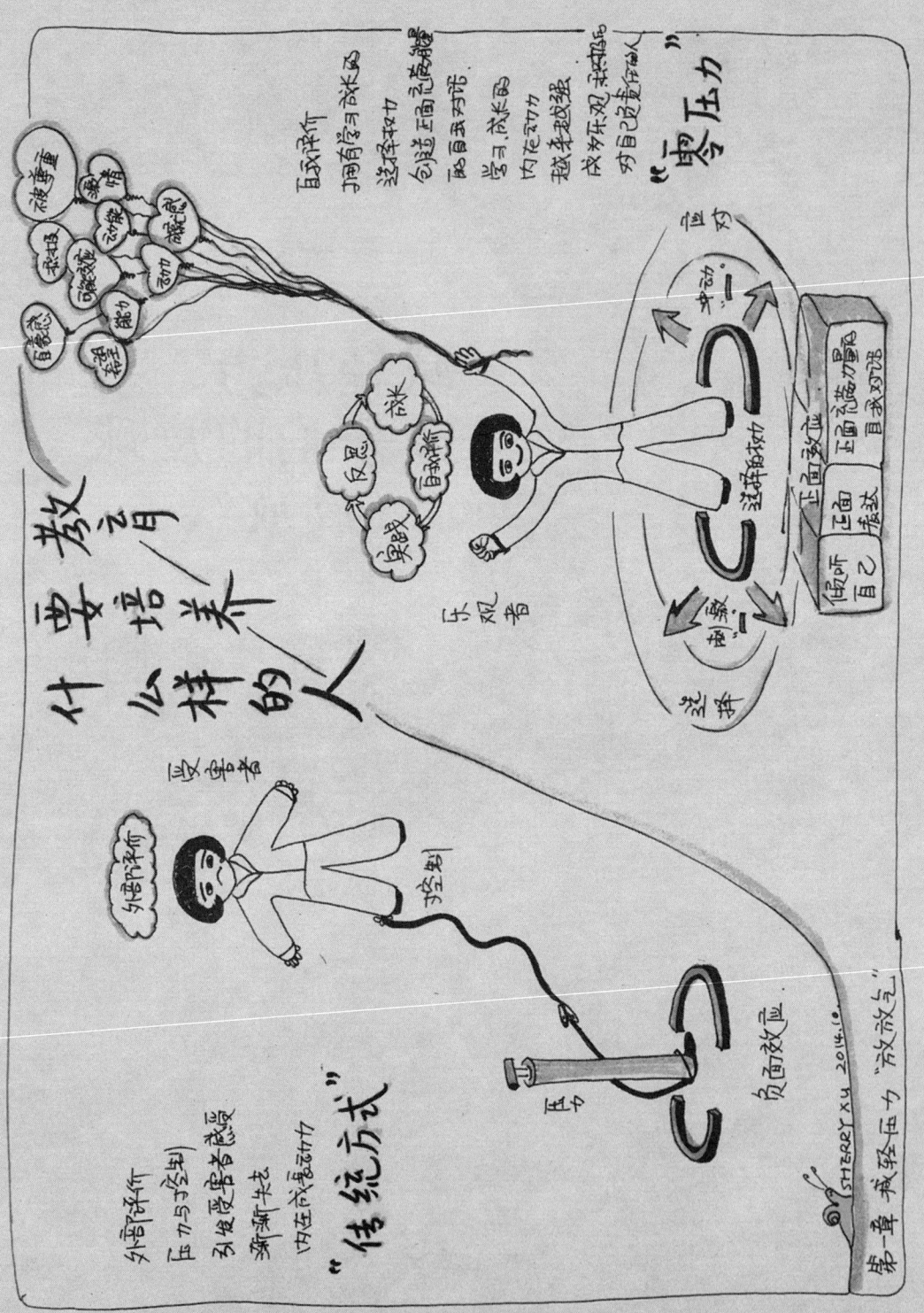

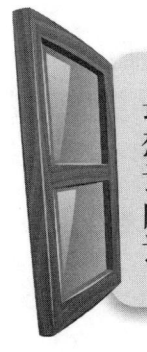

最想说的话　我们都在不自觉地使用消极的语言与别人沟通。比如，我们总是说"后果将……"，虽然"后果"不一定就是坏的，但我们这么说的时候，通常都意味着惩罚，带有强制与否定的含义。如果使用"只要……就可以……"，效果就会好很多，且更具有积极性前瞻性，可以帮助对方学会负责任。

开始加强对事物掌控能力的练习了

"你不能强迫别人改变他的想法。"

——本杰明·富兰克林，

人生像是一场对话。有趣的是，在这场对话中，对我们影响力最大的就是我们自己。我们告诉自己该有怎样的行为和表现，而这些行为和表现又决定了我们对其他人会造成怎样的影响。事实上，我们一直在告诉自己该怎么做，而我们过去的行为最终造就了今天的现实。许多心理学家都极力强调，负面的东西会给我们心理和生理带来压力，如果压力太大，会让我们行为失控，情绪陷入绝望之中。通过下面三种方法的练习，我们不仅可以减轻压力，还可以加强对事物的掌控能力。另外，通过这些练习还可以改善人际关系，增强我们对他人的影响力。这自然会促使我们在管教孩子方面"技高一筹"。

"如果……后果将……"PK"只要……就可以"

我们要练习的第一个方法就是"正面思考"。大家都知道,人在感觉良好的时候,表现也更好,感觉糟糕的时候,表现也更糟。然而不幸的是,大多数情况下,我们都在不自觉地使用消极的语言与青少年沟通。比如,我们总是说"后果将……",虽然"后果"不一定就是坏的,但我们这么说的时候,通常都意味着惩罚,带有强制与否定的含义。如果使用"只要……就可以……",效果就会好很多,且更具有积极性前瞻性,可以帮助青少年学会负责任。

我们要练习的第二个方法就是学会"选择"。选择给人以力量。很多研究人类行为的专家都认为,选择是让人获得权力和力量的基本方法。应该让青少年懂得,无论在怎样的情况下,无论受到怎样的刺激,内心有多冲动,他们还是有选择的权力,可以选择如何去应对。

我们要练习的第三个方法就是"反思"。反思对有效的学习和记忆至关重要。在反思过程中,必然要进行自我评价——而自我评价之所以重要,是因为我们是否可以进步,是否觉得幸福,都取决于自我评价。很多作家也很强调自我评价的重要性,其中,科维更简洁明了地指出:"根据我的经验,我从没见过任何一种持久的成功或幸福,是外界赐予的。"

精髓点

- 压力太大,会让我们失去对事物的掌控能力。
- 练习正面思考、选择和反思这三种方法可以减缓压力,增强我们对事物的掌控能力。
- 通过练习正面思考、选择以及反思,可以改善我们的生活品质。

最想说的话

当你意识到自己正在使用负面方式表达时,要及时停下来,改用正面的方式再说一遍。例如如果我们原本想说:"我很容易忘记把钥匙放哪儿了。"改成:"我要记住我把钥匙放在最上面那个抽屉里。"其实大人们并不是刻意要批评青少年,或给他们泼冷水,只是要多注意使用正面的表达方式。不要说"你怎么又忘了",而说"该怎样做才能帮你记住呢?"

正面思考的力量

人在感觉良好的时候,表现也更好;感觉糟糕的时候,表现也更糟。

积极是比消极好太多的老师。积极含有提升、鼓励和成长的正能量。

强调积极的一面:只吃香蕉,不吃皮

当你开始用积极、富有建设性的方法来思考时,"自我"就得到了滋养和充实。"自我价值"是一个很抽象的概念。它的形成是你思维选择的结果,它让我们的心智得到发展和加强。连猴子都知道应该吃富有营养的香蕉肉,丢掉苦涩的香蕉皮,而聪明的人类却常常做出"啃香蕉皮"这种傻事,把批评、嘲笑、尴尬和失败等负面东西通通吃进肚子里。所以老师和家长应该教会青少年"扔掉香蕉皮"那样负面的东西,把注意力集中到积极正面的事情上来。

🎧 在一家糖果店里，当其他售货员的柜台前冷冷清清的时候，有一个女售货员的柜台前却总是围着许多顾客。于是老板就问她有什么诀窍。"这很简单，"她说："其他售货员总是抓多于一磅的糖果，然后再慢慢从秤里往外拿；而我却总是拿少于一磅的糖果，然后再慢慢往里添。"

人就像磁铁，总是被正面的东西所吸引，被负面的东西排斥，与他人共事明白这个道理非常重要。凡是对他人有影响力的，都是善于使用正面的语言。

"后果效应"VS"可能效应"：责任的扁担挑在了谁身上

我们做的任何事情都会产生后果，它既可以是正面的，也可以是负面的。如果我们用强迫命令的口气说出来，它大多带有负面的含义，而且往往不会被接受。除非对方也觉得这件事必须这么做，或是他不想破坏与你之间的关系，否则他是不会听命于你的。

当我们使用"后果效应"强迫别人做事的时候，通常伴随着威胁。比如大人总是对孩子们说："你再这样下去，就会……"或者"你这么做后果是什么，你自己心里清楚。"这一类的"伪选择"都是一种心理游戏，是让孩子们觉得，之所以造成这样的结果，全是他们自找的。还有"如果不做完作业，你就哪儿也别想去"，口气里带着强烈的负面含义。这样做其实是增加了大人的负担，因为现在你就不得不先去检查孩子的作业，看他到底做没做完，然后才能决定能否允许他出去玩儿。这种做法使得孩子免于负责任，而把责任推给了大人。

与"后果效应"这种消极做法相反的，是"可能效应"，它是一种积极的、能调动起对方主动性的做法。比如说"如果你做了……你就可以……","只要……你就可以……",这种说法不仅传达出了正面的信息,也让青少年承担起本应由他们自己承担的责任。让我们看看下面这两句话:

"如果你完成作业了,你就可以出去玩了。"
"当然,只要你做完作业就可以去。"

尽管使用"后果效应"和使用"可能效应"最终的结果是一样的,但两者所传达的信息和表达的情感却大相径庭。就如前面提到的,当使用"后果效应"时,监督的责任落到了大人身上。而使用"可能效应"时,责任是落在孩子身上。前者传达的是一种不信任,而后者则是对孩子的信任。设身处地地想一下,你就能体会到其中的差别。比如:

> 你的上司对你说"要是你没按时回来,你就有麻烦了",或者"你当然可以请假,只要你按时回来就好",这两种你更愿意听到哪个呢?

再举个例子:

在电视剧《考斯比一家》(也译作《天才老爹》)中有这样一个场景:比尔·考斯比所扮演的克里夫·哈克斯泰布勒医生和他的小女儿鲁迪坐在厨房里吃饭。爸爸对鲁迪说:"你不吃完饭就不许离

开桌子。"鲁迪就是不肯吃,于是爸爸让她选择:要么把饭吃完,要么就在这儿坐着。 她还是不肯吃。鲁迪打定主意不理会爸爸那一套,如果爸爸不让步,她就一直坐下去,从现在5岁开始,哪怕坐到上中学,即使上大学,她也不想屈服,她宁肯就这样坐着。

鲁迪的姐姐丹尼斯回家了。鲁迪听到姐姐和她的朋友们在客厅里搬沙发,卷地毯,放音乐,然后开始跳舞。这时姐姐走进厨房,鲁迪问:"我可以和你们一起跳舞吗?"姐姐说:"当然可以,只要你把饭吃完就行。"于是,鲁迪很快就把饭吃完了,还把盘子泡到水池里,然后到客厅跳舞去了。

爸爸使用了"后果效应",要么把饭吃完,要么就在这坐着。姐姐使用了"可能效应":只要你吃完饭,你就可以去跳舞。可惜我们总是对孩子们说:"把你的饭吃完,否则……"我们就是不明白,小孩子们怎么就不怕呢?

如果执意使用"后果效应"……

我曾经多年担任小学和中学校长,在谈到纪律问题时,大家普遍认为,青少年应该知道他们做事的后果。然而讽刺的是,当他们知道后果以后,反而更容易犯错误。有些学生清楚他们冒的风险有多大时,会去挑战这个底线。预先知道后果,反而给了他们安全感。比如:

🎧 有个小学生犯错误被请进校长室。校长问他为什么犯错,他说想不起来了。于是被罚面壁5分钟,直到想起来为止。结果这孩子就真的面壁5分钟。而同样的情况,校长没告诉他要站多久,只告诉他站到他想起来为止。"那我要站多久呢?"学生问。校长说:

第一章　减轻压力：给孩子们的皮球放放气

"我不知道。"学生又问："那我要在这里待多久呢？"校长说："我也不知道。直到你想起来为什么犯错为止。"于是那孩子不到5分钟就想起来了，因为他不确定这样下去他还得站多久。

这种现象在年纪大点的高中生身上同样会出现。

🎧 有一次上课铃响了，有个高一学生还在路上慢吞吞地走着。校长问他为什么不着急，他回答说："我这才是第二次迟到。要迟到三次才会被罚呢。"

在和青少年打交道时，让他们知道后果反而会起反作用。让他们不确定将会造成什么结果，效果会更好。当他们知道后果以后，他们的注意力就集中在后果上，而不是好好地想怎样做才正确。

如果非要让孩子们知道后果的话，我们可以引导他们自己提出这个后果，而不是直接告诉他们。比如：

🎧 有一天我请假了，我事先交给代课老师一张表格，请他把在课堂上捣蛋的孩子的名字记下来。我回来后，我找这些孩子谈话："代课老师是我们请来的客人，你们作为主人，这样做是不能被接受的！"捣蛋的孩子们知道自己做错了，于是我问他们该怎么办？

根据我多年来的经验，在处理这类问题的时候，不管是哪个年级段，也不管是好学校坏学校，多数时候学生们会想出比我更好的处理方法。如果我觉得那个方法不够好，我就会再给他一次机会，我常会这样问："还有别的办法吗？再想想。"直到双方都满意为止，我觉得这让孩子们更有责任心。

如何引导学生自己提出处理的办法呢？再举个例子：

有一年在学年快结束时，就要举行初中毕业庆祝派对，这是一件大事，人人都期盼着。有个学生犯了一个非常严重的错误，并且他知道自己的错误有多严重，我问他：现在该怎么办呢。他说："我想我不应该去参加毕业庆祝派对了。"于是我说我可以接受这个决定。在我的循循善诱之下，那个孩子终于主动承担起了责任。

这样一来老师不用再扮演大坏蛋的角色，而学生也不必再像个受害者了。

维护纪律要想起到真正的效果，就必须让孩子有主人翁的责任感。就是因为缺乏主人翁的责任感，纪律条款才经常不被遵守。在逼迫下同意遵守的纪律条款，对于青少年来说是不能起到真正作用的。

"你怎么又忘了"改为"该怎样做才能帮你记住呢"

态度就像是人脑子里的一支画笔，能在脑海里勾勒出不同的场景。如果一个老师说："这次考试非常重要，大家要小心了！"这种口气会给学生脑海中留下负面印象，影响他们的信心。相反地，如果老师说："这次考试很重要，但我相信你们一定能考好。"那就会在学生脑海里勾勒出积极的场景。

你走进一家餐厅，服务员对你说"30分钟内恐怕不会有座位"，或者说"30分钟之后我想办法帮您安排一个好座位"，你更愿意听到哪个？

其实结果是相同的，但是感觉却大不一样。

一个经常尿床的孩子听到父母说"今晚不许尿床！"或者"让

我们看看今晚你能不能保持床铺干爽。"他脑海中所形成的画面是完全不同的。

我们所传达的信息对孩子们的行为常会有出人意料的影响。

学会正面思考的第一步是，能够意识到自己正在使用负面表达方式。

我们要"倾听"自己说话。当你意识到自己正在使用负面方式表达时，要及时停下来，改用正面的方式再说一遍。例如如果我们原本想说："你很容易忘记把钥匙放哪儿了。"改成："你要记住我把钥匙放在最上面那个抽屉里。"其实大人们并不是刻意要批评青少年，或给他们泼冷水，只是要多注意使用正面的表达方式。不要说"你怎么又忘了"，而说"该怎样做才能帮你记住呢？"不说"你到底什么时候才能长大啊！"改成"等你再大点儿，你就能从经验中找到解决问题的办法了。"

积极的态度能影响教学的效果。

很多年以前，有个新上任的老师，看到班上学生名单眼睛一亮，发现学生名字的后面都带有118、116、121之类的数字。"呀，看这些孩子的智商多高啊！这么好的班！"他心里非常高兴，对学生的期望也大大提高，并让学生们知道他对他们很有信心。那个老师采取了创新的教学方法，大大激发了学生们的兴趣，使得他们都变得很爱学习。最后，这个班的表现远远超出了预期。

再后来这个老师才发现，原来在学生名字后的数字并不是他们的智商，而是他们储物柜的号码。

其实这也是开始一个新学年的好办法，尤其对于低年级的孩子来说特别有效。

在前一个学年末让老师针对每个学生的优点写出评语，然后将这些评语交给孩子们下任老师。这些评语可以是关于孩子的兴趣、天赋、技巧、态度等一切值得分享的优点。这样一来，新老师在还没开始教他们之前，已经对班里的同学有了好印象。

有些学生右脑比较发达，但他们不太擅长逻辑、语言等需要靠左脑完成的科目，然而这些科目却是中学时期最主要的学科。所以这类学生往往具有不为人知的才能，如艺术、对肢体精细控制的能力、领导天赋或是社交方面的才能等。

帮他们找到他们的兴趣、才能、和天赋技能，然后加以鼓励。

比如："你画画得真好，很有灵性。"特别注意，对于那些自我评价较低的孩子，多说些鼓励的话。孩子们只有在感受到别人对他们的信心后才能建立起自信。建立在正面评价之上的大脑能产生积极的想法。

而孩子们采取什么样的行为，是基于他们对自己的印象来决定的。

做到对事不对人。

如果你对一个孩子说："你总是迟到，你就是那种拖拖拉拉的人。"这个人就会形成自己是拖拖拉拉的印象，并且会变成那样的人。相反，如果你对他说："你各方面表现都很好，要是能在守时上改进一些就更好了。"听到这样的话，孩子就会觉得有了努力的目标，一个正面积极的印象就在脑海里构筑出来了。

第一章　减轻压力：给孩子们的皮球放放气

🎁 **做有成就的事会带给你正面积极的感受：如果感觉糟糕，就擦擦炉子吧。**

孩子的心情也会随着行动的改变而改变。我外婆就很清楚这一点，她曾经告诉妈妈："如果你感觉很糟糕的话，就去擦擦炉子吧。"

其实换一件事做做，就会换一种心情。研究显示，无论天生还是后天培养，乐观性格都能使本人及身边的人感觉更好。

正面思考能给人带来希望，希望是乐观的兄弟。堪萨斯大学曾就"希望"这个主题进行了一系列的测试，然后把测试的结果和SAT（学业能力倾向测验）的成绩作对比，看看谁能更好地预测这个学生是否能成为一个优秀的大学生。最终结果显示，希望测试的结果比SAT成绩更准确。希望和乐观都是可以后天培养的，是可以通过练习获得的。你要迈出的第一步就是问自己"对孩子，我怎样才能用正面的方法来表达？"

☀ 精髓点

- 人在感觉良好时做得也更好；在感觉糟糕时做得也更糟。
- 后果效应带有强迫意味，含有负面的信息，往往无法使被命令者按照命令者的意志行事。
- 提前告诉孩子们一件事情的后果会起到相反的效果，因为它使孩子只关注后果，而非正确的行为。
- 如果必须要让孩子知道后果，我们应该引导孩子自己得出处理办法，而不是直接告诉他们。这样能使孩子产生主人翁责任感。
- 可能效应表达的是正面信息，可以让青少年承担起他们本应承担的责任，而不是由大人们大包大揽。

• 负面的评价带来消极的态度；正面的评价能激发积极的态度。

• 凡是对别人有很高影响力的人，往往是那些在沟通中使用正面语言的人。

• 正面思考带来希望。

• 人们对自己的印象能决定他们后面的行为。

• 正面思考能使人充满成就感、激情、动力、自豪感。并能让人觉得自己是被支持、被尊重的，有能力去迎接挑战的。

第一章 减轻压力：给孩子们的皮球放放气

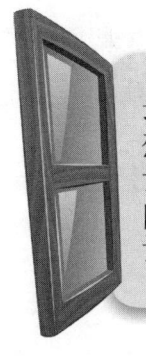

最想说的话　　一个学生拿着糟糕的成绩单对父母说："我成绩不好，是因为基因不好，还有，我们家庭环境也不好，总之都是你们的错。"就如前面强调的，让青少年学会"选择——应对"的思考模式，让他们知道，他们不是受害者，这恐怕是父母能教给他们的最有价值的思维方式了。

扔掉"受害者"心态，抓住选择权力

人可以被剥夺很多东西，但有一样始终不能被剥夺，那就是无论对于怎样的处境，人都有自由去选择以什么样的态度去对待它。

——维克多·弗兰克尔

通过思考做出积极选择，而不是扮演受害者角色，是我们要教会青少年最重要的思维模式之一。让他们意识到，无论在何种情况下，无论受到什么刺激，无论他们有多冲动或事情有多紧迫，他们都有权力选择如何应对，这会使他们变得更有责任心。

"选择——应对"的思维模式

态度可以决定处境

有一次，我舒舒服服地坐在飞往加利福尼亚的飞机上看书。这时机长宣布，由于洛杉矶机场附近大雾，本次航班将延迟两个小时起飞。我又看了会儿书,再抬起头,发现其他乘客基本都下飞机了,只剩下少数几个人还留在座位上。虽然我也可以继续坐在这儿看书,但是整个航程要三个小时,再加上还要多等两个小时,时间似乎太长了。于是,我决定把东西留在飞机上,先下去逛逛。我回到候机大厅,买了点东西。过了半个小时,我突然想到,如果大雾提前消散,飞机用不着等两个小时就会起飞。我赶紧往登机口跑,却被告知那架带着我的会议资料、外套和行李的航班飞走了。

要是我没有到处瞎逛,要是我还留在登机口,这种事情就不会发生!事已至此,发脾气也改变不了什么,我能做的就是,选择我对目前处境的态度。我马上查看航班时刻表,订了一张晚些时候的机票,并告诉机场工作人员,我的行李还在原来那架飞机上。当我到达洛杉矶机场时,我的行李、会议资料,还有大衣都完好无损地在等着我。我对自己的应对方式感到满意。

我们都曾遇到过无法掌控的局面。比如恶劣的天气或其他一些自然现象,不得不做的工作,和家人或同事不可避免的一些矛盾等,这些都是我们无法逃避的。但是,我们可以选择用什么态度来对待它。

维克多·弗兰克尔[1]就曾有过这样的经历。他是精神病学家,"二战"期间从纳粹集中营里死里逃生。他在《活出生命的意义》的一书中回忆那段历史,在集中营里,睡眠缺乏,极度饥饿,还有各种各样精神和肉体的折磨,俘虏们很难幸存下来。但最后能活下来的人证明了,决定俘虏们最终命运的,外部环境还是其次,最重要的是他们自己对待"生"的态度。

---

[1] 维克多·弗兰克尔,著有《活出生命的意义》(华夏出版社出版),入选香港大学50本推荐书榜单。

这在传达一个道理，哪怕在最恶劣的环境下，人还是可以通过控制自己的思维，让心灵享有"人类最后的自由——在任何情况下，选择以怎样的态度去应对的自由。"

对于外界刺激，选择应对权力

当我们遇到塞车时，会感到心情很烦躁，这也是"选择——反应"机制在起作用。塞车本身并不能影响我们的心情，它只是一个刺激我们的外界因素。是我们自己让自己烦躁的。其实，我们完全可以利用这段时间，听听音乐，听听广播，甚至还可以回忆一下幸福的过去，计划一下美好的将来。无论环境让人多么不愉快，我们都可以选择我们的应对方式。

🎧 有一次在手术期间，因护士递手术工具稍慢了一点儿，被做手术的医生严厉斥责。不用说，护士这一天过得很憋屈。她总会不停地回想医生是怎么骂自己的，越想越生气，甚至在回家的路上，她还在想着这件事。晚饭中她把这件事告诉了她丈夫。丈夫问："这是什么时候的事儿？"她说："大概早上九点钟吧。""现在几点了？"丈夫又问。"晚上七点了。"她回答。丈夫说："就是嘛，这件事已经发生十个小时了，而你却还在让别人控制你的情绪。"

护士最初的想法是，医生使她生气了。用这种"过错思维"得出的结论就是一个人可以改变另一个人。事实上，我们在和其他人接触的过程中都知道，想要改变一个人是不可能的，只有改变自己。只有当一个人愿意改变的时候，他就会自觉地利用周边环境使自己改变。这就是为什么孩子们会听大人的话，做大人想让他们做的事情，因为孩子们很重视大人，想取悦他们。在课堂上也是如此，孩子们因为喜欢老师，才会听老师的话。不幸的是，很多家长和老师都错误地认为，是他们的奖励或惩罚等刺激手段使孩子们改变的。

在受到外部刺激之后，在做出任何应对之前，人脑经过了一番判断。比如：

> 里奥欺负了爱迪。这时候爱迪可以选择反击，也可以选择逃跑，他还可以去告诉大人，或者只是简单地选择大哭。很快我们就知道爱迪做出了怎样的选择：他首先跑回了家，找到父母，然后大哭起来。

学生们必须了解到，无论外界有怎样的刺激，他都有权选择自己的应对方式。

在冲动和欲望前，同样有选择应对的权力

婴儿必须戴尿布，因为他们无法控制自己的生理需求。等他们长大些，就不需要这些了。对生理需求的控制，是我们后天习得的；对情感冲动的控制也是如此。当我们生气的时候，在我们被愤怒冲昏头脑，被自己的情绪"绑架"之前，存在着一个小小的瞬间。我们要利用这个瞬间，练习选择如何应对。对冲动做出反应，更关键是选择在什么时间，什么地点，如何反应。

成年人有责任教诲青少年，告诉他们有权选择自己想要过的生活，也有权选择自己的行为方式。并且还要让青少年知道，选择恰当的行为对于他们来说是最有好处的。

无论在何种情况下，受到何种刺激，有着何种冲动，人都可以选择自己的应对。否则就意味着受制于人。

下图总结了"选择——应对"的思维过程：

思维：	A or B 选择	A and B 应对
环境（信息）	选择	应对
刺激（外部的）	选择	应对
冲动（内在的）	选择	应对

既然我们自主地选择了我们的应对，我们就要对自己的行为负责。没有谁能强迫我们。"选择——应对"的思维模式能激发起孩子们的自制力和责任心。另外，对于那些觉得无助、觉得自己是受害者的孩子们，培养这种思维模式对他们有着极其显著的帮助。

一个学生拿着糟糕的成绩单对父母说："我成绩不好，是因为基因不好，我们家庭环境不好，总之都是你们的错。"就如前面强调的，让青少年学会"选择——应对"的思考模式，让他们知道，他们不是受害者，这恐怕是父母能教给他们的最有价值的思维方式了。

"受害者"的思维模式会阻碍责任感的产生

比如，下面这些话就隐含了这个意思："是他让我这么做的"、"我自己没法做主"、"我没办法"、"我别无选择"等。当你意识到，正是这种想法使你放弃了对事物的掌控。改变这种思维方式，你就会感觉到重新充满力量了。

一个学生拿到成绩单，发现自己考得不好，如果是持有悲观心态，他会想：一定是因为我不擅长这一科目。他把它看成是自身的缺陷，他对此会觉得无能为力。而另一个学生也得到了同样的分数，但如果持乐观心态他的结论会是：一定是因为我努力得还不够。

这样他就把挫折视为可以掌控的东西。乐观者与悲观者的根本区别在于，是否认为自己对处境具有掌控权。也就是说，是否对当前处境的应对有选择权。而相信自己有选择权的人，心理会更健康。

选择、控制，以及责任是相辅相成的

做出选择，就增强了对事物的控制力；放弃选择，控制也就无从谈起。责任心越强，对事物的控制程度就越高；失去责任心，也就是放弃了控制权。

那些总把自己当作受害者的人，觉得任何事情都不受他们的控制，并常常认为世界对他们特别不公平。他们所经历的一切仿佛只是"落在"了他们身上——好像他们毫无选择应对的权力似的。这类人往往容易感到愤怒，他们不允许自己快乐，因为如果快乐了，他们就无法继续做受害者了。一个典型案例：

1997年10月1日，在密西西比州珍珠市的一所学校，一个16岁的高中生开枪打死了两个同学。当他被抓住时，副校长问他为什么这样做，他回答："这个世界亏欠了我！"认为对自身的处境没有掌控力，是青少年做出反社会行为的根本原因。

我们常常把扰乱社会的行为归咎于"社会责任缺失"，认为这是一种残疾，并以此为借口，使那些做出不负责任行为的人免于承担后果。

当这些孩子离开学校，并做出不被社会接受的行为时，他们总是找借口说"我是迫不得已的"，或者"我也不想这样，但我控制不了"。这种说辞在社会和法律面前毫无用处。一般来说，由于学校和社会有很大不同，这些孩子来到社会将会受到更大的伤害。因此，必须让青少年学会，在任何处境下，他们都有权选择应对的方式，并且他们要为自己的选择负责任。

好的语言创造好的思维

语言塑造思维，特别是当我们进行自我对话的时候。积极乐观的自我对话，就像一根魔杖，可以极大地提升我们的精神力量。受害者式的思维过于强调外在力量，忽略了自身内在力量。典型的说辞有："都是他们的错"、"都是因为他们我才这么做的，责任不在我！"或者"我是受害者"等。

青少年应该学会用正面而富有力量的方式来进行自我对话。比如说，用"促使我……"、"刺激我……"来取代软绵绵的"让我……"、"使得我……"。还有一些词语可以减轻受害者式的思维，例如："影响"、"劝说"、"刺激"、"惹恼"和"激怒"等。这类词语没用让人放弃自己的力量，而仅仅是描述所造成的结果罢了。

另一个缓解无力感的方法就是把形容词换成动词。比较一下"我在发脾气"和"我觉得很生气"，是不是体会到它们之间的差别了呢？当把它换成一个动作时，我们立刻意识到，我们是有选择权的。

还要教会青少年不要总想着"这个任务太困难了"。要把"太"字去掉，把"困难"换成"挑战"。这个句子就变成了"这个任务有挑战性"。还有一个病歪歪的表达方式，就是"试着"。因为"试着"仅仅表达了一种尝试，自我对话应该是斩钉截铁地承诺。一个人"试着起床"是起不来床的；"试着打电话"也不会真的打电话。只有"起床，去打电话！"才能产生真正的效果。亨利·福特的表述最恰当："你觉得自己行，你就行；你觉得自己不行，你就不行。两者都对。"

好的方法是，教会青少年问自己一些积极的问题。例如："这种情况下怎么做才最好呢？""怎么回应才是最好的？""怎么才能防止这种冲动。"这类问题可以给人力量，并培养人们的社会责任感。

　　心地善良就应该是对他人充满信任，给他们鼓励，使他们有力量来应对各种环境、刺激和欲望。把别人视为无助的、无能为力的受害者，并不是心地善良。

精髓点

- 对于不同的处境、刺激和欲望，人们可以选择他们的态度和应对方式。
- 学会"选择——应对"的思维模式，不做受害者，这是我们能教给青少年的最宝贵的思维模式之一。
- 乐观者与悲观者的根本差别在于，是否认为自己对事物具有掌控力，也就是说，是否在任何情况下都有选择应对的权力。
- 选择、控制与责任相辅相成。
- 青少年应该学会以正面而充满力量的方式进行自我对话。

最想说的话：问"为什么"，口气里带有指责的意思。如果你实在好奇，就问一个不带任何评判性质的问题，比如"我只是有点好奇，为什么你会选择这样做，而不是那样做？"通过改变句子的结构，消除其中的负面含义。

学会反思与自我评价

"学习不是义务，也不是与生俱来的本能。"
——威廉·爱德华兹·戴明

反思是一种非常有效的学习和教学手段，但常常被忽略。反思的关键在于如何进行自我评价。这对学习如何与人交往非常有帮助。积极的自我评价可以帮助培养积极的思考方式，并做出积极的选择。

反思与学习

反思＝吃，学习＝咽，只吃不咽，何来美味？

反思对于长期记忆的产生必不可少。在学习过程中没有了反思，就像在吃饭的过程中只吃不咽一样。食物固然美味，但如果没有消化，就不具备任何的营养价值。所以，在学生上完课离开教室之前，老师应该带领大家，把学过的东西回顾一遍。约翰·杜威把它概括成了一个公式:"实践 + 反思 = 成长。"

理解并消化新接收的信息,需要一段"内化时间"。人的大脑在不停地寻求解释。我们可以在短时间内学习很多东西,之后我们需要大量的时间来处理它。大脑在我们还没意识到的时候,就已经开始工作了,在我们认为它早该结束的时候,它还在工作。这就是为什么人们会有"灵机一动"的时刻。正因如此,老师强行把知识灌输给学生,也要让他们自己去慢慢体会,但是两者不可同时进行。大脑这段"停机时间"(虽然并非真正停机)对增强长期记忆至关重要。

在教学过程中,要预留出一定的时间,让学生充分思考,对于没听懂的部分,要鼓励他们向老师提出来。

让反思加学习成为习惯的小技巧

老师可以使用一个很简单的方法,就是随时停下来问大家:"有什么不懂的地方吗?如果有,把它写下来交给我,我会仔细看的。"经常在这个时候,学生会提出一些问题,这时老师就会发现原本认为已经讲清楚的地方,其实学生还没听明白。

还有一个方法可以帮助学生进行反思,就是在每堂课结束之前,让学生写"学习小记"。每个学生对今天上课学到的至少写一个感想,并做出解释。你还可以让他们思考以下这些问题:"我今天学到了什么?""我明天需要注意什么?""我今天在哪些方面表现比较好?""哪些方面我可以做得更好?"把问题提出来甚至比找到答案更重要。

"学习备忘录"是另一种很好的反思方法,并且更加个性化。让学生每天写下一条评论、一个思考,或者他们新学到的、记忆深刻的东西。如果从学年一开始就写(当然,这个备忘录可以从任何时候开始写),一年下来,每个学生对每位老师都可以有170-220条记录。

反思与自我评价问题

反思与自我评价是自我成长的重要环节

反思不仅对于学习新知识很重要，对于实现自我成长同样重要。反思对于个人来说意味着自我评价。自我评价催生自我纠正——这是成长与进步中最重要的一环。通过"你要怎么来实现"，或者"如果只许成功不许失败，你会怎么做"等精心设计的问题，可以引发学生深层次的思考。这些问题可以把被提问者的思维引导到积极正面的方向上来。可以给他们带来力量，因为在回答这些问题时，可以揭示真实的自己，在自我改造中至关重要。而那些回答对于提问者来说也是一份礼物，它可以帮你迅速了解对方的想法和观点，这对师生关系或其他人际关系都非常重要。

拟定问题，让他们学会揭示真实的自己

以下四个问题对改变一个人的行为有非常好的效果：

- 你的目的是什么？
- 你选择怎么实现？
- 如果你选择的方法不能带给你想要的结果，下一步你打算怎么做？
- 你准备怎样去实施你的计划？

以下的这些问题，是为了某个特定目的：

1. 为完成任务：

- 你现在做的事是否有助于任务的完成？
- 如果想完成任务，第一步需要做什么？
- 还有什么是你想做的，可以有助于你完成这项任务？

2. 为履行承诺：
- 无论发生什么事情，你都可以信守你的承诺吗？
- 你将怎样履行你的承诺？
- 用 1 到 10 来衡量，你对承诺的坚守可以打几分？

3. 为提高质量：
- 对这个你是怎么看的？
- 哪些地方你觉得还可以改善？
- 如果没有任何限制，你有办法把它做得更好吗？

4. 为减少抱怨：
- 你打算一直保持现状吗？
- 你这样做能得到你想要的吗？
- 以前的教训对你有什么帮助？

5. 为挑起话头：
- 今天最高兴的事是什么？
- 今天最困扰你的事是什么？
- 今天最大的挑战是什么？你又是怎样处理的？
- 如果再遇到这种事情，你会怎么做？

答案的质量取决于问题的质量。如果问题问得不合适，反而会给被提问者带来心理压力。

请注意以下问题对被提问者带来的影响：
- 这是怎么回事儿？
- 你到底是怎么了？

- 这是谁干的？
- 你为什么这么干？
- 你就不能干点儿好事吗？

利用指南

🚲 **拟定"好"的问题，引导"好"的思考**

好的问题可以引导人们思考，这类问题具有以下特点：

- 不直接下结论，不仅仅用"是"与"否"就能回答。
- 把注意力放在当前和未来（而不是过去）。
- 帮助人们通过思考而有所收获。
- 引发人们更深层次地考问自己。
- 就事论事，清晰明了。
- 通常以"怎样"或"是什么"开头。

🚲 **只需回答"是"与"否"的问题可以使用，有时还可追加新问题**

能够用"是"与"否"来回答的问题，通常都会结束对话。但是，在进行自问自答或自我评价时，此类问题也可以使用。有时只问一个问题就可以。有些情况下，在回答了"是"与"否"之后，还可以追加一些其他问题，从而找到解决方案。如：

- 你这么做行得通吗？
- 你这么做对事情有帮助吗？有怎样的帮助？
- 这就是你的选择吗？管用吗？怎么管用了？
- 你愿意去尝试一些不同的做法吗？
- 你会负责任吗？ 如何负责任？
- 如果你还能做得更好，你会去做吗？
- 你对现在的结果满意吗？

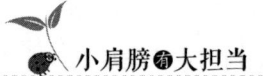

问题不一定要以问句的形式提出来。比如："请描述……"，这就是让事情变得清晰的好问题。

避免误区

🚲 避免问"为什么"

尽量避免问"为什么"，因为很多时候青少年并没意识到他们为什么会这么做。另外，这类问题刚好为青少年提供了逃避责任的借口，特别是当他们被贴了标签的时候。尽管给他们贴标签是为了更好地帮助他们，但标签如同法官一样，也给青少年提供了堂而皇之犯错的理由。比如"我也没办法控制我自己，我的注意力很差。"另外，即使知道了原因，还是很难给出一个清晰的解释。更重要的是，问"为什么"对改变他们的行为起不到任何作用。

🚲 或是改变句子结构，消除其负面含义

问"为什么"，口气里带有指责的意思。如果你实在好奇，就问一个不带任何评判性质的问题，比如"我只是有点好奇，为什么你会选择这样做，而不是那样做？"通过改变句子的结构，消除其中的负面含义。不仅仅像"为什么"这样的问题会有负面的暗示，其他一些问题有时也会如此，比如"你究竟打算这样做到什么时候"。类似问题，字里行间带着指责与否定。相反，用不带责备的口气，比如"你打算这样做有多长时间了？"这里口气非常重要。有个格言这么说："你所做的比你所说的声音大得多了，我都无法专心听你到底说了些什么。"

做好心理定位，避免强迫他人

自我评价可以减缓压力。这是因为当我们把自己放在正确的位置上时，我们的压力就会减轻。在练习任何一种技巧时，心理定位都是第一

步。引导别人进行自我评价时也是这样。就像打高尔夫球,挥杆前必须先把杆握好。在打棒球击球前,必须先把球棒握好,姿势摆好。打网球、打篮球或是演奏乐器时也是这样。做好心理定位,避免强迫他人。你问别人问题时不可以大喊大叫,提问的语气和提问的内容同样重要,甚至比内容更重要。这一点连马都知道。有一篇报道,是关于1977年赢得三连冠的一匹赛马,它名叫西雅图·斯路,它的骑师说:"每年有成千上万的人跑来一睹斯路的风采。它很倔,也很友善。不管你让它做什么,只要你用征询的口气和它商量,它都会按照你的要求去做。但是如果你用命令的口吻对它说,那你就等着和它的倔劲较量吧。"

精髓点

- 反思是一种非常有效的学习和教学手段。
- 当具体到每个人的时候,反思就意味着自我评价,而自我评价催生了自我纠正。这是在进步和成长过程中非常重要的一环。
- 反思的核心就是自我评价,它对我们心灵的成长非常有帮助,却常常被忽视。
- 引导别人做自我评价是一种技巧。反复练习这种技巧,就会越来越得心应手。
- 自我评价可以减轻压力。
- 老师和家长都应该知道,好的答案来自于好的问题。
- 反思:如果我是一个学生,会希望有我这样的老师吗?

理论总结

"我们能活得多快乐取决于我们决定活得多快乐。"
——亚伯拉罕·林肯

练习正面思考、选择和反思,可以减缓压力。我们通过运用这三种方法,可以改善人际关系,对他人产生积极的影响,并帮助他们改变自身的行为。

🐞 正面评价能带来积极的态度。凡是对别人有影响的人,都是能在沟通中使用积极的语言。利用可能效应,传达正面的信息,让年轻负起他们应负的责任。正面思考能给人带来希望,而希望是乐观的兄弟。正面思考能带给人成就感、激情、自豪感,并能让人觉得自己受到支持、受到尊重,充满自信地去迎接挑战。

🐞 负面评价会催生消极的态度。"后果效应"往往带有负面的含义,它并不能改变一个人的行为。在处理青少年的问题上,让他们预先知道后果,往往会适得其反,因为如果他们知道了后果,就会把注意力集中在这个后果,而不是思考他们的行为。另外,它还会刺激一些学生去挑战老师或家长的底线。在某些情况下,必须要让孩子知道后果,这时我们应该引导他们自己提出来,而不是由我们直接告诉他们。当然,这个后果应该是合理的,适当的。

🐞 无论有意还是无意,人们都会对他们所处的环境、受到的刺激、产生的冲动做出反应。教会青少年"选择——应对"的思维模式,不再扮演受害者角色,是我们能给他们的最有价值的东西。这也告诉他们乐观思想和悲观思想之间的差别。一个人对外界环境和事物的控制取决于他的选择。而选择、控制与责任相辅相成，相互影响。

🐞 反思是一种非常有效的学习和教学手段。它也可以帮助人们改变自己，它的核心是自我评价。而这个自我评价应该是鼓励的，而非强迫的。做自我评价需要技巧。与其他的技巧一样，必须通过反复的练习才能获得。

实践操作：我们一起来练习

"感恩不是人类唯一的美德，它是所有其他美德产生的源泉。"

——西塞罗

我们总是在想我们还缺少什么，而不是我们已经拥有了什么。以下的练习主要是针对正面思考、选择和反思。霍尔·厄尔宾已经在他的班上尝试这种训练长达 20 年之久，并且取得了惊人的成效。

练习控制自己，停止抱怨

让学生们有意识地控制自己，在 24 小时内不抱怨：

- 告诉他们，即使他们在中途抱怨了，也不要停止。看看一天可以最少抱怨多少次。
- 给每位学生发一张空白卡片，记录下他们的每次抱怨，还有每次他们"差点儿"抱怨（而实际没抱怨出来）。

第二天，问他们：

- 这次作业的目的是什么？
- 你从中学到了什么？

学生们就会发现他们抱怨的频率，还有他们为多么微不足道的小事而抱怨了。

以"我感激……"为题，制作一份表格

接下来，让学生们以"我很感激……"为题，制作一份表格。表格

分三部分：

第1部分 东西（列出他们所拥有的，珍爱的物质东西）

第2部分 人（列举出他们要感谢的人）

第3部分 其他（列举出其他东西，如：自由、机会、友情、爱、才能、能力、健康、天赋、和平、信仰、上帝、学习、经验、美貌、善良等，这个单子可以拉得很长）

重温自己所列的内容

在接下来的24小时内，让学生们至少重温自己所列的内容4次：

- 下午
- 晚饭后
- 睡觉前
- 第二天上学前

当一个人把注意力转到积极的方面上来，当他意识到自己还是有选择的，当他开始反思的时候，生活就会变得更成功也更愉快了。

第二章
最有效的激励，事倍功半

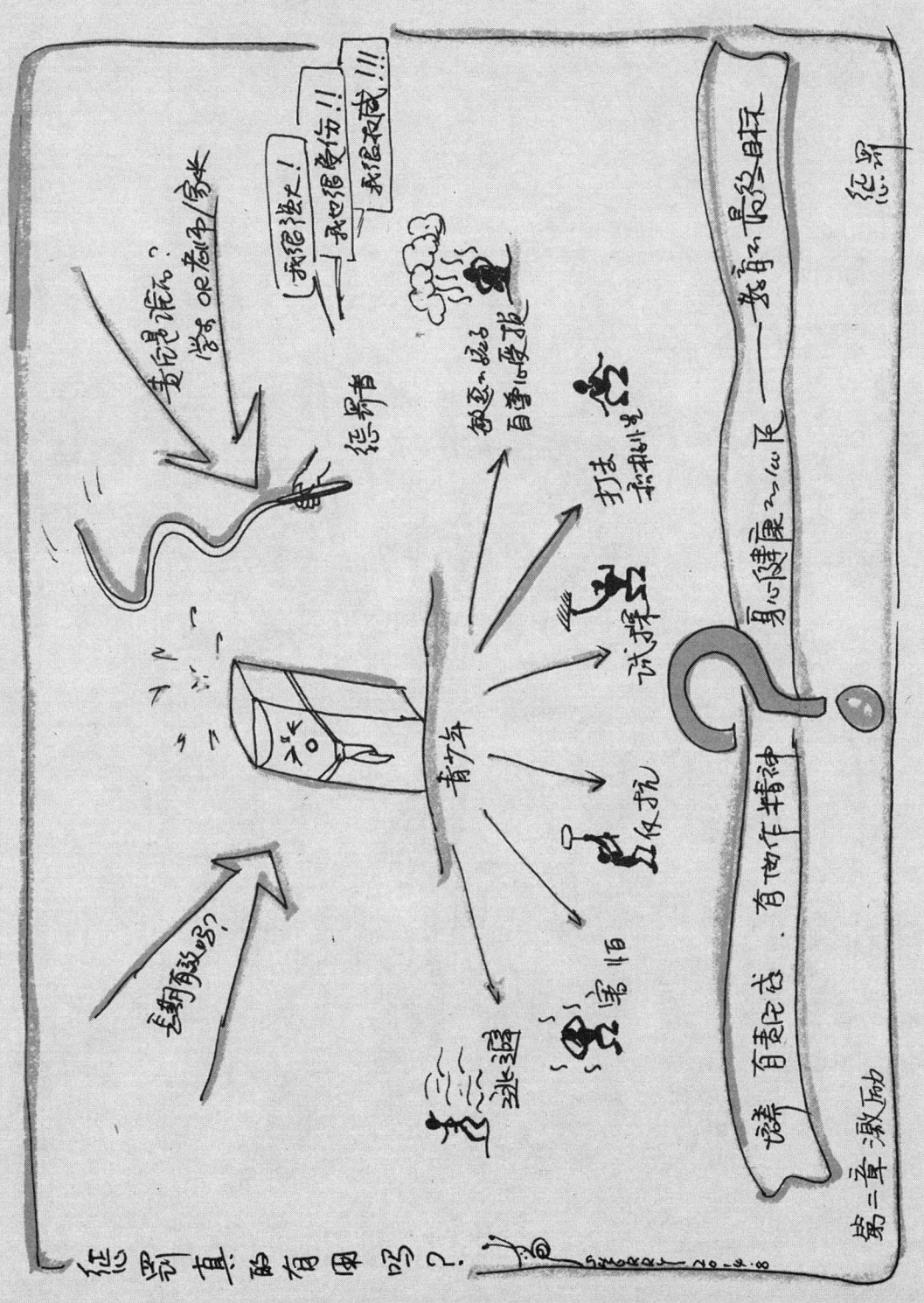

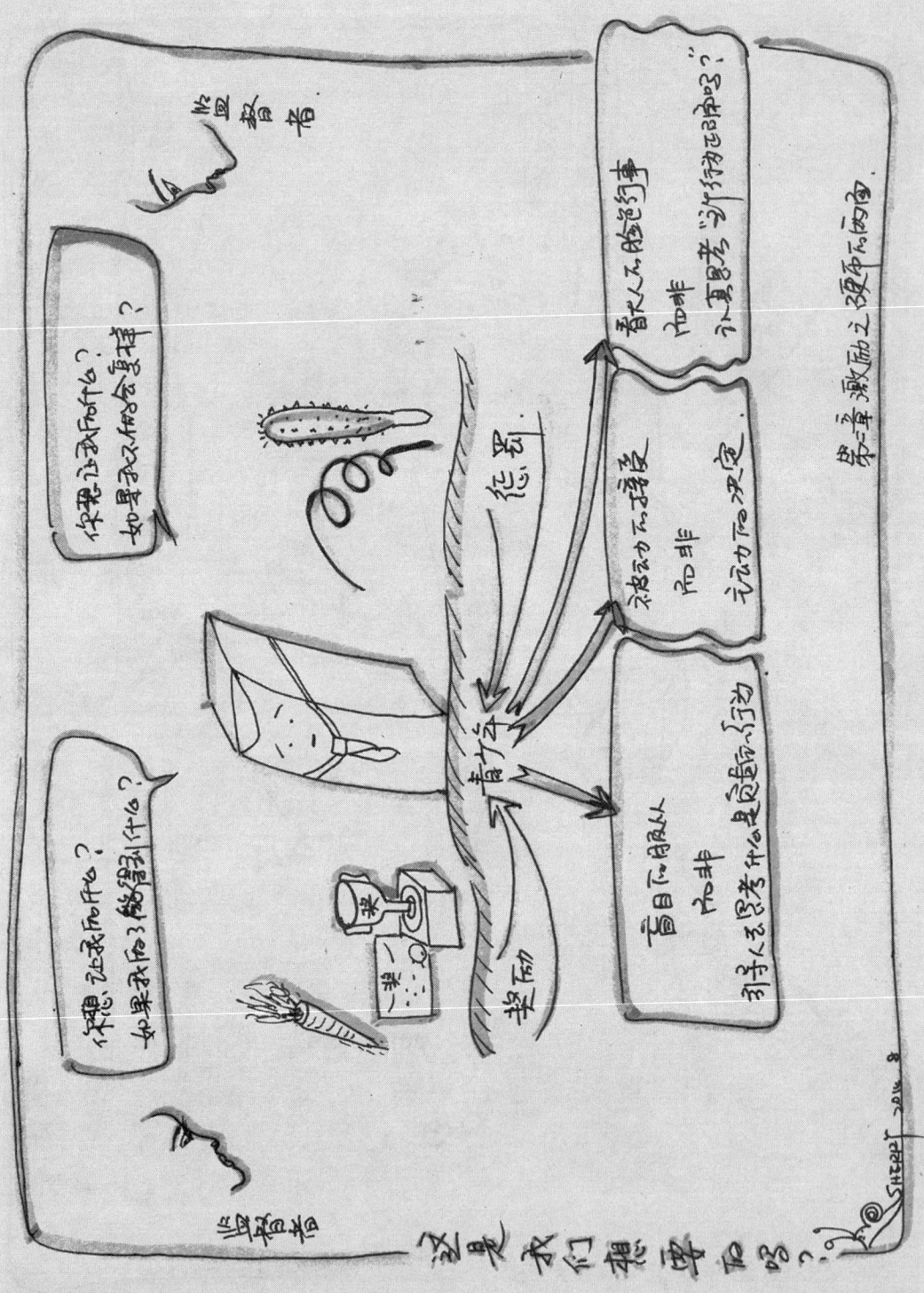

第二章 最有效的激励，事半功倍

最想说的话 X理论通过外部刺激来影响操纵他人，可以暂时地改变他人。而Y理论则依靠的是协作，它意识到一个人的改变源自于他自身对目标的渴望，并非外在的强制所能达到。在Y理论中，错误将被看成是一种信息的反馈，它是一个人自身成长与提高所不可或缺的。正如杰若米·布鲁纳所说，应该让学生把成功与失败作为一种体验，而不是奖励与处罚。

万丈高楼平地起，有必要知道的理论基础

我们可以控制他人的行为，却无法改变他人。

人只能自己改变自己。

我们的信仰和理念决定了我们的思维模式，我们的思维模式影响了我们对世界的认知，而这个认知指导了我们的行为。

X理论 or Y理论

早在1960年，麻省理工学院斯隆管理学院已故教授道格拉斯·麦格雷戈，出版了一本名为《企业的人性化》的书。他在书中把行为学运用到改善公司的机构和效率上来，对后来产生了非常重要的影响。

麦格雷戈研究了那些潜在的、影响人类行为的因素，他研究了各种管理方法，不仅是企业当中的，还有学校、服务机构和一些公共组织。他得出这样一个结论：管理方式的形成是由管理者对其员工的假设为前

提条件而决定的。他指出，公司管理者的想法和行动都是基于两个截然不同的假设，他把这两个假设分别叫作 X 理论和 Y 理论。

X 理论

这是一种自上而下的权威式的管理模式，麦格雷戈认为，这种管理方法无法充分发挥员工的潜力。

X 理论基于以下假设

● 一般人天生不喜欢工作，他们总是能少干就少干，能不干就不干。

● 鉴于人们厌恶工作的天性，管理者必须施以高压强迫的手段，并在工作中给予他们指导，有时还不得不通过威胁惩罚，才能使他们努力完成任务，达成目标。

● 一般人都喜欢被指引，这样他们就可以不用负责任。他们没有野心，对他们来说，安全感才是最重要的。

这些假设并没有白纸黑字地写出来，但是我们可以从企业的结构、政策、工作流程、工作条例、管理方法，以及具体的行为中总结出来。责任被描绘出来，目标被设定出来，决定也已经做出来，但这一切和将要执行它们的员工毫无关系，没人想到还需要征求他们的意见。奖励是由于他们符合了管理系统的要求，惩罚是因为他们触犯了规定。

X 理论的执行也有强弱之分：严厉的管理者倾向于使用强硬的手段使人屈服，而温和的管理者则更喜欢用奖励的手段来笼络人心。

Y 理论

Y 理论比较符合当今的理论认识和研究成果，它倾向于通过激发员工的主动性，使他们在实现个人目标的同时，也实现公司的目标。Y 理论的核心就是"融合"，将个人的目标与公司的目标融合起来，创造条件帮助员工实现个人目标，而在他们实现了个人目标的同时，也帮助实现了公司的目标。Y 理论用合作代替了强迫，是更有效的管理方法。

Y 理论的假设是：

- 无论是在游戏还是在工作中，人在智力和体力上的支出是一样的。人并非天生就讨厌工作，是否喜欢工作，取决于对自身处境的掌握。当工作能给他们带来成就感时，他们就会愿意工作；当工作成了惩罚的发源地，他们就会不自觉地想方设法地逃避它。
- 当人可以自主地设定目标，并自主地实现它的时候，他们就会为之积极地付出努力。
- 一个人为达成目标愿意付出多少努力，取决于达成目标后他能获得什么，而其中最有分量的就是来自于内心的成就感。
- 在适当的条件下，人们可以通过学习，学会承担责任，甚至会寻求承担更多责任。逃避责任是过往的经历造成的，并非与生俱来。
- 高度的想象力、创造力和独特性，在人群中广泛存在，并非为少数人所独有。
- 在当今社会，大多数人的智力只有很小的一部分被发挥出来。

Y 理论鼓励人们实现自身成长。它强调因地制宜，因人而异，而不是一味地使用强迫和控制手段。更重要的是，Y 理论认为当今人类合作的局限，并不是人的天性使然，而是因为管理者没有足够的智慧和技巧，不懂得如何充分发挥员工的潜能。

不要将 Y 理论看作是只懂温情的管理方法，它也可以很苛求，很严厉，它可以设定很高的目标，并期望人们实现它。它可以对所有参与者都深具挑战，比如在教学中，它的挑战对象不仅仅针对学生，还可以针对老师和家长。

接受 Y 理论，尝试和适应它

这些理论可以应用到教育领域。虽然开始的时候大多数人更习惯于 X 理论，但现在已经有越来越多的教育界人士和家庭开始接受 Y 理论了。因为人们发现：总是希望通过外部力量来改变一个人，特别是在对其进行管教的时候。将自己的目标强加于人，并相信可以通过高压手段逼其就范，这样的方式越来越难有成效了。

有些老师和家长对 Y 理论感到恐惧和陌生，因为他们已经习惯利用身份带给他们的权力，轻易达成他们的目标。X 理论通过外部刺激来影响操纵他人，可以暂时地改变他人。而 Y 理论则依靠的是协作，它意识到一个人的改变源自于他自身对目标的渴望，并非外在的强制所能达到。在 Y 理论中，错误将被看成是一种信息的反馈，它是一个人自身成长与提高所不可或缺的。正如杰若米·布鲁纳所说，应该让学生把成功与失败作为一种体验，而不是奖励与处罚。

过去人们总是利用权威强迫他人改变，这是 X 理论所宣扬的，可悲的是的确有很多人屈从于这种权威。到 20 世纪 60 年代，情况开始有所改变，人们对效率的追求慢慢取代了对权威的妥协。尤其是在 60 年代后期，社会模式发生了重大改变，人们更追求平等、自由和人权，没有人愿意屈从他人，每个人都意识到自己的权力，"权威"、"服从"这些词成了过时的概念。信息革命是 X 理论走向衰落的另一个主要原因。一直以来，掌握信息就等于掌握了控制权，过去信息只掌握在少数当权者手里，而他们也充分利用了这一优势。现在情况不一样了，如今的信息对每个人开放，大家站在同一地平线上。在信息传播极其广泛的今天，要想限制青少年获取信息，如果不是不可能的话，至少也是十分困难的事情。

像猴子丢掉"无法食用"的坚果那样，放弃 X 理论吧

有个老故事，很形象地演绎了 X 理论实施的效果。一群科学家被派去抓捕金丝猴用于研究。金丝猴是濒危动物，在世界上仅存有100-200只，生活在越南丛林里。科学家们的任务就是要毫发无损地抓一只活的回来。他们对小猴子的习性有些了解，于是设计了一个陷阱：他们在一个瓶子里放上猴子爱吃的坚果，瓶口很小，刚好可以让猴子的手伸进去。他们用一根细绳把瓶子拴在树上显眼的地方，等着小猴子出现。果然没一会儿，有只小猴子闻到果仁的香味跑来了，它把手伸进瓶子里，抓了满满一大把果仁。当小猴子想跑时，发现拳头被卡住，出不来了。它很着急，其实丢掉坚果，它就可以把手拿出来，但它舍不得，于是，它被轻易地抓住了。

也许很多人会觉得小猴子很蠢，其实很多时候，我们自己就像那只猴子一样，抓住错误的东西不放，即使它让我们裹足不前，深受困扰，也不肯放手。彼得·德鲁克说过："失败是因为人们不懂得放弃。他们死死抓着那些曾经有用、现在无用的东西不放。"

那些继续选择使用高压政策的人，就像那只猴子一样，作茧自缚。从某种程度上说，他们使自己失去了自由。要想改变这种状况，必须放弃高压政策，放弃X理论，从而摆脱它所带来的压力、对抗，以及糟糕的人际关系。运用Y理论，采取协作、鼓励的方式，不仅可以减轻压力，改善人际关系，而且可以真正地改变他人。

精髓点

- 用什么方法去激励一个人，取决于对这个人的看法。
- X理论是通过高压方法控制、操纵他人。这种传统的、自上而下的、权威式的管理方法，于当今社会已经很不合时宜。
- Y理论鼓励人们去追求自我，实现自我。它通过合作，而不是高压来实现这个目标，它给人带来更大的动力。

• 与对方合作，给予他自主权，这样做不仅可以减轻彼此间的压力，改善关系，还可以对他人产生真正的影响力，促使他改变。

• 如果大人把孩子的不当行为视作故意捣乱，他就会不自觉地使用 X 理论。其结果就是关系恶化，双方都会觉得压力大增。相反，如果大人能够明白，孩子的这一行为其实是在尝试解决问题，那么他就会把这种情况视为一个机会，运用 Y 理论，消除怨恨与对抗，真正达到教育的目的。

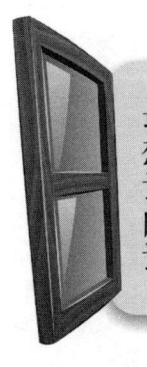

最想说的话 我们可以通过建议、劝诱、勉励、奖励、命令,有时甚至还可以通过惩罚的方式去激励别人。然而,这些外在的激励手段远不如内在的激励手段来得有效。

外在与内在动力

"激励是一门艺术。它让人们去做你想让他们做的事情,因为他们愿意。"
——德怀特·戴维·艾森豪威尔

这一部分,我们将介绍两种方法,看看这两种方法是如何对人产生影响的。没有人能真正地激励他人,人们只能激励自己。这是理论上的说法,实际上人们还是可以通过多种方式去激励他人的。比如,当橄榄球界的传奇文斯·隆巴蒂教练,在中场对队员们说"姑娘们,让我们谈一谈"的时候,我想即使是那些队员自己,也不相信是他们自己在激励自己。隆巴蒂是一个了不起的鼓动家。(注:尽管隆巴蒂激励了他的队员,但通常并不把队员当作刺激物。)

对"激励"的解释

谈到"激励",常常会联想到两个词——"固有的"和"非固有的"。当行为的目的是为了获得认同,得到奖励,或免于处罚的时候,这种激励就是非固有的,它来自于外部。当行为的目的是为了获得成就感,或者来自于自身的其他一些情感,这种激励就是固有的。

谈到激励,本书将使用"外在的"和"内在的"这两个词。"外在的"是指来自于青少年自身之外的那些因素。由于青少年很容易受外界的影响,所以用"外在的"这个词来形容"同伴压力"就很好理解了。"同伴压力"可以对青少年的行为产生极大影响,我们要做的第一步就是了解它,然后才能分析它,决定什么时候接受它,什么时候拒绝它。

由于人的行为可以受到外在或内在的激励,单从行为上并不能分辨出来。比如一个孩子叠被子,可能是父母要求他做的(外在动力),也可能是他自己愿意做的(内在动力),但无论是哪一样原因,结果是一样的——被子叠好了。

外在动力

外在动力在"塑造"青少年的时候,发挥了不可忽视的作用。父母及其他人的示范效应,在孩子们的成长过程中至关重要。从婴儿学说第一句话,到小孩子学着与人相处,以及青少年从自己的行为中汲取教训,都可以看到这种作用的存在。

学院派心理学的行为学理论认为,外在动力对于人的行为有着最根本的影响。做了好事就应得到奖励,做了坏事就要受到惩罚。但在这里要特别注意,如此一来,责任就落在奖惩的执行者身上了。这种方法从本质上认为一个人可以改变另一个人。既然影响他人的人已经负责任,那被影响的人就不必再负责任了。

我们应特别注意的是，当老师和家长使用这种外在激励的方法来管教孩子们时，他们的目的变成了让孩子们做大人想让他们做的事，它培养出的是服从命令的孩子。它最大的麻烦是会激起反抗，即使我们使用了"积极"的手段，比如奖励，仍会误导孩子，使他们的目的变成是为了获得奖品，而不是做好某件事。

惩罚显然是另外一种外在的激励手段，它的力量源自恐惧。恐惧能给人带来可怕的想象，并使人发生巨变。但是这个改变是暂时的。威廉·格拉瑟说过，想要通过施加压力来改变学生，往往会失败。因为这种指令性的、强迫性的驱动，只有用"枪"这一类强而有力的手段才能起作用。

"然而枪、外力、威胁、羞辱或是惩罚等，从来都不是什么好方法。让我们继续以枪为例，只有当枪口对准他，并且让他感到害怕时才会有效。如果有一天他不怕了，或者枪口不再对着他了，那么这个动力也就失去了。"

内在动力

亚伯拉罕·马斯洛对内在动力有着明确的定义："如果无视人类最高层次需求，你将永远无法读懂生命。成长、自我实现、健康、独立自主，以及追求卓越（还有其他进取向上的追求），必须作为一种广泛的、甚至是全人类的普遍需求得到重视。"

爱德华兹·戴明认为，人的内在动力（欲望）、行为、生产力以及行为质量，都不是由他人通过规定可以操纵和干涉的。他认为人的内在动力与生俱来，天生就有。每个人天生就具有求知欲、工作欲，以及探索与进步的欲望。

托马斯·阿姆斯特朗在著作中提到，哪怕是和患有注意力缺乏症（ADD）、多动症（ADHD）的儿童相处时，使用内在激励的方法也比使用外力控制的方法有效得多。

爱德华·德西和理查德·弗拉斯特在他们的书《为什么我们这样做：了解自己的动机》中解释说：内在动力是人类一切创造力、责任心、良好行为及自身发展的源泉，是学习和教育的关键。没有人能强迫另一个人学习。但是你可以影响一个人，让他主动地想学习。对待今天的青少年，最有效的方法是引导，而不是强迫。

现在，想象你自己就是卡尔文，坐在教室里面，老师让你回答以下的问题。下面部分描述的是本书中将介绍的概念，它们大多基于内在动力。

选择权的魅力

你现在正在上数学课，这节课要先完成10道数学题。你希望老师以哪种方式布置这项任务呢？

| A 做黑板上的这10道题。 |  | B 你可以选择：做黑板上的这10道题，或者，做课本第12页上的10道题。 |

选择权给予人力量。

自我评价的力量

你在课堂上捣乱了。以下的做法，哪种会对你产生更好、更持久的作用呢？

| A 老师告诉你，你做错了。 | | B 你意识到自己做错了，但老师并没有责备你。 |

自我评价对持续成长更有作用。

自我纠正的效果

你在教室里随手扔了一个纸团，被老师看见了。你觉得，以下哪种方法可以让你日后不再犯同样的错误？

| A. 老师叫你把纸团捡起来。 | | B. 老师什么也没说，但你自己把它捡起来了。 |

自我纠正对改变不良行为最有效。

自发地负责任带来的感觉

你走进教室，发现废纸篓歪倒了。哪种情况能让你更有满足感？

| A. 老师让你把废纸篓扶起来。 | | B. 老师什么也没说，但你自己把废纸篓扶起来了。 |

自发地负起责任，更能使人获得满足感。

"积极"是位好老师

你很喜欢活动中心的某项活动，正想去参加。这时你更想听到

哪种说法?

| A．你不把作业做完就不能去。 |  | B．你当然可以去,不过,要先把作业做完。 |

积极是比消极更好地老师。

非处罚方式对日后行为地帮助

你又一次在课堂上捣乱了。你觉得,老师怎样说对改善你日后的行为更有帮助?

| A．老师说:"下午放学后,你留下来。" |  | B．老师说:"向你的朋友描述一下你今天的行为,并把它写在这张纸上。" |

以非处罚性的方式,运用权威的力量,更能使孩子获得成长。

坐在你旁边的同学打了你。你还手了。你的这一行为是谁引起的?

| A．打你的同学。 | 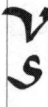 | B．你自己。 |

人们选择自己的行为。

更多的人都会选择B,因为这一选项包含两个内在的激励因素:一是追求诚实和公平，二是自尊心。这两点都不像外在激励那样带有强迫性。人一旦觉得自己受到了控制，他的热情就会迅速消退。所以内在动力与选择权密切相关，如果你剥夺了别人选择的权力，也就剥夺了他的内在动力。正如一个学生所说的："由于可以选择，所以我是在学习知识，而不是记住知识。"

那些深谙人与人之间相处之道的人，都非常清楚内在动力与外在动力的区别。我们可以通过建议、劝诱、勉励、奖励、命令，有时甚至还可以通过惩罚的方式去激励别人。然而，这些外在的激励手段远不如内在的激励手段来得有效。当你要一个青少年在接受惩罚和令父母失望两者之间做出选择时，根据我在研讨会上的调查结果：几乎所有人都宁可选择接受惩罚。他们可不想让父母（或老师）失望，因为那是他们敬重的人。

亚里士多德说过，任何一种情感的宣泄，比如说幸福感，都是人类行为最恰当的结束方式，因为它能给人内在的满足感。内在的欲望及满足感对改善人际关系和改变他人行为而言，比外在的强制手段要有效得多。

精髓点

- 外在动力是建立在成年人的示范作用和同伴文化基础之上的，它对青少年的影响往往是通过奖励和惩罚的形式来实现。
- 本书使用了"外在动力"这个词，而没使用"非固有动力"，是因为这样可以更好地解释"同伴压力"。
- 外在动力（激励）最基本的特征就是依靠他人来使自己发生改变，这样一来责任就落在了他人身上。
- 本书选用了"内在动力"这个词，是因为"责任感"这一动力是基于道德观和价值观之上，更偏向于认知的范畴。而"固有的"这个概念是更偏重于精神或情感的范畴。

• 内在动力与选择权密切相关。如果剥夺了别人的选择权，也就剥夺了他的内在动力。

• 内在的欲望及满足感，就改善人际关系以及改变他人行为的效果而言，比外在的或强迫的手段要有效得多。

第二章 最有效的激励，事倍功半

最想说的话

如果仅仅因为学生达到了基本的行为规范，就对他们进行奖励，这是在向他们传递一个错误信息。在学校以外的社会上，或者是在家里，没有人会因为你做了应该做的事而给你奖励，这就如同没有人会因为你在红灯面前停下来，或者没有擅自穿越马路而给你奖励一样。

奖励的效用

即使不"贿赂"青少年，他们依然会愿意承担责任。

对某一行为进行奖励，可以给人极大的激励。但如果这一行为是普通的，人人都应遵守的，奖励就会产生反效果。因为它会让孩子产生依赖感，这与培养他们的责任心背道而驰。

如果用奖励来激励孩子

奖励能鼓励孩子。比如说，好成绩就是一种奖励，学生们为了得到它，可以付出很多努力。上课认真听讲，下课好好复习，仔细做作业等等。但是，也有的学生并不觉得好成绩有什么了不起，所以这对他们产生不了激励作用。也就是说，只有当人们对所奖励的东西有足够兴趣，他们才会努力争取，也只有这时候，奖励才会起作用。

知道了这一点，老师和家长就应该明白，为什么有些学生总是没有学习动力，因为提高分数对他们没有吸引力。所以激励孩子们的不应该是分数，而应该是学习本身。杰罗姆·布鲁纳在他的经典之作《教育的过程》中说："最理想的状态是，对学习内容本身感兴趣，这是驱使人们学习的最佳动力。这一动力远胜于对分数的追求，或在竞争中脱颖而出的欲望。"

如果用认同来激励孩子

对某一行为的认同，同样可以起到激励作用。它像表扬一样，既能给孩子带来赞誉，又不会产生副作用。但表扬是有代价的，如果孩子无法达到大人的期望时，就会觉得自己没有价值，不值得被接受。当你用"我喜欢……"来对孩子讲话时，实际上是在鼓励孩子们用你喜欢的方式来取悦你。相反，如果你向孩子表达对他行为的认同时，却可以使他的内心获得满足。

比较表扬和表示认同的差别。

表扬的例子："我真高兴，你能这样对待你的兄弟"和"你对你的兄弟可真体贴啊"；"我喜欢你的工作方式"表示认同的例子："你的工作态度说明你很努力"；"你拿了这么高的分数，我真为你感到骄傲"和"从你的成绩可以看出你做得不错"。

有两个特征可以区分表扬和认同。第一，表扬一般都会提到自己，比如说："我真为你感到骄傲……"，和"我喜欢你……的方式"；第二，表扬一般都给人一种高高在上的感觉。如果你不会用这种口气对一个成年人讲话的话，那么请你最好也别用这种口气对孩子们讲话。

如果对基本行为规范进行奖励

不能让表现良好，成为"有利可图"

如果仅仅因为学生达到了基本的行为规范，就对他们进行奖励，这是在向他们传递一个错误信息。在学校以外的社会上，或者是在家里，没有人会因为你做了应该做的事而给你奖励，这就如同没有人会因为你在红灯面前停下来，或者没有擅自穿越马路而给你奖励一样。

奖励良好的行为，等于告诉孩子们，如果他们好好表现就会得到回报。他们很快就会发现，表现良好是一件有利可图的事，可以被用来等价交换，甚至从更广阔的角度来看，是具有经济利益的。这就像是在说："如果我表现良好，我会得到什么好处呢？"

奖励未必能帮孩子们建立良好的道德观

这种奖励并不能帮助孩子们建立起良好的道德观，因为孩子们并没有真正思考他们的行为是好还是坏，是对还是错，是公平还是不公平。他们唯一的动机就是获得奖赏，而像"这样做好吗"或者"这是一个负责任的行为吗"，这一类问题却变得无足重轻了。

用奖励来定义行为的好坏，会让孩子形成一个错误的价值观："既然我得到了奖励，那这种行为一定是好的。"同时它也暗示了我们不一定非要遵守这些社会行为的准则，而且它也剥夺了孩子们在遵守社会行为规范时所带来的满足感。

青少年无须"贿赂"

总而言之，仅仅因为孩子们遵守了基本的社会行为准则，就给予他们奖励，是不利于培养他们的社会责任感的，学校也就无法完成社会赋予它的使命。无须"贿赂"青少年，他们一样可以行为良好，乐于协作。他们其实很希望成为好人，也希望把事情做好。这一点从很简单的小事就能看出来：请一个青少年帮你，如果你真的需要帮忙的话，真诚地向他们表示，很少有人会拒绝你的。

人们为何要奖励

我们以为奖励能立竿见影让孩子听话

奖励可以使孩子们听话。一位老师这样对学生们说："我最喜欢那些认真完成任务的孩子了。"当然，孩子们听了这话以后就会乖乖地干活，因为孩子们爱他们的老师，希望让她高兴。但与此同时，另一层信息也传达到了他们耳中："如果你不认真干活的话，我就不喜欢你了，也不再理你了。除非你按照我说的去做，否则我不会跟你成为朋友的。"就这样，在不经意间，学生的动机转变了，从单纯地享受工作的乐趣，变成了取悦老师。

奖励不仅容易使用，而且成效立竿见影。游戏、电影、空闲的时间、巧克力都能作为奖励。但是它的效果能持续多久呢？答案就是：持续到孩子们玩完游戏，看完电影，享受够了自由的时间，吃完了巧克力为止。这时孩子们做这件事的态度没变，他们想为这件事付出的努力程度也没增强。

我们以为奖励可以改变他人

我们这么喜欢使用奖励的另一个原因就是，我们太依赖"刺激——反应"这种心理学的方法来改变他人了。这种外在的、心理学的手段是基于人类训练动物的方法发展而来的。有人认为人和动物一样，都是可以训练出来的。在训练小狗的时候，如果发现小狗在地毯上大小便，主人就会把小狗抓过来，把它的鼻子按到地毯上，并用报纸打它的屁股，然后再把它带到后院，带到人们认为它应该大小便的地方。人们以为这样小狗就应该学会在哪里才可以大小便。但你猜接下来会怎样？三天以后，小狗依旧在地毯上大小便，但大小便之后，它会跑到院子里。小狗没有明白主人的意图，它只是意识到主人希望它这时候到后院去。

我们之所以喜欢用奖励的方法，还因为我们觉得有这个必要。卡罗琳·厄尔利老师，给我讲了一个学生和他爸爸的小故事。那个学生的爸爸坚持认为如果他的儿子没有扰乱课堂秩序，老师就应该表扬他。比如没有在课堂上随便唱歌。而且抱有这种想法的人还不只是这位父亲，很多家长也都有同样的想法。他们觉得使用刺激——反应的手段很有必要。

我们以为奖励可以培养孩子自尊心

还有一个让我们使用奖励的原因就是，我们认为这样可以培养孩子们的自尊心。人们常常开展这类"培养自尊心"活动，结果却往往不尽如人意。这种活动最大的误区就在于：他们相信一个人是可以借助外力来建立自尊心的。

表扬是我们最常用的增强孩子自尊心的方法。我们常常当着其他孩子的面表扬一个孩子，这种奉承话的确能让这个孩子感觉良好，但这只是暂时的，它并不能改变他们的自我认识。人的自我认识，是与自己认为的能力的大小有关。如果一个孩子心里并没有那种从内而外的自我价值的认同感，那么别人再怎么夸他，他也只会觉得这是肤浅的。

孩子们对大人们的动机非常敏感，甚至在我们自己都不清楚时，他们就已经察觉出来了。即使非常年幼的孩子，也能感觉到大人的虚伪和不诚实。

一个上幼儿园的孩子，把老师刚刚称赞过的画揉成一团，因为旁边的孩子对他说:"老师表扬你是为了让你表现好。"老师只能苦笑,她的良苦用心产生了反作用。

当大人们用奖励的手段去培养孩子们的自尊心时,就不得不把奖励变成一种常态。而此时竞争就产生了。孩子们互相攀比,看谁受到的表扬多,谁得到的小红花多,这对孩子自尊心的培养没有一点儿好处。用数量来衡量,无论它衡量的是什么,常常隐含着功利的目的,都容易导致自我贬低,甚至自我嫌恶的后果。因为总会有达不到目标的时候,比如你做某件事没成功,或者有人比你更强,这时你就容易产生自我贬低的感觉。退一步说,就算你的自信心得到提高了,你感觉很好,但那也是有条件的,因为要保持这种良好的感觉,你就必须不停地设定新的目标,并不停地达到它。而这是要付出持之以恒、艰苦卓绝的努力的。

另外,用数字来衡量一个人的另一个弊端是,容易让人产生焦虑。使人觉得自己不够成功,从而产生悲观情绪,进而丧失改变现状的信心。它使人更不愿去尝试,最终变得一事无成。这就是为什么那些表现软弱、反应迟钝、没什么才能的人不自信的根本原因。不幸的是,正是这些人,常常被列为"培养自尊心"活动的目标人群。

我们以为奖励能让孩子获得自信

像这样用数字来衡量人,还有一个不言而喻的目的,就是自身获得优越感。盲目自信往往会使你与其他人之间的关系疏远,甚至会毁了你们之间的感情。因为它让你变得自满,以自我为中心。你想取得成功的欲望越强,你和别人就会越疏远。当你没能达到目标时,你会觉得自己很糟糕。当你自我感觉良好没能带来任何结果时,别人就会不尊重你,而你也会贬低自己。这将导致恶性循环,使你失去了更多的尊重、友谊和爱。

因此，我们的目标不应该是建立自尊心，而是无条件地接受自己。不能接受自己是因为我们总是在心里责备自己，总是看轻自己。要想无条件地接受自己，就必须通过行动，只有有所成就，才能带来满足感，才能无条件地接受自己。由己及人，无条件地接受自己，也要无条件地接受他人，这样你才可以和他人建立起良好的关系。

密西西比的一位洗衣女工向南密西西比大学捐赠了150,000美元，她说："如果你想要感到自豪，你就必须先做一些能让你感到自豪的事。"

自尊心来自于你的内心和你的行为。

对于奖励效果的更多思考

奖励性惩罚

老师因为某事表扬了A同学，但做了同样事情的B同学却没受到表扬。这时候，对A同学的表扬就成了对B同学的惩罚。老师说："我真喜欢沃尔勒斯坐在座位上的样子。"这种表扬对沃尔勒斯不见得有什么好处，相反，孩子们不仅看出了老师想操控他们的意图，而且还使沃尔勒斯在同学中变得孤立。老师的表扬变成了惩罚，尤其是那个孩子本来并不希望得到大家的关注。

这种情况很普遍，老师表扬一个学生的进步，结果却使这个学生又退步了。有些孩子不喜欢被单独地指出来。还有些孩子觉得自己就应该

是班上那个捣乱的。良好的行为与他的自我印象不符。所以，即使他做了什么正确的事情，受到了老师的表扬，他也无法保持，还是会做回原来的自己，像往常一样犯错。

其实奖励却改变了动机

奖励只能刺激外部动力

用奖励作为激励，这是我们的初衷。无论是小学老师，还是高中老师，想必都回答过学生们这样的问题："这些东西会考吗？"或者"这些算成绩吗？"学生们此时的学习目的不是求知欲，不是迎接挑战，也不是学习本身带来的乐趣，而是外部的奖励——分数。学生们学习是为了得到老师的好评，而不是为了学到知识。而且当你越是重视分数，你就越希望能找到捷径，以获取高分。

这就产生了一个悖论，许多研究显示，如果一个人本来不喜欢做某事，我们给予他越多奖励，他对这件事本身的兴趣就越低。换言之，我们越是强调外在动力，学生对所做的事情就越不感兴趣。德西是这么形容这一现象："不给钱，那就没戏。"举一个典型的例子：老师想通过奖励的方法鼓励学生养成阅读的习惯。从长远来说，学生阅读的兴趣降低了，因为学生是为了获得奖励而阅读，在得到奖励以后，他们就不再想阅读了。

一味强调分数，学生的创造力就会被抑制。关于这一点，我可以证明给你看。

给学生们布置一项任务，告诉他们你非常好奇，想知道他们最终会如何解决，并强调你不会给他们打分。再布置另一项类似的任务，告诉学生们这次会打分。然后比较两次任务完成的情况，你就会看出学生创造力的差别了。

第二章　最有效的激励，事倍功半

奖励"奖"出"竞争"，却弱化了"协作"

另外，奖励会过分强化竞争意识。需要强调的是，一个人的获得奖励是以另一个人失去奖励为代价的，不可能每个人都是赢家。在一个学习团体里，比如学校，协作才是最根本的。在《哥伦比恩觉醒后的沉思——学校可以做什么？》一书中，作者认为："当学校成为全体学生都被重视、并能在其中快乐学习的团体时，我们才能够相信哥伦比恩的悲剧不会重演。"奖励不可避免地把学生引向竞争，而不是合作。而合作是建立学习团体不可或缺的重要因素。为了使孩子们符合基本的行为准则，给予他们外在的奖励，并不能使他们学会自律，只是给他们树立起了某种价值观。

奖励不幸成了"迎合"

大人们使用奖励的手段，目的是为了纠正孩子们的行为，而不是建立价值观。当然，如果真的要建立孩子们的价值观的话，奖励能起的作用顶多排在第二位。

为了让孩子们按照大人的吩咐去做事，比如和小朋友好好相处，或者听话不调皮等，大人们总会给孩子们奖励，比如糖果或其他什么东西，这无形中就给孩子们建立起某种价值观，而这个价值观也许并不是大人们希望灌输给他们的。

青少年为了奖励而去迎合大人，去做大人们希望他们做的事情，在培养孩子的道路上，大人们没有取得任何进展，孩子们既没有变得更有责任心、更团结，也没有变得更值得信任。

☀ 精髓点

- 只有当一个人对奖品感兴趣的时候，奖励才能成为有效的动力。

- 和表扬相比，认同是一种更有效的激励方法。
- 当使用奖励的时候，人们当初的动机被改变了，变成为获得奖品了。
- 给行为良好的孩子以奖励，就是告诉他们只要他们表现好，就会获得回报。这是一个错误信息，社会并不会因为你符合了基本的行为准则而奖励你。
- 因为孩子做出了应有的表现，就给他们奖励，这既不利于孩子责任心的培养，也不利于正面的价值观的树立。

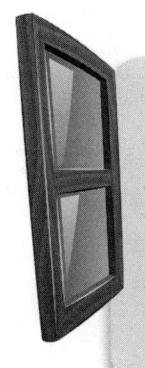

最想说的话

惩罚无法让青少年长期改变,因为他们会认为:既然已经受了惩罚,就不必为自己的行为再负什么责任了。惩罚将责任从学生身上转移到了老师身上,这使得学生不必再进行自我评价。此外,当孩子受到惩罚时,他反而会产生一种心理优势,认为这一切并不是他的错。他会不由自主扮演起受害者的角色,并指责惩罚他的人是罪魁祸首。

惩罚的效用

强加的意志,改变不了初衷。

为了保证社会的公平与公正,当成年人做了对社会有害的事,就会受到惩罚。传统的惩罚手段有罚款、惩处、隔离和监禁等。如果你认为应该把青少年当作成年人看待,那你自然会觉得用这些手段理所当然。但是如果你认为青年人和成年人还是有区别的,不应该把青少年当作成年人看待,那么我们就有必要讨论一下,惩罚对一个人的责任心会造成什么影响。

关于惩罚的理论及问题

要让孩子明白为什么受到惩罚

对于青少年不负责任的行为,我们常常使用威胁或惩罚的手段,特别是在他们扰乱课堂秩序的时候。就一般而言，我们所做的无非是让他们吃点儿苦头，或者威胁让他们吃点儿苦头。当然这并不是指肉体上的。这样做的理论依据似乎是，孩子们只有经历了痛苦，才能学会承担责任。

我们觉得惩罚能发挥作用的一个原因就是，有时候孩子们的确停止犯错。这种情况一般是由于孩子初次犯错，还没养成坏习惯，并且也是第一次受到惩罚。我们尤其要注意，要让孩子们明白他们是为什么受到惩罚的。

惩罚能起作用的关键在于受罚者与惩罚者之间的密切关系。特别是对于那些原本就想学好的孩子，惩罚不是一种企图伤害他们的手段，而是一个提醒。

惩罚无法让青少年长期改变

但对很多青少年来说，惩罚是无效的。越来越多事实证明了这一点。当一种惩罚手段失效以后，我们不可避免地就会采取更加严厉的惩罚手段。于是就形成了恶性循环。对有些孩子来说，被老师找去谈话、被训斥、不许进教室、留堂、被校长谈话、甚至被勒令退学，全都无所谓，他已经完全不在乎了。

惩罚的效果是暂时的，这种由恐惧和强迫所带来的改变总是很短暂的。当惩罚一结束，孩子们就像"刑满释放"一样，又变得依然故我，他们不必再为过去的行为负责了。在短期内有效的高压手段，并不代表长期也有效。通过威胁使青少年听话，仅限于威胁存在的时候。一旦威胁不存在了，他旧有的行为也就恢复了。

惩罚是靠老师来执行的，而不是学生自己

一个惩罚可以使学生在这个堂课上表现良好，在另一个课堂上又故态复萌。因为既然惩罚是依赖于老师的个人行为，所以它的一致性就无法得到保障。对于一个老师来说应当受到惩罚的地方，对于另一个老师来说也许可以被原谅。

让青少年长期改变依靠惩罚是行不通的，因为他既然已经受了惩罚，就不必为自己的行为再负什么责任了。惩罚将责任从学生身上转移到了老师身上，这使得学生不必再进行自我评价。那些经常受罚的孩子，基本上没有自我评价的经验，这使他们对是非缺乏判断力。这种缺陷将一直持续到他们的成人生活。此外，当孩子受到惩罚时，他反而会产生一种心理优势，认为这一切并不是他的错。他会不由自主扮演起受害者的角色，并指责惩罚他的人是罪魁祸首。

惩罚会让孩子产生负面情绪

一般来说，人都会尽量逃避惩罚，而逃避是一种消极的反应。惩罚给人带来的是害怕、逃避或反抗。这些情绪都不利于学习。另外，惩罚让老师和学生产生对立，从而引发以下结果：(1)学生不断试探老师，寻找可以免于惩罚的方法；(2)打击了学生们学习的积极性，扼杀了"求知欲"。另外，那些非常敏感的孩子会因为受到惩罚而觉得自尊心受损，从而觉得自己一无是处。

威胁与惩罚并不能帮助孩子们改正他们的错误行为。如果不除去犯错的动机，下次他还会继续犯错，他可能得到的教训就是，下次想办法不要被抓。于是他学会了寻找借口、编造事实、掩盖真相，他变得善于推托、避重就轻。我想这是任何一位家长或老师都不愿看到的。不仅如此，严厉的、经常性的惩罚会带来可怕的负面情绪，如害怕、愤怒、怨恨、反抗、报复，甚至是仇恨。

时代已改变，惩罚真的有效果吗

马拉车的年代，车夫挥舞着手中的鞭子，呵斥着让马前行。很多时候，我们在用着同样的方法教育学生。我们手执教鞭，一边威胁，一边把大量的知识塞给他们。而今天的青少年和过去年代的大不相同，过去的那一套越来越行不通了。

有一次我采访一个人，和她讨论当今社会与青少年的变化。她讲了她和女儿的一个故事：

🎧 我女儿本来是一个很可爱的少女，但她吃起东西来很不文雅。有一天，我轻轻拍拍她，用尽量温和的口气说："亲爱的，你不要这样吃东西嘛。"

她却叫起来，说："妈妈，你不要来烦我。"

这位妈妈生长于20世纪60年代，她那一代人也会挑战权威，但绝不会过分。她反复强调女儿是个好孩子，但最后还是感叹道："现在的孩子对权威不仅不尊重，甚至连一点儿恐惧都没有。"

当学生不再害怕被惩罚时，惩罚也就失去了作用。

一个孩子因做错事被罚留堂，但是事后他满不在乎，还会照犯。老师没有办法了，只好罚他下次再多留一会儿。结果可想而知。

我参加过全世界成百上千次研讨会，从来没听说过留堂能改变学生的行为。如果这办法行得通，我们就没必要一次又一次以同样的方法来处罚他们。留堂为什么行不通呢？因为它是一种惩罚，是消极的、强制性的。我们忘了这样一个事实：人们在感觉良好时才能做得更好，在感觉糟糕时只会做得更糟。

第二章　最有效的激励，事倍功半

惩罚只能暂时让实施惩罚的人满意

对他人实施惩罚，与其说是为了他人，不如说是为了自己。

有个动画片中有这样一幕：爸爸手里拿着鞭子追赶着儿子，妈妈在后面喊："再给他一次机会吧！"爸爸说："是啊，要是他再也不犯错了，我可该怎么办？"是呀，要是孩子不再犯错了，他就没机会惩罚他了。

实施惩罚能让惩罚者觉得自己非常强大，彰显并巩固了他的主导地位。在孩子长大并拥有反击能力之前，一直是由成年人来主导。最让惩罚者感到满意的，不是他人行为上的改变，而是对自己强大地位的证明。简而言之，就是双方在进行一场权力的较量。在这场较量中，孩子们很知道如何撩拨起大人的怒火，而在此同时，大人只有通过征服来获得满足。

以我多年的学校管理经验来看，一般来说，向校长告状的老师，他们关心的并不是如何解决问题，而是为了报"一箭之仇"。我多希望他们的目的是为了让学生变得更有责任感，可惜，实际情况却是他们只是为了自己的满足感。

惩罚暂时性地阻止了学生的不当行为，却往往会更加坚定惩罚者的信念。于是他就更经常地使用这种手段。直到今天情况依旧如此，虽然有了更好的方法，但仍有一些人认为惩罚才是最有效的。

对惩罚 say:NO

自我惩罚是所有惩罚中最严厉、最糟糕的方式。很多学生并不需要别人来惩罚他们，他们自己就已经惩罚自己了。卡希尔·吉布兰曾这样说:"当一个人的悔恨如此强烈,他对自己的惩罚比你给的要强烈得多,那你还能怎么惩罚他呢?"

人们常常认为,惩罚是迅速制止不当行为的唯一手段。其实,非惩罚性手段远比惩罚性手段有效得多。设想一下,你干了件坏事,原以为一定会受到惩罚,结果却意外地被原谅了。你对这件事的记忆是否要更深刻呢?

story 1

🎧 我的朋友回忆起他小时候的一件事。有一次,他们全家在饭店吃饭,他和哥哥调皮,把店里的照明设备键按了下去,结果店里的灯全灭了。兄弟俩吓坏了,以为父亲一定不会轻饶他们。结果最后,虽然父亲知道是他们干的,却没有惩罚他们。直到今天,我的朋友还记得当年的幼稚行为,尤其是父亲并没有惩罚他们这个事实。

实际上,这个不受惩罚比直接受到惩罚更令人记忆深刻。

story 2

有一次,在飞机上有个叫艾瑞克的朋友讲了类似的故事:

🎧 当时我上小学二年级,现在虽然有20年没有见到她,但我对她印象极深。她让我懂得了该如何对待他人,这对我后来的一生都深具影响。现在我来给你讲讲这个故事:

我小时候一直很淘气。那天早晨教室里非常安静,我们都在画画。我对自己的画非常满意,很想让坐在教室另一头的好朋友看看。我知道我不可以走过去,于是我就把画折成纸飞机。看准时机扔了过去。老师全都看到了,她用平静的语气对我说:"艾瑞克,你过来,把你的飞机也带上。"

我战战兢兢地走到她的大桌子前。

"可以拿给我看看吗?"她看着我的眼睛问。

她盯着那架纸飞机好一会儿,我紧张得就像等待宣判的罪犯。

"嗯。"她用很温和的语气说,"这架飞机做得真好。我希望你能到教室前来给大家讲讲怎样折纸飞机。一会儿我们可以到外面去,比比谁的飞机飞得最远。"

于是,她又给每个人都发了一张纸。我高兴极了,很认真地教大家折飞机。

说实话,当时我都惊呆了。因为在那以前,我总是因为不遵守纪律,被老师罚过无数遍。这次老师却非但没有指责我,还把我的捣乱变成了学习的机会。我太喜欢她了!

这个朋友认为,在全班同学学会如何折纸飞机的时候,他却学会了如何用创造力来激发他人的创造力,这成为他一生中更宝贵的东西。

上面的这个故事我想讲给所有即将走上老师岗位的朋友听。在我任教的学校,我也常常和他们讲起这个故事。

当时艾瑞克告诉我,如果那天他受到惩罚,也许他早就把这件事忘了。正是二年级的这位老师,让他记住了这件小事,在他本应受惩罚的时候,她却用积极的方法教给了他受用一生的道理。

其实很多时候,我们都可以不必对孩子的错误进行惩罚,把它变成教育他们的绝好机会,我们只需多动些脑子就行。

精髓点

- 实施惩罚的理论依据是,我们总认为犯错的孩子只有吃到苦头,才能学会承担责任。

- 惩罚的效果是暂时的、短暂的。
- 一般来说，惩罚无法让青少年长期改变，因为它剥夺了他们为自己行为负责的权利。
- 我们的初衷是让孩子变得积极进取，但惩罚带来的后果却背道而驰。
- 用高压的手段迫使孩子，同时也给老师带来负面影响，这是促使老师离开教师岗位的首要原因。
- 惩罚实际上更让施罚者感到满意。
- 高压可以带来顺从，但却不能带来进取。
- 自我惩罚是一种最严厉、最糟糕的惩罚方式。

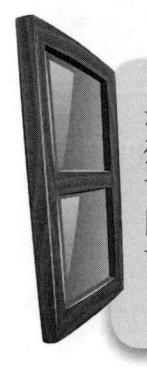

最想说的话

使用奖励与惩罚的激励手段，实际上是教会了孩子们看别人的脸色行事。我们对他们的长期管教，加深了他们的这种思维方式：是否选择正确的行为不重要，别人怎么看才最重要。在老师家长监管不到的地方，孩子们在同龄人的影响下开始抽烟、吸毒，既于社会有害，又对自身有损。其目的无非是想激怒大人，挑战他们的权威。

奖励与惩罚——一枚硬币的两面

被惩罚时问："你想让我做什么？如果我不做会怎样？"

受奖励时问："你想让我做什么？如果我做了能得到什么？"

孩子们表现好时，用表扬贿赂他们；表现不好时，用惩罚威胁他们。正如硬币的两面，激励也有正、反两面。它通过一些外部手段，试图影响孩子们的行为。

我们该站在哪边？

胡萝卜（奖励）加大棒（惩罚）真的管用吗？

用奖励与惩罚来管教孩子，就如同用胡萝卜（奖励）与大棒（惩罚）来对付（孩子）。驴子很饿时，会对胡萝卜感兴趣，努力往前走，想够着吃到它。如果驴子刚吃饱，不会对胡萝卜有太多兴趣。吃饱了的驴子，在前头有胡萝卜后面有大棒子的情况下还往前走,我们以为是胡萝卜在起作用,其实是大棒。虽然走路很辛苦,但比起挨打还是要好点儿。所以让驴子往前走的,不是对胡萝卜的向往,而是对大棒的恐惧。

瑞士著名心理学家让·皮亚杰就说过:当大人们用奖励和惩罚来影响孩子们的行为时,实际上是束缚了他们自主能力的发展。他认为惩罚是一种外在的行为管理技巧,常常导致被惩罚者产生盲从、欺骗或者反叛的行为。选择了盲从的孩子,不需要做任何决定,只要唯命是从就好。而另一些孩子则学会了用欺骗的手段逃避惩罚。当家长对他们说:"下次别让我抓到你!"孩子们所能做的就是使出浑身解数,保证下次不要被抓住。至于哪种行为才是正当的,变得没有人在意了。

库尔特·勒温是第一个从社会心理学的角度讨论这方面问题的专家,他选用"操纵"一词来描述奖励与惩罚,真是再恰当不过了。这是一场成年人与孩子之间关于权力与力量的较量,从来赢的只有成年人,因为它不公平,奖励与惩罚只能单方面施加于孩子们身上。对于这种方法,要想让它长期有效,就必须不断提出新的奖励与惩罚,因为孩子们早已习惯依赖它了。只有不断增加奖励或惩罚的砝码,才能保证孩子们按照大人们期望的那样行事。

随着孩子长大,对奖励与惩罚的实施会越来越困难

这种奖励与惩罚的方法,随着被管教者年龄的增长,将会变得越来越困难,因为它只能对某一年龄段的人产生有限的影响。所有家长都有体会,孩子越大越难管。这是因为他们的参照群体变了。从前他们希望获得老师和父母的认同,现在他们更希望获得同龄人的认同。

使用奖励与惩罚来管教孩子是一种偷懒的方法,它以牺牲孩子们成长与成熟的机会为代价。他们没有学会承担责任,却学会了利用暂时的妥协逃避责任。低个头、服个软、写写检讨，就什么事都没有了。许多孩子宁可接受惩罚，也不想费力地承担责任，或学会自我控制。

使用奖励与惩罚的激励手段，实际上是教会了孩子们看别人的脸色行事。我们对他们的长期管教，加深了他们的这种思维方式：是否选择正确的行为不重要，别人怎么看才最重要。在老师、家长监管不到的地方，孩子们在同龄人的影响下开始抽烟、吸毒，既于社会有害，又对自身有损。其目的无非是想激怒大人，挑战他们的权威。教育的终极目标应该是培养他们的责任心，这也符合他们自身的最大利益。如果你赞同这种观点，你就会避免惩罚与操控的行为模式，从而减缓与青少年之间的摩擦与压力。

若没人监督，奖励与惩罚还能走多远呢

教育是一种长期行为，需要经过多次反复实践。而想让一个人学会承担责任，光靠教是不够的，还必须他自己自愿。负责任的行为是一个人主动选择的结果，不能靠强迫。

奖励与惩罚原本是要培养青少年的自律精神，可惜事与愿违，这是个有趣的悖论。我们的目标是帮助青少年成为有责任心的、自律的、自立的、能独立解决问题的人。奖励和惩罚却使他们越来越依赖外界的激励。在这个过程中，青少年只是被动地接受，而责任心的培养是需要他们做出主动选择的。

有人就外界激励如何影响一个人的行为提出过尖锐的问题：在没有人监督的情况下，奖励与惩罚还能多有效呢？

有一个希腊小故事，讲的是一个男人想去奥林匹斯山，路上遇到了一位老人，恰巧这位老人就是苏格拉底。于是他向老人问路。

最后苏格拉底以他一贯的风格回答说:"请确保你的每一步都走在正确的方向上。"

奖励与惩罚没有把我们引向培养责任感的道路上去。与其代替青少年做什么,不如学会使用非强迫的方法与他们合作。

精髓点

- 奖励与惩罚只能带来盲目的服从,却不能引导人去思考什么才是负责任的行为。

- 奖励和惩罚带给人的只是被动地接受,而不是主动的决定。责任心的培养是建立在主动选择的基础上的。

- 奖励和惩罚让孩子们学会看大人脸色行事,而不能认真思考"这个行为正确吗?"。

- 要想真正改变青少年的行为,凡事都替他们做,不如凡事都和他们商量着做来得有效。

最想说的话　当我们告诉孩子不要这样做，要那样做时，我们传达了这样一个信息：他们过去的所作所为都是错误的，至少是不够好的。说教其实就是在要求对方改变，人们往往不喜欢被强迫改变，这会引来狡辩和抵抗。

说　教

"在我14岁时，我对父亲的愚昧难以忍受；直到我长到21岁时，我竟然发现他在这7年间竟学了那么多的东西。"

——马克·吐温

唠叨的说教对于青春期孩子来说基本上毫无作用，因为这个时期的孩子正在寻求人格的独立。

用说教让别人改变，只能引来抵抗和狡辩

父母总是不希望孩子经历挫折，所以他们常常说教。在他们说得正起劲时，没发现孩子们的眼里都能生出冰碴了，孩子们早在心里对父母的话充耳不闻了。他们在想：又开始说教了。难道你们叫我干什么我就得干什么吗？我才不干呢。

其实父母的出发点都是好的，但对于正处在青春期寻求人格独立的孩子们来说，他们会把这些忠告看成是对他们的控制。人嘛，都不介意去控制别人，但要让别人来控制自己，就不那么好受了。

当我们告诉孩子不要这样做，要那样做时，我们传达了这样一个信息：他们过去的所作所为都是错误的，至少是不够好的。说教其实就是在要求对方改变，人们往往不喜欢被强迫改变，这会引来狡辩和抵抗。

我想起了一位朋友曾说过，他是多么讨厌他妈妈总是告诉他，他该做什么。尽管有时候他的确想那么做，比如出去玩，但只要他妈妈一说，他就找借口不去了。想象一下那种感觉。当有人告诉我们该做什么时，我们多数人都会在心里想："不用你告诉我！"

有时候老师让学生去做某件事，学生会觉得这是在强迫他而加以拒绝。有的老师会把它记录在黑板上，让全班同学看到底是哪些人不听话。这种警告是没用的，一个学年下来，再看看黑板上的名单，不仅不会减少，很可能还会增加。

扔掉无用的说教、选择有效的提问

与无效的说教相反，提出问题让对方自己判断才是最有效的。

人寿保险公司有这样一个经典案例，新入职的销售人员先要在公司经过一段时间培训，才可以开始工作。在前18个月里，他们往往干得很成功，18个月之后，业绩就开始下滑。

公司投入了大量人力物力对此展开了详细的调研，结果发现，在最初的18个月里，销售人员老老实实地按照公司培训所教的技巧与客户沟通，不仅很快掌握了客户的财政状况、对未来的计划，而且对他们的个性也有所了解，这大大加强了保险公司与客户之间的联系。

然而，入职 18 个月后，销售人员积累了一定经验，他们就开始想走捷径了。他们问的问题越来越少，说教却越来越多，与潜在客户之间的联系也不那么紧密了。当销售业绩开始下滑时，他们感到恐慌，为了掩饰这种情绪，他们反而说得更多。于是恶性循环，业绩下滑得更厉害。本以为说教可以节省时间，没想到却是以失败为代价的。

告诉一个人该干什么，远不如让他自己决定该干什么来得有效。让他经过反思，对自己进行提问，由自己做出判断。

精髓点

- 尽管对青少年说教暂时能起到作用，但说教是一种操控，没有人喜欢被别人控制。
- 说教只会引发狡辩和抵抗的情绪。
- 说教无法激起他人内心的欲望。

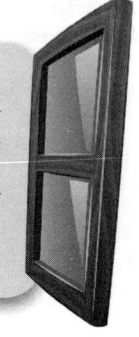

最想说的话

如果小约翰的思维模式属于不喜欢学习（包括不喜欢学习知识和不当的行为方式），那他就会学不好。对于老师和家长来说，我们的主要目的就是要改变他们的思维模式，从而提高他们的学习水平，改善他们的行为方式。

调整思维模式

"我怎么才能让小约翰乖乖学习呢？"这个问题从一开始就像瘟疫一样徘徊在所有老师的心里。其实答案很简单，就是：你办不到。

因为没有人可以"让"别人去学习。

——玛德琳·亨特

思维模式包括态度、性格、意愿、爱好等。如果小约翰的思维模式属于不喜欢学习（包括不喜欢学习知识和不当的行为方式），那他就会学不好。对于老师和家长来说，我们的主要目的就是要改变他们的思维模式，从而提高他们的学习水平，改善他们的行为方式。

罗杰与脑瘤切除手术

詹姆斯·萨顿是得克萨斯州普莱森顿的心理学家，他对从事儿童服务业的专业人士进行培训。詹姆斯强调一个人的认知和现实一样重要。

如果一个孩子感到害怕，那么无论是否真有值得害怕的东西，他都会害怕。萨顿根据多年经验得出结论，孩子们受到的伤害，往往来自于他们对现实的认知，而不是现实本身。

男孩罗杰刚刚接受了一次成功的脑瘤切除手术（肿瘤是良性的）。然而手术后，罗杰的学习开始大幅度下滑，和同学的相处也大不如从前。父母请求萨顿博士给他做咨询。萨顿博士仔细研究了罗杰在医院的记录和手术情况，一切都很正常找不出任何理由可以解释这种现象。甚至医生还认为手术后罗杰的状况会比术前有所改善呢。萨顿博士问了孩子一个问题：

"罗杰，你是不是觉得医生切除肿瘤时，把你的脑子也切去了一部分呢？"

"不是的，先生，"男孩轻声回答，"我觉得他把我的脑子整个都拿走了。"

原来如此！难怪这个男孩会变成这样！他以为自己以后就得脑袋空空地活着。萨顿给男孩解释了手术原理，并让他相信他的脑子一点儿问题都没有，他完全可以正常使用它。

"真的吗？"男孩明显松了一口气，脸上绽放出笑容，这是萨顿第一次看到他笑。

"当然！"

接下来的几个星期，罗杰明显地进步了。他的学习成绩和人际交往都有了很大改善。

奇人詹姆斯·奈史密斯与他的 74 杆

这个世界在每个人头脑里都产生一个映像，我们的思维模式做出的任何决定，很大程度上取决于头脑中的这个映像。有一个著名的例子，是关于奇人詹姆斯·奈史密斯的。

詹姆斯·奈史密斯是90年代一个普通的高尔夫球运动员。整整7年，他退出了比赛，没有碰过球杆，也没有踏足球场一步。因为这7年中，他作为战争战俘，被关在监狱一间狭小的囚室里，与世隔绝。但他坚信，即使在这恶劣的环境中，他依然可以控制自己的意识，保持头脑清醒。他决定要在这间小囚室里练习高尔夫球。他每天有大把时间，想象着自己正站在最喜欢的一个高尔夫球场里，嗅着刚割过的青草的芬芳，想象着自己穿什么样的衣服，随着四季气候不同的变换，春天的风，冬季的云，夏日里的骄阳。现在他要打一场18洞的高尔夫球。他低下头，在土里插上第一颗球丁，球丁上托着雪白的高尔夫球。他在球前站好，手里抓住球杆，感受着它握柄处的质感。他又调整了一下姿势，挥起球杆，向下落去，击中小球，他看着小球沿着一道弧线向前飞去，落在了球道上，又跳了几跳，刚好滚到了他选中的位置。他从没失误过，小球飞出去的角度既不左也不右，每次推杆也恰到好处。所以当重获自由，他做的第一件事就是去打一场真正的高尔夫球。此时奇迹发生了，7年没有摸过球杆的他，第一场就打了74杆的好成绩，比入狱前整整提高了20杆。看看，这就是意识的魔力！

思维模式在某种程度上属于潜意识层面，它需要得到一些帮助才能改变。老师和父母就是要帮助孩子们在脑海里建立起积极正面的映像。这是通过激励提高责任感的基础。

☀ **精髓点**

- 思维模式决定了我们的行为。
- 是否能够学好,关键是在自己的意识里认为自己是否能够学好。
- 家长和老师要帮助孩子们在脑海里建立正确的思维模式。
- 思维模式在某种程度上属于潜意识层面,它需要得到家长老师的有效指引才能改变。

最想说的话

如果你想激励他人,无论那个人是你的伴侣、孩子、朋友,还是下属,你都只有一种方法,那就是为他们创造一种环境,让他们自己想要发生改变。尤其是当你希望这个改变是永久的。

结　论

"我们打冰球的时候,是球往哪儿飞我们往哪儿跑,而不是看它现在在哪儿。"

——韦恩·格雷斯基

我们总是试图通过外部激励来改变他人行为。然而能真使人改变的,是人自身的欲望,而不是外部的操纵和高压手段。

语言塑造了我们的思维。同时,语言不仅塑造了词汇本身的意义,还丰富了它的内涵。例如,当我们说"他太让我生气了"时,我们产生一种印象,好像是他使我们愤怒。然而事实上,是我们自己允许别人激怒我们,这是我们自己的选择,无论它是有意还是无意。尽管人很容易受到刺激,然而真正刺激我们的是我们自己。

如果你想激励他人,无论那个人是你的伴侣、孩子、朋友,还是下属,你都只有一种方法,那就是为他们创造一种环境,让他们自己想要发生改变。尤其是当你希望这个改变是永久的。

外界的环境与刺激对我们有很大的影响，但它不能直接地激励我们。从技术角度上来说，真正的激励我们的来自于我们自身。

奖励、惩罚和说教都是外在的手段。正因如此，它们对一个人的长期改变或责任心的培养作用是有限的。真正有效的是来自于内部的激励，这就是我们接下来要讲的"责任感培养体系的基础"。

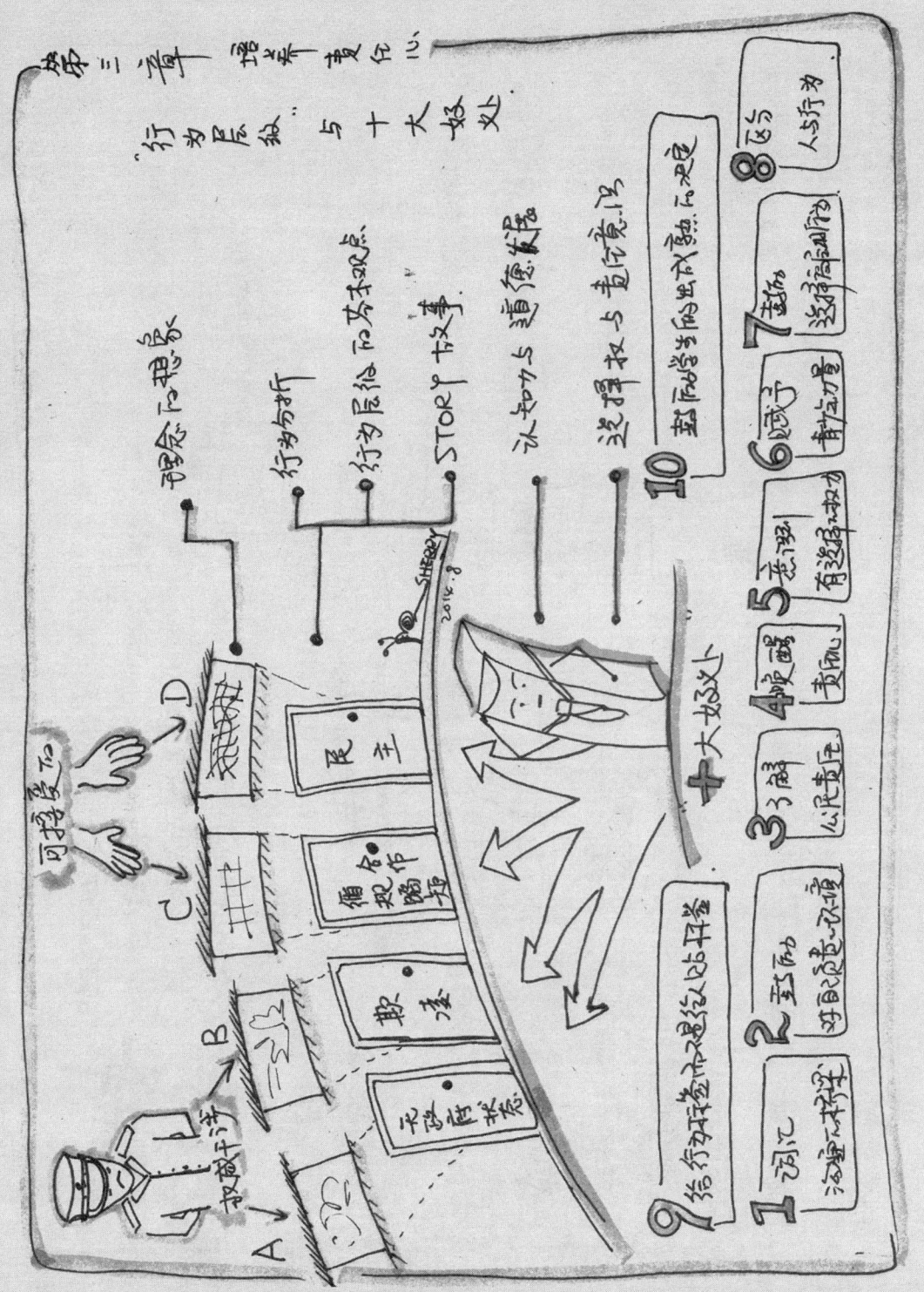

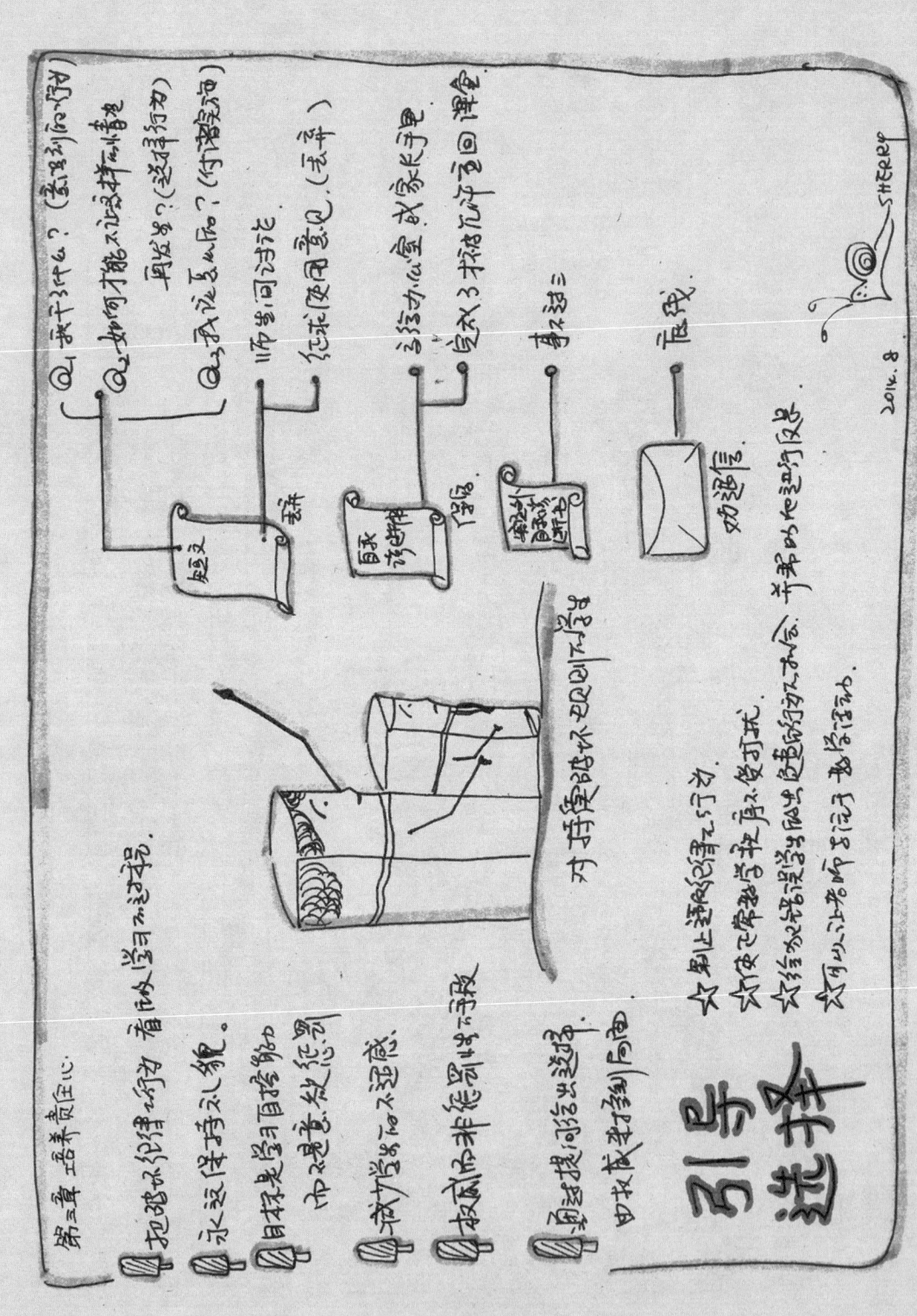

最想说的话

那些依赖外在手段控制学生的老师，他们本人在场时，学生都乖乖听话。一旦他们不在场，可以想象会发生什么事情。总有老师说："我在的时候，孩子们表现得好极了；一旦我不在场，他们就变成了可怕的捣蛋鬼。"可以说，评价教师是否真的有威望、有影响力，不是看他在场时学生的表现，而是看他不在时学生会怎么做。

守纪律离责任心有多远

培养孩子最好的方法就是潜移默化，
潜移默化到被管教的人全无察觉的地步。

老师和家长们使用严厉方法管教孩子们，也失去了享受与孩子们相处的乐趣。其实，我们应该把管教看作是机会，而不是失败。法国社会学家埃米尔·涂尔干说：管教勾画出道德规范，它使课堂这个小社会得以正常运转。

让纪律成为自律的工具

纪律是培养责任感的工具。纪律的终极目标就是自律——自我控制，它能使人们自觉遵守某种行为准则。这是文明社会对公民的基本要求，是一个人成熟的标志。我的教授约翰·古德莱德就曾说过，学校的第一社会责任就是培养有礼貌的年轻公民。而有礼貌要通过自律来实现。

要维持一个社会，或一个课堂的文明，纪律需要不断加强。当然，根据南加利福尼亚大学教育心理学系主任理查德·E·克拉克的说法：很多教育工作者对纪律的理解是狭隘的，认为纪律就是"我们该如何让他们听话"，而不是"我该怎样做，才能帮助他们把精力用在做正确的事情上，从而实现他们自身以及整个社会的目标"。

对于纪律的这种狭隘理解，克拉克博士这样描述，想象一位老师站在学生面前说："如果你们完全按照我说的去做，你们就会变得能独立地、有创意地、辩证地思考。"这句话很滑稽，实际上很多老师的目标都是希望学生们能服从，而不是自律。要是哪个学生不服从，接下来等着他的一定是惩罚。著名心理学家李·索尔克曾指出："不应该用惩罚来维持纪律。"对于很多人来说，纪律意味着惩罚。而实际上，纪律应该是教育，应该是使用积极的方法，帮助并引导孩子实现自我控制。

玛里琳·古特曼在《教师管教指南——帮助年轻的学生学会自制、负责任及尊重他人》一书中指出，管教是帮助孩子们学会自我控制的过程，而不是对他们控制或管理。

理查德·萨格尔说，我们维护纪律，就是要实现三个教育目的：

- 维持秩序
- 培养人的自控能力
- 改进有益于社会的行为方式

要想实现这三个目的，首先需要学生们正确认识自己，懂得自己的行为须由自己负责，要对自身发展有所追求。这样，在成长过程中，学生们就会变得越来越自律，正如萨格尔所说，这种控制来自于内心。

纪律不等于外来控制

外来的控制恰好相反。当纪律的维持需要依靠外来控制时，老师们承担了全部责任，还要为学生做好计划。一旦老师滥用权力，对学生进行惩罚，就会使学生产生敌意。

那些依赖外在手段控制学生的老师，他们本人在场时，学生都乖乖听话。一旦他们不在场，可以想象会发生什么事情。老师总会讲："我在的时候，孩子们表现得好极了；一旦我不在场，他们就变成了可怕的捣蛋鬼。"很多研究都得出了同样结论：那些长期习惯于接受外在监督的孩子，基本上不会主动地好好表现。可以说，评价教师是否真的有威望、有影响力，不是看他在场时学生的表现，而是看他不在时学生会怎么做。

当一个人自觉地付出努力，而不是遵循别人的意志时，他才可以收获真正的成长。努力所需要的内心动力只有在积极的环境中才能培养出来。当他觉得安全，觉得有自主权，当他对自己有积极的评价，并能做到自律的时候，他会意识到，负责的行为是为了自身的利益。这时候，教育的效果就得以充分地体现。

精髓点

- 管教既是教的过程，也是学习的过程。
- 纪律是培养责任心的手段。
- 纪律的目的就是要维持秩序，培养人的自控能力，提高人的社会行为水平。
- 一名老师真正的影响力体现在：当他不在场时，学生会怎样做。

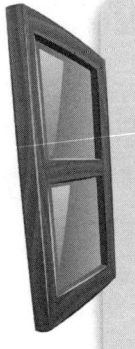

在讲B级时，可以用《三只小猪》的故事来讲解。大灰狼是怎么欺负三只小猪的。在讲C级时，就讲《白雪公主和七个小矮人》的故事，尽管七个小矮人各不相同，但他们每天都会很尽责地到矿里工作，完成任务。在讲解D级时，可以用《堤上的洞》。故事讲述荷兰小英雄用手指堵住了河堤上的洞，从而挽救了整个城市，很好地表述了小彼得的自立精神和社会使命感。当学生们更熟悉各个层级的行为特点后，就可以跟他们讨论外在动机和内在动机了，这有助于他们的成长。

责任心培养体系

青少年其实很想成为有责任感的人，只是我们用错了方法。

责任心培养体系可以轻而易举地纠正孩子们的不良行为。这个体系可分为三个阶段：传授理念、检查效果、引导选择。

传授理念

理念的想象

学习最终要经过实践，如果你参加了这个活动，通过学习，就能体会到该如何去指引学生。这只占用你几分钟时间，但非常值得一试。

🎧 首先,你拿一张白纸,一张标准打印纸或活页纸。把纸竖起来,上下对折,不要左右对折,也就是把它折成汉堡形状,而不是像热狗形状。

(注意:对于幼儿园或学前班的孩子来说,对某些词汇的理解可能超出他们的年龄。但他们正处在不断地学习新词汇、掌握新概念并消化吸收的年龄,对他们来说,理解新词需要一点过程。)

在这张纸的上半部分,写上"无政府状态"。然后向孩子们解释:它的意思就是没有法律,没有秩序,每个人想干什么就干什么,完全不用考虑他人。

现在,请把你脑子里想象出来的"无政府状态"景象画出来,画什么都行,只要能表现出混乱无序就行。人物也不需要很像,火柴棍人也可以。注意,只能画在纸的上半部,画完后,对画做一个简单描述,并把描述写在上半页纸上。

然后开始下半页。

在折线下面,写上"欺凌"。在字下画一幅画,表现一个人欺负另一个人的情景。描述你的画。

这些都做完后,把纸翻过来。在纸的最上边写上"循规蹈矩",字下面画一幅画,画在纸的上半部,表现人们都在做他们应该做的事,画什么都可以,只要表现人人都很规矩、一切有条不紊就行。然后描述你的画。

现在来画最后一幅。在纸的下半部分写上"民主",画一个人不需要别人告诉他该如何做,他就自觉地负起责任地画。然后描述你的画。

如果这个活动在课堂进行,要让每名学生轮流讲述他们的画,也可

以分组进行。

行为分析

介绍理念

这个活动包括五方面内容：第一，把四个抽象的概念形象地展示给大家；第二，每个人把每个概念在脑海里形成画面；第三，每个人对每个概念都进行文字描述；第四，每人都向别人口头阐述自己对这些概念的理解；第五，每个人都有机会听别人的讲述。

意义

现在，这四个抽象概念我们的大脑中已经变得生动起来，因为脑海里已经具体描绘出它们了。大脑对画面的记忆远比对文字的记忆要强得多。这就是为什么我们常常能记住一个人的长相，却忘了他名字的缘故。正因如此，我们更容易记住故事。当读或者听故事时，我们的大脑不断描绘故事的场景。同样，当学生们为这四个概念编故事时，他们头脑中也会浮现出画面，使得大脑可以更好地理解和记忆这些抽象的概念。而且自己动手做要比别人做印象深刻得多，也记得更长久。所以我们用这种"概念＋例子"的方法，而不是直接给出定义。真正理解这些概念是成长的先决条件，也是"责任培养体系"的基础。

不同层级的解释

A级：无政府状态（Anarchy）

无政府状态是最低层级的行为。这一词源自希腊语，字面意思是"没有统治"，也就是没有政府统治，没有目标，处于一片混乱中。艾伦·伯纳特很好地概括了这一概念：

"我们曾尝试建立一个无政府主义的小社会，但是人们都不遵守规则。"

我在一所小学介绍"责任心培养体系"，之后没多久，一位老师给我打电话，讲了这样一个经历。

有一次，她走进一间低年级教室，老师正在给学生们布置任务。老师说："谁先完成，谁就可以出去玩。"几分钟之后，教室变得越来越嘈杂。突然一个孩子站起来大声说："无政府状态！这就是无政府状态！"教室里立刻安静下来，并且一直保持到下课。从始至终，老师没说一句话，但学生们自觉维护起了自己的学习环境。

学习"无政府状态"这个词，却帮助孩子们学会了自我管理。

B级：欺凌（Bullying）

欺凌是比无政府状态层级稍高的行为。（青少年很容易理解"欺凌"这个词，但有些老师反倒不太理解，也许他们可以理解"招惹"这个词）这个层级的行为包括，扰乱破坏学校和课堂纪律。欺凌就是剥夺和破坏他人的权利，因为欺负人的人想变成规则的制定者。

姑息欺负人的人，只会助长他们的恶行。我们犯了一个大错误，因为我们没能看清楚欺凌行为的本质。一旦让欺凌占了上风，这种不负责任的挑衅行为就会一而再再而三地出现。越早有人站出来制止，局面也就越容易得到控制，欺凌行为就会越早停止。

让一个年幼的孩子独自面对欺凌，是件可怕的事情。如果这时有人替他站出来，人们会惊奇地发现，欺凌行为很快就偃旗息鼓了。

伦纳德·埃伦，密歇根大学社会研究所的教授，曾指导过一个长达

26年的追踪调查实验。他的调查对象是一些8岁的具有攻击性的男孩子。他在报告中写道：

"对于一个经常欺负别人的孩子，你不能把这当作是他的某个发展阶段。越早制止越好。研究显示，喜欢攻击他人的孩子，如果没有得到及时纠正，这种行为不会随着年龄的增长而消失，反而会更难改正。"

"欺凌"现象普遍存在

课堂上的欺凌现象，比我们想象的要普遍。专家认为，它并不是我们成长中必须经历的部分，我们不应该再对它有任何容忍。"校园欺凌常常是校园暴力的潜在诱因，全国校园安全中心称它是'被过分容忍、过分低估了'的美国校园问题"。

研究显示，学校远远低估了发生在眼前的欺凌事件的数量，在操场上、走廊里，甚至课堂上的欺凌现象惊人地频繁，它无处不在。很多时候老师们都没去干涉。卡罗·莎士哈夫特，来自纽约豪福斯特拉大学的教授，在报告中指出："当我们和老师谈话时发现，老师们也觉得欺凌现象难以接受，他们并不希望青春期的孩子们被它困扰。但是，他们不知道该如何制止。"研究显示，男生间的欺凌行为往往更直接，女生间的欺凌行为则比较隐蔽，她们喜欢搞小集团，孤立某人，散布谣言。欺凌现象始于小学，初中时达到顶峰。北达科他大学研究教育与学习的副教授约翰·胡佛说，欺凌现象不可忽视，因为它危害至深，范围甚广。他还强调，有10%-12%的学生在学校受到欺负。按最低10%的比率来算，在一个有600人的学校里，就有60名学生生活在恐怖里，他们无法专心学习。

指责欺凌行为，而并非指责发生这些行为的人

我们指责的是欺凌行为，而不是有这些行为的人，我们想就事论事，不想把它说成是某个特定孩子的必然行为。另外需要强调，欺凌是

因为这些孩子选择了较低层级的行为。

一个孩子在课堂上捣乱，他其实是在建立自己的标准。通过打断老师讲课，他觉得自己欺负了老师；通过阻挠同学学习，他觉得自己欺负了同学。对于我们这样解释他们的行为，他们很吃惊，因为他们从来没有想过这是在欺负别人，特别是欺负老师。

有几点非常关键，一定要记清楚：第一，千万不要给这些学生贴标签。第二，要强调的是欺凌行为的层级，而不是欺凌行为本身。第三，关键是要让学生们有这样的认识，而不仅仅是老师。

C级：合作／循规蹈矩（Conformity）

合作／循规蹈矩是再高一个层级的行为，也是课堂和文明社会应有的行为。无规矩不成方圆，任何社会都是如此。它的意思就是按照人们所期待的标准行事，并与人合作。这里没有专制的意思。相反是指要与他人建立合作，自觉接受社会或团体的主流价值观和道德观，并能以此来修正自己的行为。

其实青少年们骨子里是愿意顺从的。

报纸上有一则漫画，一群女学生穿着统一的校服，她们的衬衣、裙子、袜子和鞋子全都一模一样。女孩子们在和另一所学校的男生们讲话。男生们的学校不要求穿校服，但是他们还是戴着相似的帽子，穿着相似的衬衫、裤子和鞋子。其中一个男孩对另一个女孩说："我们学校不用穿校服。"但事实上，男孩们显然有他们群体的制服，他们的穿着受到"同龄人压力"的影响而变得雷同起来。

年轻人对融入一个团体会产生压力

融入一个团体的压力如此巨大，很多青少年都无力抗拒。这种压力甚至会影响学生取得成就。大部分是因为不想在团体里表现得太突出而受孤立,聪明有时候在学生中并不是件好事。《华盛顿邮报》曾报道过,一个女孩为了赢回她朋友的友谊,故意让自己的成绩从A跌到B,再跌到C和D。甚至连国家教育委员会的主席也曾经讲过类似的故事。

他认识的一位老师,为了保护一个成绩优异的女孩,不得不采取如此下策:给她的考卷评上"F",然后附上一张字条:"下课后来找我。"她私底下告诉她,她的真实成绩是A,这样做是为了使她免于同伴的报复。

来自拉雷多市的嘉顿·雷诺德兹,分享了中学生中的一些想法。

说到同龄人压力,在青少年中蔓延着一种可怕而强大的压力,它使得青少年只敢在背地里和老师们友善相处,当着同龄人的面就变得惹是生非。因为他要显示他有多么"酷"。那些表现好的学生会被"酷"学生贴上"老师的宠物"或"书呆子"的标签。这种颠倒黑白的观点把好的都变成坏的,而把坏的都变成了好的。如果你想努力进取,获得成就,你就会成为这个群体里的"异类"、"书呆子"或者笨蛋。只有那些挑战权威,对老师和家长表现出不屑一顾的学生,才是真正的"酷",才能获得同伴的尊重。你只有不断挂科,不断地被请进校长办公室谈话,才能证明你和他们是一伙的。

正视"同龄人压力",学会"化险为夷"

青少年有着很强的从众心理。朱蒂斯·利智·哈里斯在《养育探讨:为何孩子会变成现在这个样子》中指出:在当今社会,青少年一旦上了中学,家庭对他们的影响就会被同伴对他们的影响所取代。

我们必须记住,"同龄人压力"对青少年影响非常大。无论大人们怎么约束他们,一旦他们觉得这种行为可能招来同伴的嘲笑,他或她就会把大人的教诲抛到脑后,甚至跟大人们对着干,哪怕是他们尊重的大人。为了尊严不受威胁,他们首先会考虑同伴的看法,然后才会考虑大人们的感受。

C层级的核心就是激励来自外部。一旦青少年意识到,他们被外部力量操控了,他们就会寻求摆脱。有了这个意识,他们就能拒绝来自同伴的"不爱学习"风气的影响。了解了"同龄人压力",能使他们变得自主,无论在校内还是在校外,拒绝不负责任的行为。

D级:民主(Democracy)

D级是行为的最高层级。在这一层级中,动机来自内在,人们的行为自觉地与规范保持一致。爱德华·德西博士是一位来自罗彻斯特大学的心理学教授,曾就人的行为动机做了一系列实验,他把这种不受外界压力自觉采取的行动称为"自主"。

要想"自主",学会"自律"

要想达到"自主"的境界,你必须具备自我监管的能力。这就要彻底地接受这些规矩,并把它们变成你的一部分。也就是说,你必须和它融为一体,使它成为一种本能。只有这样,人们才能自愿承担责任,即便这样做很无趣。这类行为并不是由人类的本能欲望驱动。

带着美好的品格做正确的事

这一层级的行为,是人们通过反复做正确的事情得以加强的。四项最经典的美德:谨慎、自制、坚韧和公正,可以追溯到亚里士多德的时代,至今依然有重要的影响力。谨慎是现实中的处世智慧,指的是能认清现状,并做出正确的选择。自制是指凡事应当适度,要控制我们的各种情绪和情感,特别是愤怒和沮丧。坚韧是指排除万难、坚持真理的精神,也是人们在逆境时保持勇气的精神力量。公正按照传统的定义,包括公平、诚实和信义。

我所在的加利福尼亚州加入了人格成长教育计划，它把上述价值观解释如下：

关心他人：富有同情心，善解人意，乐于助人，并且能理解别人。

公民品德与公民权利：拥有和美国宪法所提倡、与民主相符的价值观，履行公民义务，并为公共利益服务。

公平与公正：为他人着想，不带偏见，一视同仁。

心怀敬意：对自己，对他人，对财产及环境都心怀敬意。

有责任心：有担当，为自己的行为负责。

值得信赖：值得信任，充满自信，诚实可靠。

给予期望承担责任

这些美好品格，无论过去还是现在，都建立在自律的基础上。这就是D层级——民主层级的行为，也是我们希望青少年追求的行为水准。民主与责任不可分割。培养孩子达到这一层级行为，最重要的是要做到充分交流。这不仅仅是国家和社会对他们的期待，也是他们应该达到的。美国第三十五任总统约翰·F.肯尼迪，在获得了普利策奖的《当仁不让》一书中说道：

"因为在一个民主社会，每个公民无论他政治立场如何，是否担负公职，都对这个国家负有责任。而它的最终结果就是：我们能拥有怎样的政府，取决于我们是如何履行我们的责任的。"

老师应该让学生们知道，"每个公民"同时也包括他们自己。这个分级的行为体系，不仅为学生们保持D级行为提供了内在动力，而且也定义了什么是恰当的行为准则。就像房地产交易中"地点、地点、地点"的重要性，在与青少年打交道时，"期望、期望、期望"就成了关键所在。

行为相同的C、D级动机却大不相同

C级和D级行为的最大差别就在于动机，而不是行为本身。C级的动机是外在的，而D级的动机是内在的。区别这两个层级的行为非常困难（如果不是不可能的话）。比如说：

> 教室地板上有垃圾。老师让一个学生把它捡起来，学生照做了，那就是C级行为。学生遵从了老师的请求，维护了教室的清洁，是良好的行为。对于一个团体来说，"服从"是必需的品格。然而，如果在谁都没说的情况下，那个学生主动把垃圾捡起来，那就是D级行为。学生捡垃圾，因为他觉得他应该这样做。

尽管两个层级的行为相同，但第一种行为动机来自外部，而第二种则来自内部。同样道理，

> 如果孩子在父母的要求下帮父母拿东西，那就是C级行为。如果孩子在没有任何人要求下，知道应该帮妈妈拿东西，那就是D级行为。

这类简单例子，无论什么年龄层的孩子都能轻松地理解。学生们成长中一个关键的因素就是，理解C级（外部动力）和D级（内部动力）的区别。

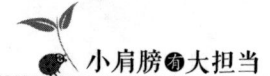

不必花太多的时间让学生来区分各个层级。只要知道 A 和 B 级行为都不可接受，而 C 和 D 级的行为才是符合行为规范的就足够了。

理念回顾

D 民主

行为的最高层级。

- 自律
- 具有主动性
- 行为良好，因为它做的事情是对的
- 表现出强烈的责任感，这也是民主的核心表现。

行为动机来在内部。

C 合作／循规蹈矩

恰当的、可以被接受的行为层级。

- 为人着想
- 顺从
- 受到"同龄人压力"的支配

（注：循规蹈矩不代表专制。行为动机来自外部。）

B 欺凌

既不恰当，也不能为人们所接受的行为层级。

- 打搅他人
- 欺压他人
- 破坏法律规则，制定自己的规则

需要外力强制才能纠正。

A 无政府状态

行为的最低层级。

- 没有秩序
- 没有目标，一片混乱
- 处于无政府状态

无政府是文明的头号敌人。

基本观点

在教授这些行为层级时，要强调的是：

1．对于处于较低层级（A和B级）的行为，运用权威干涉是必不可少的。

2．较高层级C和D中的行为是可以接受的。

3．C级行为的动机是外在的。

4．D级行为的动机是内在的。

理念的变化

根据不同年级的需求，可以对理念的解释做一些调整。戴安妮·卡佩尔有一块告示板，写着"行为计划"，在它下面，分别列出：

D 民主

- 培养自律的精神
- 待人友善
- 表现良好，因为他们做的事是对的

C 循规蹈矩

- 听话

- 实干
- 合作

行为动机是外在的。

B 欺凌／招惹他人

- 对他人发号施令
- 招惹他人
- 破坏课堂秩序

A 无政府状态

- 吵闹
- 失控
- 不安全

在戴安妮从日本寄给我的信中写道：

"我们学校好几位老师开始用这种方法强化孩子们对概念的理解，有的甚至还用了和我完全相同的计划呢，当然效果非常出色。现在学生们都清楚自己的行为是哪个层级的了。他们常常马上意识到是否需要做出更好的选择。我们不必花大量时间维护课堂纪律，学习气氛也变得轻松而活跃起来。"

理念的运用和讲解

正如前面提到的，画面比抽象的定义更容易理解。举一些身边例子，是学习这些概念的好办法。不必仅限于课堂上，邻里间或社会上发生的例子都行，让孩子们自己去寻找。可以向他们提这样的问题："如果现在是无政府状态，会是怎样的情景？举个例子出来。"还可以问，如果是B、C、D层级，会是怎么样的情景。在课堂上，可以把学生每两人分成一组，或几人一组进行讨论，把例子与全班同学分享。

这些理念适合任何年龄任何学生，因为这些例子让抽象的概念生动有趣，并与他们自身相关。例如：对于一年级和四年级的孩子来说，"欺凌"的含义就有所不同，虽然叫法相同，但行为却有微妙的不同。

用什么样的方式来讲授这些概念，取决于孩子们的年龄、成熟度，以及不同的科目。对于非常年幼的孩子，可以每天介绍一个理念，最好用讲故事的方法 。比如在讲解A层级行为时，可以用《尼尔森老师不见了》的故事。

在一个小学里，有一个班的学生特别调皮，班主任老师管不了他们，直到派来了一位严厉的代课老师，同学们才老实下来。在教室恢复平静以后，班主任老师又接着开始上课。

这个故事说明，当情况极端混乱时，用权威的力量进行干涉，是快速恢复秩序的最有效方法。在讲B级时，可以用《三只小猪》的故事来讲解。大灰狼是怎么欺负三只小猪的。在讲C级时，就讲《白雪公主和七个小矮人》的故事，尽管七个小矮人性格各不相同，但他们每天都会很尽责地到矿里工作，完成任务。在讲解D级时，可以用《堤上的洞》。故事讲述荷兰小英雄用手指堵住了河堤上的洞，从而挽救了整个城市，很好地表述了小彼得的自立精神和社会使命感。当学生们更熟悉各个层级行为特点后，就可以跟他们讨论外在动机和内在动机了，这有助于他们的成长。《艾拉借宿》的故事很好地诠释了在做决定的过程中，如何运用内在的渴望来对抗外部的压力。

对于大一些的学生，可以让他们自己找例子，尤其是看看自己班上有没有类似行为。

对于高中生，用一节课可以把四个层级都讲完，关键是要针对他们举一些例子，而不是简单地解释定义。这有助于他们对理念的理解和将来的执行。最后还要强调，每个例子都要和某一个概念联系起来。

对于高年级学生，可以在全校范围内一起讲解。如果全校学生都有社会学课，可以在社会学课上讲，把这些理念与分析当前的、历史的社会事件结合起来。而其他科目的老师，只需运用这些理念就好了。

认知力与道德发展

了解行为的层级系统，对培养孩子们的责任感非常重要。当某青少年能说出哪个层级行为是不被接受的，他已经向责任心迈出了第一步。因为只有先知道它的存在，才能对它有所理解。我们的讲授唤醒了学生对这些理念的认知。瑞士的心理学家皮亚杰和哈佛大学的心理学家科尔伯格，都不约而同地认为，道德和公民责任感的培养是从认知开始的。

精神病学家、现实疗法和选择理论的创始人威廉·格拉瑟，做了更深一步的研究。他认为，学校应该和学生们讨论有关道德的问题。讨论要在没有强迫、没有惩罚的环境中进行。这样才能引导孩子们过上有道德的生活，而不只是嘴上说说。"如果没有这样的环境，那么道德和责任对于孩子们来说只是空洞的文字。"介绍这四个理念，是建立没有压迫、没有威胁环境的第一步，也是培养孩子们道德观的第一步。

道德培养存在着情感因素。青少年做出不当行为时，唯一的负面情绪是害怕被发现。但这是不对的。他们的负面情绪应该是针对他们所犯错误的。我们必须帮助他们认识到，做了错事以后感觉糟糕，是因为负罪感，而不是害怕被抓住的恐惧感。

讲解这一行为层级的好处

奥利·弗温德尔·霍姆斯说："人的思想一旦被新的想法占据，就和过去永远不一样了。"当青少年了解了社会行为的层级后，就会开始注意自己的行为，以及所肩负的社会责任。

"行为层级"的前五个好处

行为层级体系为我们搭建了一座沟通的桥梁，让孩子们和成年人使用相同的词汇，使老师和学生、学生与学生之间的沟通变得清晰，容易理解。

社会行为层级鼓励学生们主动、自觉维护有利于学习的环境，并且互帮互学，而不是完全依赖老师。只有所有成员都做到对自己的行为负责，这样的集体才是最成功的。

行为层级可以帮助孩子们了解公民的责任。我们的社会很大程度上依赖公民的自治。无论宗教、种族、政治立场、性别、财富有什么不同，社会的全体公民都应该拥有共同的价值观，比如：责任感、尊重他人、关心他人、公平以及忠诚。这些价值观就贯穿于整个系统中。通过讲解行为层级系统，孩子们学到了这些价值观，并通过自己所举的 D 级行为例子，强化了对这些价值观的认同。

行为层级可以唤醒每个人的责任心。教会学生民主地生活，这不仅仅是让他们学会什么时候选择合作，什么时候选择不合作那么简单。当受到同龄人压力，几乎要做出不负责任的事时，如果能及时用社会行为层级来提醒自己，就能从冲动中解脱出来。比如，很多中学生不喜欢学习和写作业，因为他们觉得，这些都是那些书呆子才做的事，做这些事在同龄人中并不受欢迎。当学生们意识到这只是一个 C 级行为时，他们可以选择更高层级的行动。这个层级系统给了他们激励，让他们更富有责任心，行为更得体。

行为层级也让学生们意识到：人们总是在不停地做出选择，无论有意还是无意，他们的一切行为都是自我选择的结果。因此，无论受到何种刺激，情况有多危险，他们都有选择应对的权力。

"行为层级"的后五个好处

1. 行为层级赋予青少年力量，为青少年分析、纠正自己的行为提供了参考。让青少年明白，他们的生活是由自己来掌握，他们可以拒绝成为"受害者"。

2. 行为层级鼓励青少年选择高层级的行为。青少年都发自内心地希望自己强而有力，能够成功。行为层级强化了他们的内在动力，使他们为自己的目标自觉自愿地努力。

3. 行为层级能鼓励学生做出成熟的决定。对青少年来说，偶像比目标更能影响他们。行为层级可以帮助他们做出长远打算。因为现在的社会环境，各种各样的广告，来自同龄人的压力，以及青少年自身的行为特点，都使他们容易追求立竿见影的效果，而不是人格的成长与发展。

4. 行为层级将不当行为与行为主体区分开来，使得我们不再把错事与做错事的人混为一谈，使我们能就事论事，不再因为某个人做了错事，就否定他的为人。这是一个长期以来想解决却一直没能解决的问题。回想一下你上次的工作评估，评估的人有没有把你做的事和你的为人区分开来？你的上司真的是在谈论你的工作表现而不是你的个性？根据我对数百位老师和管理人员的调查结果显示，他们中只有很少一部分人能有意识地把行为和人区分开来。如果这种区分对成年人来说都这么困难，想象一下对青少年该有多难。即使我们已经尽一切可能去表明，我们不是针对人，只是不赞成这种行为，但对青少年来说，还是很难区分这之间的差别的。而行为层级却让这个问题迎刃而解，因为我们不是在谈论学生的行为，我们只是在谈论这个行为的层级。

5。行为层级的重点是给行为贴上标签，而不是给人贴上标签。给人贴上标签会产生副作用，并且妨碍关系的发展。相反，给行为贴标签，则不容易产生敌对情绪。

有一年夏天，我和老婆开车出远门，老婆讲述她正在写的一个故事。事实上，她只是一边在脑子里构思，一边把它大声说出来。很长一段沉默后，我打开车上的录音机。听了一会儿，我把磁带拿出来，转头问老婆："你还好吧？"她回答："当然，你是从火星下来的！"（这说法出自约翰·格里的书《男人来自火星，女人来自金星》）我们过去讨论男人和女人在天性上的不同，并且都对约翰·格里比喻男人来自火星（行动导向），女人来自金星（关系导向）非常熟悉。给我的行为贴上"火星人行为"的标签，使得本来一触即发的紧张局面缓和起来。她了解我，而我也意识到自己行为欠妥当。正因为我们都是给行为贴标签，而不是给人贴标签，才使得我们能继续愉快的旅程。从这件小事可以学到的是：我们有共同的词汇——都对火星和金星的比喻很熟悉，都知道那个比喻指的是某种行为，而不是对一个人的攻击。我老婆并没有对我说，我是个粗鲁无礼的人，她只是把我的行为比喻为"来自火星的"，这没使我感到受到了人身攻击。

给行为贴上标签属于非对抗性的，不仅能促进交流，还能增进理解，帮助我们改进。

行为层级的良性作用一

行为层级使人理解了内部激励和外部激励。在明白了它们之间的区别后,会对行为的动机产生相当大的影响。有些老师喜欢给学生一些刺激,促使他们去做某些事情。一旦他们换一个老师,学生就会问,如果表现良好的话,他们能得到什么。在这种情况下,激励来自于奖励,而不是他们自身愿意去努力。这就产生了一个悖论:我们的初衷是希望孩子们变得自律,可以独立解决问题,结果却因为外部刺激,使他们更依赖他人了。当学生们意识到,他们是受了外因诱惑,被操控了,他们依然可以选择接受还是不接受这些因素的影响。

行为层级的良性作用二

行为层级还能提高学生的自尊心。当学生们讨论了外在奖励和内在满足感之间的差别后,就可以进行下一步的学习——关于自尊心的学习。老师们常常使用证书或表扬等外在手段,希望能借此帮助学生建立自尊心。然而,根据《自尊心的养成——加利福尼亚州自尊心及社会责任感培养行动的最后一次报告》中所说:

"建立自尊心是有技巧的。一个人技巧越好,他(她)的生存能力就越强。学校可以通过加强这种技巧和社会责任感,帮助学生提高他们的行为能力。"

自尊心与自我满足感密不可分。一个人越是对某个成就满意,就越愿意重复它。成功次数越多,他做这事就越熟练。这就加强了他对自己能力的认同感,也体现了他的自我价值,这些都是自尊心的重要组成部分。而这一切,都不是外在奖励给予的,而是来自内心的自我满足感。

学生们明白了,他们与老师的关系是由他们自己的行为直接决定。A级(无政府状态)和B级(欺凌)行为,在教室里不能被接受。出现这种行为,简直就是对老师说:"来吧,用你权威力量来控制我们吧!"必然引来老师的严厉控制。学生了解行为层级后,老师只需用一个简单问题就能改变这种令人不愉快的局面:"你希望我今天做一个B级的老师吗?"在这种情况下,学生们一般都会说:"不,我们会做出C级行为的。"看,问题就这么轻而易举地解决了!学生们很快就会发现,当大家都采取C级和D级行为时,老师也更鼓励大家的自律和互助了。

行为层级的良性作用三

行为层级可以加强学生的自我管理能力。学习行为层级,孩子们同时也学会了潜在的价值体系。比如说,自私自利的B级行为要低于C级,C级的循规蹈矩强调的是公平与秩序,而D级则比它更占优势,因为D级需要的是责任和行为正当,无论是否有人监督。

精髓点

- 责任心的培养是一个积极主动的过程。它的目的在于防患于未然。与不良行为发生后才想办法处理的消极策略恰好相反。
- 把行为与人区分开来,只评判一个人的行为层级,避免了人们不自觉地为自己的行为找借口。
- 可被接受的高层级行为越多,低层级行为越少,学生们越愿意表现得富有责任感。
- 采取内在激励方法,使青少年变得更负责任,不仅是对个人,同时也是对社会。

可以用这些理念帮助学生们促进学习

在上课或做活动前,提一个与行为层级相关的问题,下课后,给学生们一点时间思考。提问、思考有助于提高他们的行为层级。

经常运用行为层级，可以对自我评价起到更好的帮助作用。

例1：行为层级与数学课的关系

D级（学习的内在激励）

- 表现出强烈的求知欲
- 在数学课上专心致志
- 愿意通过练习提高数学技巧
- 在没有大人的监督下，依然愿意做练习
- 认真完成作业，因为那是兴趣爱好所在

C级（依靠外在激励来付出努力）

- 当有大人在旁监督时愿意做练习
- 努力学习是为了取悦他人或给他人留下好印象
- 为了取得好成绩而认真完成作业

B级/A级

- 不怎么努力学习或完全不努力学习
- 在别人学习时捣乱

例2：用闹钟教学生如何才能做到按时上学不迟到

- D级：你调好闹钟，准时起床，并且按时到校
- C级： 你靠父母喊起床，好让你能准时到校
- A/B级：不管闹钟怎么响你就是不肯起床，结果你上学迟到了

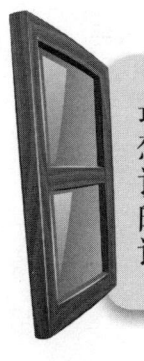

最想说的话

一旦学生认识到自己的行为属于不恰当的行为层级,他不仅会停止所作所为,年纪小一点的学生甚至还会道歉。因为道歉是一个人有了责任心之后自然而然产生的附带产物。要注意:千万不能命令或请求学生道歉,这会变成强制性的行为。

检查学习效果

人们需要知道你对他们没有恶意

怎样才能让青少年意识并承认不当行为是他们自己造成的,方法就是检查学习效果,让青少年——而不是成年人讲话。这不仅是一个形式,而是"metanoia"——一个希腊词,即深奥的对话。通过这一过程,可以使原本受外界控制的思维方式,转变为靠内在自我控制的思维方式。虽然它可以用在校内和校外,但在此我们举的是课堂上的例子。

心理构图

要想检查学生的学习效果,就要先检查老师的心理构图。心理构图对控制局面至关重要。因为一旦有学生在课堂上捣乱,捣乱的学生很容易占上风,变成主导者。从老师们感受到的压力就可以看出这一点。因此,老师自己首先应该建立正面的印象和看法,把这种情况看成是帮助学生纠正不良行为的机会，而不是使用惩罚的理由。这一积极正面的心理构图，可以帮助老师减轻压力，有助于师生之间的沟通交流与改善关系。这时学生就能感受到，老师是为了帮助他们，而不是惩罚他们。

我们还可以运用很多不引人注目的小技巧检查他们的学习效果。以下建议可供参考：

看似不经意的技巧

包括肢体语言、言谈举止、姿势、语音语调的变化和差别、语速以及语言给人带来的感觉等。

视觉上的

- 表情是强大的沟通工具，请露出友善的微笑吧。
- 改变你的面部表情，例如：睁大眼睛、动动眉毛。
- 运用"专注"的目光交流。比正常时间长一两秒钟微笑地看着对方。这与盯着别人看不同。盯着别人看通常表情严肃，且带有挑衅意味，容易给人带来压迫感。
- 在看学生时，微微低头或点点头。
- 运用一些信号吸引学生注意，比如说举起手或把灯光调暗。

言语上的

- 巧妙地运用停顿。这恐怕是最少用到却最有效的谈话技巧。
- 改变音调，或减低音量。
- 缓解紧张情绪，比如轻轻地吐气，再深深地呼气。
- 运用类似"sh"的声音，比如说"需····要"。
- 巧妙地暗示，例如："谢谢了，丽丽"，或者"丁丁，请"。
- 用友善的方式提出请求，比如说："谢谢你这么为别人着想。"或

"谢谢你们的关注。"

- 问一些评价性的问题，例如"请大家反思一下，这符不符合咱们班的要求呢？"或者"如果你能改变它，你会怎么做呢？"
- 把需求和请求结合起来，比如说："你发出的声音使得我们分心了，你能不能想出一个不让我们分神的办法呢？"
- 表明你的需求，比如："在这件事上我需要你的帮助。"

动作上的

- 到另一个地方去。你甚至可以在教室里划定一个特殊区域，当需要纠正学生行为时，你就到这个区域去。
- 拉近和学生的距离。如站在学生旁边，把手轻轻地放在他桌子上。
- 如果学生在敲打铅笔或其他物品，而自己浑然不知时，就把他敲打的东西挪到他腿上，在那东西底下放一张纸巾，让声音听不到。
- 运用"原则"。"挟带原则"是交流时的一种现象，是在双方频率一致时出现的。

> 一名学生在敲铅笔，老师可以用脚在地上打拍子，或者弹橡皮筋，跟学生的节奏一样。然后，老师慢慢减缓速度，学生敲铅笔的速度也会跟着慢下来。当老师伸展身体或深吸气时，也会出现"挟带"现象，学生们会跟着老师做同样的动作。

- 摆出积极、友好的姿势。比如：

> 和学生肩并肩站在一起是一种非对立性姿态。而面对面站着则表现出对立状态。弯下腰来跟学生说话，能给他们被尊重的感觉。

这些方法都能轻而易举地化解令人尴尬的紧张局面。

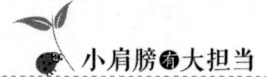

- "挟带原则"和积极友好的姿态可以同时使用。

　　当你在跟一名学生说话时,你可以模仿他的肢体动作。有个学生懒洋洋地靠在椅子上,老师也可以跟着靠在椅子上。老师突然起身坐好,学生也会跟着坐好。

- 运用手势表达接纳对方的态度。掌心向上摊开手表示欢迎的姿态;手心向下,或用手指指着对方,就是排斥性的姿态。
- 当你站在一名学生旁边时,你可以很确定那名学生正在认真听你说话。如果你非要他看着你的眼睛,反倒不利于你们交流。因为这名学生可能觉得和你对视很尴尬,或者他认为不直勾勾地盯着你看,才是对你的尊重。

询问

　　责任心的培养使用了最简单的教授和测试方法。第一阶段讲解行为层级。第二阶段检查那些捣乱的学生,看他们是否知道自己所作所为属于哪个层级。通过简单的询问,就能了解他们的学习效果。提问可以使学生们理清思路,认清自己的行为。在询问中,提问者应该在脑中建立起积极心理构图,这样就不会感到压力了。

　　学生行为不当,被叫到校长或辅导员面前,校长和辅导员常常使用一对一的引导方法。当老师面对全班学生时,怎样才能达到同样效果呢?答案就是:先讲解行为层级,然后才可以做到这点。在学习了行为层级理念后,老师们就可以用引导方法来询问,没有责备,没有强迫,只是在问学生行为层级,只是想让学生明白自己的行为是哪个层级的,注意:这里只要说出行为层级就可以了,不必描述行为本身。

通常一对一时，我们都喜欢直接指出学生的错误行为。现在可以当着全班同学的面用询问的方式，不必把捣乱的学生从教室里隔绝出来。另一个好处就是，时间并没有浪费，老师和学生进行了互动，学生们对社会行为的认知得到了加强。

如何有效地提问

提问的目的就是检查学生的理解情况，看看他们能不能分辨出哪些行为属于不被接受的行为层级。如果学生不知道，老师就应该引导学生，让他们认识到这种行为属于B级。因为这个行为层级的人总会制定自己的行为标准，而不按班级公认的行为标准行事。

以下是老师和学生的简单对话：

情形一

师：这种行为属于哪个层级呢？

生：我不知道。

师：告诉我，在咱们班应该遵守什么样的纪律或礼仪呢？

生：老师说话时同学不能说话。

师：但是你刚才制定了的自己标准，你觉得那是什么层级的行为呢？

生：B级。

师：谢谢。

情形二

师：这是什么层级的行为呢？

生：但是，他也这样做了啊。

师：你并没有回答我的问题。让我们再试一遍，那是什么层级

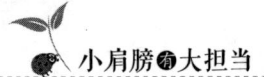

的行为呢?

生:我不知道。

师:如果一个人侵扰了其他人,属于什么层级的行为呢?

生:我不知道。

师:那个行为层级的首字母是在字母表A之后的那个,是什么呢?

生:B。

师:好,谢谢。

情形三

师:要是所有人的行为都按照那个行为层级来可以吗?

生:不可以。

师:要是一个人制定他自己的行为标准并且扰乱他人,你觉得这是什么层级的行为呢?

生:我不知道。

师:你是个聪明的孩子,我不信你会不知道,再好好想想吧。那么同学们,谁能帮他回答呢?

提问的关键

我们注意到,在第二个例子里,学生回答的态度总是闪烁其词,而老师却不依不饶地坚持。这一点很重要,主动权要掌握在提问人的手里,通过提问题来引导整个对话。要是出现像第二个例子的情况,就要继续提问。通过不断提问控制局面,直到得到满意的答案为止。

正如例子,一开始学生可能以漠然的方式试探老师。这时候不要浪费时间,直接问全班同学:"当一个人制定自己的规则时,是处于什么行为层级呢?"如果大家都认清了那是属于B级,老师就马上回归正题。

这一方法的魔力在于,一旦学生认识到自己的行为属于不恰当的行为层级,他不仅会停止所作所为,年纪小一点的学生甚至还会道歉。因为道歉是一个人有了责任心之后自然而然产生的附带产物。要注意:千万不能命令或请求学生道歉,这会变成强制性的行为。

注意事项

有效的答案源于有效的提问。如果你问一个捣乱的学生:"你在干什么呢?"他就会产生对抗或沮丧的心理,他最有可能给出的回答是:"没干什么啊。"所以,最好不要问这种问题。我们的方法很简单,从一开始就问:"这一行为属于什么行为层级呢?"

在问封闭性的问题时要小心。上面的例子基本上都是开放性问题。只有在自问自答或自我测试时才推荐使用封闭性问题(也就是能用"是"和"不是"来回答的问题)。下面的例子巧妙地运用了封闭性问题。

师:那属于哪个层级的行为?

生:我不知道。

师:那和我说说其他人都是怎么做的吧。

生:他们都在一起完成任务。

师:那你有没有尽可能地跟他们一起协力完成任务呢?(此时,运用了封闭性问题,但是还是能引发学生进行反思)

生:没有。

师:在哪个层级时,人们制定自己的规则,按照自己的意愿行事呢?

生:B级。

师:谢谢。

简单但不容易

有效提问是一项技巧,它不是与生俱来的天赋,必须有意识地反复练习。否则,我们就会永远受到习惯的制约,成为习惯的奴隶。

纽约长大的艾伦·施奈德,驾驶技术娴熟,靠开出租车赚钱,完成了在哥伦比亚大学的学业。他现在住在纽约的北部地区。有一天,他在上班的路上开车遇到了"黑冰"。所谓"黑冰"就是路面上有一层看不见的薄冰,很容易造成车轮打滑。

他的车子开始向右打滑,眼看就要撞到树上了,他拼命往左打方向盘,但车却越发地往右滑。他说:当时就像电影里的慢动作。最终车还是撞到树上了。幸好,艾伦没有受伤,但必须叫拖车把车子拖走。拖车来了,拖车司机看着路上的冰,对艾伦说:"你知道吗,你应该向车子侧滑的方向打方向盘,这样才能使轮胎和地面重新产生摩擦力。"艾伦想:其实他也知道这个道理,但当时为什么没这么做呢?他告诉我:"我只是按照本能的反应去做。"

艾伦家住在湖边,那个冬天,湖里的冰结了有两英尺厚。为了练习,艾伦把车开到冰面上。他把车开到15迈,然后猛踩刹车。车子又侧滑了,和上次一样,艾伦很自然地向车侧滑的反方向打方向盘。然后又尝试了一次,还是犯同样的错误。艾伦告诉我,直到第四次,他才把方向盘往车子侧滑的方向打。轮胎与地面重新产生了摩擦力,他终于又能控制车了。

有一件事情是肯定的,当你问自己一些自我评价的问题时,你会感觉奇怪,好像自己在做一件不自然的、让人不舒服的事。但你必须知道:这是一件让人不自在、不舒服的事。你必须通过反复练习,才会开始觉得自然而舒服。

要让自己尽快适应，最有效的办法就是调整好心态。就像在打高尔夫或棒球之前，或准备演奏乐器之前一样。心理状态是最好的辅导员，积极的心理构图马上可以减轻压力，而简短的对话过程也会进行得很愉悦。

语气

语气是语言交流中的重要部分。语气中带着愤怒，无论想要表达什么内容，都不会有好作用。语气一变，你想传达的信息就全变了。在很愤怒时，依然能用心平气和的语气说话，是需要长时间反复练习的。

说话的语气

重要的不仅仅是你要说什么，
还有你要怎么说；
重要的不仅仅是你的语言，
还有你说话时的语气。

"到这来！"我严厉地说，
孩子害怕得哭了起来；
"过来吧。"我轻声说，他抬头看着我微笑，迅速地趴到了我腿上。

说出的话可能是温和而公正的，
但语气却像尖利的飞镖；
用的词可能温暖得像夏日和煦的阳光，
但语气却冷得让人心里直打战。

语言源自于头脑，

在学习中得到发展；

语气源自于内心，

透露出你的心声。

如果你希望改变自己的行为，

这一点你一定要知道：

就和你的措辞一样

你的语气同样重要。

（佚名）

神态举止

说话时的神态举止包括肢体语言、手势、面部表情、动作和姿势，也相当重要。如果老师在检查学生的学习效果时皱着眉头，双臂交叉，身体僵硬，直勾勾地盯着学生问："这是什么层级的行为？"显然，一种强迫性的信息就传递出来了。要是老师面带微笑，双臂张开掌心向上，身体稍稍前倾，而眼睛睁得很大，传递出来的信息就完全不同了。

反复练习是掌握技巧的关键

我们刚开始学走路，都是颤颤巍巍、跌跌撞撞的。我们刚学骑自行车或开车，也都经历了痛苦的过程。还记得你第一次站在全班同学面前上课时的窘态吗？直到我们掌握了要领，才不再感到不自在。学一样新东西，不可能一开始就做到完美。我们不能期望学生这样，也不能期望自己这样。允许自己有个学习掌握的过程吧。

熟能生巧。每个提问，都是很好的学习体验。在问了一些自我评价性问题后，你就能想出越来越多的这类问题，甚至分辨出哪些问题能带来满意的结果，哪些不能。最好把获得技能作为努力的方向，而不是努力的最终目标。

通过练习，老师们能分辨出有效提问和无效提问了。以下两个同样的问题，请注意它们的微妙不同："你什么时候才能不做那事？"苛求且富有"攻击性"的语气。"你有没有计划什么时候让生活回到正轨上来？"询问而非责问的语气。两个问题的最大差别在于提问的方向上。第一个是要制止某种负面行为，第二个是把焦点引向了积极方向。当然，你注意了问话的语气很重要，问话本身就已经影响到语气了。

学习这些技巧很简单，但需要有意识地反复练习。正如拉尔夫·瓦尔多·爱默生所说：

最执着去做的事情最容易——

并非事情变了，

只是我们的能力增加了。

老师们在引导孩子们纠正不当行为时，主要有两个简单的任务，教授理念，掌握有效提问的技巧。

精髓点

- 首先要有积极的心理构图，将不负责行为看作是教育的机会。
- 使用不引人注目的视觉、语言、肢体上的技巧，制止干扰。
- 在处理扰乱课堂秩序行为时，要避免给彼此造成压力。不用高压强迫方法，而用引导方法。
- 在引导学生时，要问他们，而不是告诉他们。因为提问可以帮助他们思考。
- 对于捣乱的学生，要让他们识别自己行为的层级，而不是把注意力关注在行为本身上。
- 对全班同学提问，时间并没有浪费。在这个短短的交流过程中，

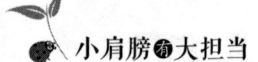

他们对行为层级的认知得到了加强。

• 学生们掌握了行为层级后,教室里的学习气氛就可以得到很好的保持,即使有个别学生做了不当的行为,也不会受影响。

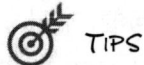

使用引导选择时,第一步就是帮助孩子们制定出一套步骤,在他们不自觉地把自己陷入受害者角色时,及时制止他们。

在与他们对话时这样说:"每次朋友从身边经过时你都把脚伸出去,你成了自己冲动的受害者。你真想当受害者吗?如果你想成为强者,那我们来制定一套步骤,在你冲动的时候,帮你把注意力分散到其他方面。如果不这么做,这种冲动会太有诱惑力,把你变成受害者。"

最想说的话

引导选择是一个双赢的策略。老师没有输,因为扰乱课堂秩序的学生被及时制止,教学活动可以正常进行;学生的尊严没有受到损害,虽然动用了权威的力量,但这个权威不是专制,没有侵害学生的利益,只是辅助学生进行反思,并为今后制定改进计划。

引导选择

不输比赢更重要

总览

如果孩子已经了解了 B 级行为,却还扰乱课堂秩序;如果学生已经了解了什么行为不被接受,依旧破坏学校规矩,那么就要采用第三阶段——引导选择。这个阶段只需用在持续破坏规矩的学生身上。

引导选择就是使用权威的、非惩罚性的手段。这种办法对总是破坏学校秩序的学生是必要的。但是权威不是专制、粗暴。专制会扼杀一切渴望改变与成长的欲望。破坏纪律的学生可以选择,还有机会保持住自尊,避免与学校产生敌对的关系。

这个办法就是通过提问给出选择,由权威来控制局面。只有学生自己可以做决定,无论这个决定多么小,他的尊严都保住了,避免了面对面的对抗。玛德琳·亨特说:"如果学生失去尊严就会变得叛逆,不仅很难再回头，而且还会随时向导致他失去尊严的人报复。"一定要牢记：不输比赢更重要。

引导选择是双赢的办法。在"我赢你输"的情况下，老师只是赢在表面的自我满足，却失去了寻求与学生合作的机会。如果双方都输，情况就更糟了，老师会更严厉，而学生也由此承受更大的压力。如果"你赢我输"，学生靠着小聪明戏耍了老师。使用引导选择的方法，老师赢，赢在了不需要正面冲突就可以掌握主动，也避免了给学生造成压力；学生赢，是因为他们没有失去尊严，并且师生关系没有受到伤害。

引导选择实现四个目标：1. 制止了破坏纪律的行为。2. 课堂活动不被打搅，而得以正常进行。3. 给破坏纪律的学生一个负责任的机会，并引起他们的反思。4. 可以让老师很快再次专注于正常的教学进程。

引导选择

在小学里，引导选择的方法可以依照老师的个人风格和创造性来进行。很多老师都有一套避免学生扰乱课堂秩序的方法。除了让他们面壁思过以外，还有方法应该可以引导他们评价自己的行为。举几个例子：可以让捣乱的学生把自己做的事画出来；或者用语言描述出来，并录在录音带上；还可以把这件事编到一个故事里。

对于年幼的孩子方法更简单，就是引导他去思考，如果这件事发生在别人身上，他会怎么看。不要小看这个方法，它是帮助孩子学会审视自己、反思自己行为的开始。

很多小学老师意识到，孩子们学习恰当的行为，就如同他们学习其他知识和技巧一样，在他们还没有掌握或是领会错了的时候，不应该给予他们惩罚。对于责任心和团队意识的培养也是同样。当你把破坏纪律的行为看作是学习的过程，而不是应当受到惩罚的理由时，大家都是赢家。

短文（我们已为您设计好"短文"，附书附赠，希望您能喜欢）

这章里描述的其他方法，适用于年龄大的孩子。即通过回答三个问题，对自己做出评价，姑且把它称作"短文"。

- 我干了什么？（意识到自己的行为）
- 如何才能不让这样的事再发生？（选择行为）
- 我该怎么做？（付诸实施）

把问卷交给学生时，问一下其中一个问题，注意不要用严厉的语气：

a. 你是想留在座位上写呢，还是到教室后面去写？

b. 你愿意自己完成呢，还是想请别人帮忙？

c. 你是喜欢在教室里写呢，还是到我办公室去写？

给予尊重，保持礼貌

具体选哪个问题，老师可以根据当时情况和对学生的了解。学生做出了选择，就会感到自己受到尊重，依然保有某种力量和尊严。只有当学生感到自己无能为力，不受尊重，失去尊严时，才会不顾一切地与老师面对面地对抗。给予他们选择可以避免对抗。一定要记住这个公理，那就是"永远保持礼貌"。

我曾有个学生，在收到问卷时告诉我，他不准备回答这些问题。我微笑着对他说我可以理解。并且告诉他，他也要理解我的立场，我是受雇于教育委员会的，教育委员会不会容忍学生挑衅他们的权威。"如果你在一分钟之内不开始做，你就是在挑衅他们的权威，"我对他说："并且你就无权再在这个教室里坐着了。即使我同意你留在这里,教育委员会也不答应。"然后我立刻走开了。那个学生想了想,拿起了铅笔,完成了问卷。

这是唯一的一次我把权威搬出来了。

无论什么形式,有两点至关重要:

1. 一定让学生进行反思。
2. 一定要对未来进行规划。

绝大多数学生都可以独立完成这个问卷。如果学生要求和其他人一起完成这个问卷,也完全可以接受,对于有些人,独自面对这些问题可能会带来很强烈的情感冲击。

事后师生间的讨论很有必要

在学生离开教室前,应该和他们做简短的讨论。问问学生,是否知道为什么让他回答这份问卷。学生可以不赞成这种方式,但一定要让他们明白为什么要采取这种方式。这个简短的讨论就是要强调,当有些学生想制定自己的游戏规则时,老师有权使用权威的力量及时制止,从而保证教学秩序不受干扰。还有一点,老师只是关注学生的自控能力,而不是意欲惩罚。老师紧接着要提的第二个问题是应该想要减少学生的不适感。

使用短文或其他类似的方法,再加上随后的简短讨论,基本上可以解决大部分的纪律问题。

不必保留学生写的短文,也是从另一个角度告诉学生,老师关心的是他们的成长,而不是想要惩罚他们。老师也可以征求学生意见,如何处理这些短文。到此为止短文已经实现了它的真正用途,制止了破坏纪律的行为,转而让学生对自己的行为进行反思。我的方法是当着学生的面,当场把他写的东西撕掉,放进废纸筐里。我希望学生在离开教室的时候：1. 心情愉快。2. 知道我没有生他们的气。

对于成长中的学生，每一天都是全新的。如果在接下来的几天里，学生依旧违反纪律，那么老师就要检查检查他对行为层级系统的理解了。让他们说出自己的行为属于什么层级，然后施以引导选择。

自我诊断书（我们已为您设计好"自我诊断书"，附书附赠，希望您能喜欢）

有些情况下，学生连续破坏课堂秩序。这时候就要使用"自我诊断书"了。它不同于短文，短文之后是要丢弃的，自我诊断书则要保留至全学年。

当把自我诊断书交给学生时，让他们选择，是自己完成，还是需要别人帮助；是坐在自己位子上，还是坐在别处；是在教室里，还是在办公室里。我们要记住，让学生完成自我诊断书，目的是要加强他们行为的负责意识。

- 描述一下，由于什么行为，导致需要完成自我诊断书。
- 指出来这是什么层级的行为。
- 解释一下这个层级的行为特点。
- 解释一下为什么自己的行为属于这个层级。
- 对于这个层级的行为，教师是否应该干预？
- 你希望别人这样对待你吗？
- 为什么，或为什么不？
- 对于富有社会责任感的人，应当做出哪个层级的行为？
- 如果你的行为是这个层级的，情况会有什么不同？
- 在诊断书的背面，列出三个解决方法，从而使你的行为更富有责任感。

由于诊断书是要交到办公室或家长手里，学生必须完成它。只有完成诊断书，学生才被允许重新回到课堂。如果诊断书不能让老师满意，那么还要采取其他办法。

额外的自我诊断书（我们已为您设计好"额外的自我诊断书"，附书附赠，希望您能喜欢）

如果使用了第二个自我诊断书，那么老师要把第一、第二诊断书的复印件邮寄给学生家长，并附言对问题做一些解释。如果需要使用第三次自我诊断书，那么"事不过三，你没机会了。"三次的诊断书都会寄给家长，并第二次给家长留言，表明老师已经用尽了所有方法，如果再有违反纪律的行为，老师将会上报给学校。

虽然这个过程听上去挺啰唆，实际上很少用到第三次诊断书。另外我们真正关心的是学生的成长，每一个方法，真正付出努力的是学生，老师的参与非常有限，只需要给家长简短的留言。

所有的方法都失败时

有些人只有撞了南墙才知道回头。

🎧 我想起两个七年级的学生，强森和罗伯特，他们的班主任已经把第三次诊断书寄回他们家了，这两个人一定要挑衅到底，看看老师的底线到底在哪，害得这位老师每天早上醒来都在想：今天他俩要是缺席就好了。

于是我尽力帮助这两个孩子。他们自己也明白"事不过三，你没机会了"这个规则。那时刚开学不久，我真想把他们叫到办公室去，就像所有老师会做的那样，突然我意识到，以前整整一学年里，我并没有把他们中的任何一个叫到办公室去。我有这样的想法，那么现在每一天对两个孩子来说，也都有纠正自己的机会。他们破坏课堂秩序，首先让他们认清自己的行为层级，这是对他们的警告。学校的劝退信已经准备好了，就差填上日期。在他们又一次破坏校规之后，我把劝退信放在了他们桌上，"我希望你们能继续留在学校。但是如果你们非要按照自己的规矩，做出B层级行为，学校是不会接受的。如果你们还想待在学校，行为必须达到C或者D级。"

两个男孩看到劝退信就放在那，一伸手就可以够得到，他们知道触到底线了，要想继续留在学校，就看他们自己怎么选择了。

不幸的是，各校都有这样喜欢挑战底线的学生。其实当他们站到悬崖边时，很少有人真的跳下去。虽然我们总是动用权威勒令他们悬崖勒马，实际上他们完全有能力控制自己的行为。

引导选择是一个双赢的策略。老师没有输，因为扰乱课堂秩序的学生被及时制止，教学活动可以正常进行；学生的尊严没有受到损害，虽然动用了权威的力量，但这个权威不是专制，没有侵害学生的利益，只是辅助学生进行反思，并为今后制订改进计划。使用没有压力、没有对峙的引导方式，教师不再是学生压力与痛苦的来源。

精髓点

- 引导选择虽然动用了权威的力量，但没有处罚，只为学生提供了选择。
- 引导选择实现四个目标：
  1. 制止违反纪律的行为。
  2. 使正常教学秩序不受打扰。

3．给犯错误学生做出负责任行为的机会，并帮助他们进行反思。

4．可以让老师专注于教学活动。

• 对于年幼的学生，处理方法类似于面壁思过，但加入引导他们认识自己行为的内容。

• 对于年龄大一些的学生，第一次可以让他们完成"短文"，再犯错，就要进行"自我诊断"。

• 像这样权威加引导，以前动不动就把学生叫到校长办公室，现在变得没有必要了。

• 使用引导选择，先要制定步骤，在他们冲动时能及时制止，以免他们成为自己冲动的受害者。

最想说的话　当学生违反纪律时，我们通过教给他们这个体系，引导他们反思，必要时动用权威的力量，但不使用惩罚。学生们获得了管理自己的权力。通过调动他们的内在积极性，强化他们的责任意识。

总结，回顾，结论

老师和家长的影响力，不在于他们在时学生表现怎样，而在于他们不在时学生表现怎样

责任心培养体系调动人的内在积极性，不必通过严厉的手段，可以很容易处理破坏课堂纪律的现象，提高了个人和集体的社会责任感，增长了学习的兴趣。也使得老师更乐于教学，减少了勒令退学和听课检讨的情况，减轻了大家的压力。

总结

培养责任心要从介绍不同行为层级开始，了解每个层级的行为特点，有助于负责任行为的养成。也会使学生们愿意接受挑战，达到更高层级行为。

1. 教授概念

这个系统包括四个层级的行为标准。学生们通过寻找具体的例子，充分了解每个层级的行为特征：

D级民主（内在动力——因为民主与责任是分不开的）

C级合作（外在动力——介于同伴压力）

B级欺凌（制定自己的游戏规则，而不是接受大众认可的规则）

A级无政府（无序状态）

A和B级的行为在课堂上是不可接受的。虽然C和D级的行为在课堂上被允许，但我们的目标是达到D级行为标准。

2. 检查理解情况

有人违反纪律行为，我们首先要检查犯错人对这个系统的理解。目的是让他意识到他的行为（例如B级行为）并不恰当，意识到错误是改正错误的第一步，其次学习四个行为层级的概念，然后测试他们对所学东西的理解。绝大多数学生通过这一过程基本可以掌握。在全国范围内的调查显示，需要老师使用第二阶段检测，理解的学生仅占15%—20%。通过提问对自己做出评价，可以有效地鼓励学生进行反思，帮助他们有意识地选择适当的行为。正如一位老师所说："使他们（学生）马上意识到他们可以做得更好。这让老师可以花较少的时间维持课堂纪律，营造轻松积极的学习环境。"

3. 引导选择

对于依旧不断破坏纪律的学生，可以采用引导选择的办法。给学生为自己行为负责的机会，制止破坏纪律的行为。我们要借助权威的力量，但不是通过惩罚。调查显示只有2%—5%的学生需要用到引导选择的方法。

在检查理解和引导选择时,老师以问话的方式和学生交流,而不是居高临下地告诉学生该怎样做。老师通过提问掌控局势,只要学生有做决定的权利,他就还保有尊严,就会避免和老师的正面对抗。

这个系统之所以有效果,主要原因是学生们知道他们不会受到伤害,知道老师的目的是帮助他们成长,而不是找机会惩罚他们。在这个过程中,学生的内在动力被激发出来,他们学会了行事负责。内在动力比外在刺激来得更有效。

回顾

1. 当有学生违反学校纪律,通常都被送到校长办公室。辅导员会与其进行一对一对话。对话通常以问话的形式进行。但如果老师正在进行教学活动,这种方法就不可取,因为不能让其他学生白白地等着。这就要预先对学生做好教育,从一开始就要将行为层级的四个概念教给他们。

2. 当学生的行为不恰当时,老师要以提问形式引导学生对自己的行为进行评价,让他们判断这个行为是什么层级的行为,然后自己做出反思。各层级的行为特点都是大家共知,并非针对某一学生,学生并不会觉得有人故意冒犯他,减少了师生之间的正面冲突,减轻了他们的压力。另外,破坏纪律的行为给了老师一个很好的机会,引导学生做出符合社会规范的行为。

3. 推广行为层级系统是一个简单的认知理论的学习过程。首先教给学生这些概念,然后测试他们对这些概念的理解。有效地提出问题可以帮助学生进行反思,对自己的行为做出评价,真心承认自己的行为是不恰当的。

4. 在学生认清了自己行为的层级以后,老师就可以继续教学了。这个过程非常短暂,既可以只对一名学生进行,也可以当着全班同学的面进行。

5. 明白什么行为不恰当,真心承认自己做了不恰当的事,是学生开始改变的第一步。要让学生感觉到老师是希望他们学会负责任,而不是有意要找机会惩罚他们。

6. 检查理解的过程非常短暂,但可以有效地引导学生恢复负责任的行为状态,从而避免浪费课堂上的教学时间。

7. 这种方法非常有效,当学生认清自己行为的层级以后,不仅马上停止不恰当的行为,多数时候还会道歉,这是开始对自己行为负责任的表现。

8. 通过提问引导学生做出自我判断与反思,需要技巧。这种技巧的掌握需要经过反复练习。一开始你可能觉得不舒服,因为我们太习惯居高临下地教训他们。提问题过程中,要注意语气、肢体语言(包括面部表情、身体的姿势和手势),表现出感兴趣的态度,而不是严厉。

结论:服从与责任

一直以来学校多使用外部激励,包括教训学生该如何做,如果他们没有按照我们要求的去做,就惩罚他们;按照我们要求的去做,就奖励他们。但只是培养青少年的服从,而它的缺点会很快显现出来:当老师和家长不在时,这个外部动力就失去了。

责任心培养体系关注内在动力,它建立起学生的自觉行为,自觉承担责任，不管周围有没有其他人在场。

这是一个我们通过长久实践发展起来的系统，是我们的巨大财富。当学生违反纪律时，我们通过教给他们这个体系，引导他们反思，必要时动用权威的力量，但不使用惩罚。学生们获得了管理自己的权利。通过调动他们的内在积极性，强化他们的责任意识，从而培养一个能长久维持的公民社会。

精髓点

- 实施行为层级系统，首先将四个概念传授给学生。任何年龄的学生都可以接受这个系统，由于成熟度不同，他们所理解的意义与深度会有所不同。

- 两个低层级行为不被接受，而两个高层级行为被认为是恰当的。人们有了自主选择的权利，总是期望自己的行为到达更高的标准，这是人的天性使然。

- 即使行为到达 D 级，也不应当受到奖励。因为它会使人不解，正当行为是为了获得奖励，还是单纯地因为它是正当行为。D 层级与 C 层级行为的本质区别在于动机来源不同，单从行为本身很难区分。

- 老师和家长的目的就是要让青少年行为达到 C 层级，遵守法律，符合社会规范。而 D 层级行为应当成为人们的最终目标。

- 没有人的行为总保持在一个层级。虽然一个人常常做出某一个层级的行为，但他还有可能随时做出其他层级的行为。学生选择较高层级的行为，他们的自尊与成就感也会得到提升。

智·慧·爱
Sapientiae et Cordi

了 解 和 爱 , 终 将 成 就 一 切 !

小肩膀￼有大担当

——零压力管教法——
还孩子承担责任的能力

下册 实践操作应用篇

(美)马文·马歇尔 ◎著
赵佳荟 ◎译

华夏出版社
HUAXIA PUBLISHING HOUSE

《小肩膀有大担当》受到各个领域专家热烈推荐！

如今在强调个性和个人责任感的时代，用传统的权威至上的观念禁止孩子已经行不通了，而本书所倡导的内在责任感、内部激励、正面而非负面语气沟通等观点，从方法与态度上双管齐下，开启了一个培养孩子的新概念。

——国内教育管理第一刊《校长》

每个孩子，都是带着爱、智慧、天赋而来，经历一段属于自己的独一无二的生命旅程。

他们的背上，都有一对隐形的翅膀。这本书，让我们有机会睁开慧眼，和作者一起，看见每个孩子背后，那一对天使的翅膀。相信孩子的力量，他们可以自由地飞翔。

爱孩子，来读吧！

——视觉引导师 徐向荣（Sherry）

一口气读完这本书。很赞！

孩子来到这个世界，他就是一个独立的人，我们应该把他当我们的伙伴（Partner）。我们就该和孩子伙伴，一起成长，一起学习，一起创造未来。

这本书就是在教我们，怎么和孩子这个伙伴（Partner）有效沟通，找到和他共同的目标（Objective）。

——POA行动力课程原创人、上海益优青年服务中心理事长 张宁

培养有责任有担当的孩子，就是在为他们构筑最好的未来！

——创新派美术教育专家 胡春秀

这个"零压力管教法"简直就是"富尔曼儿童技能教养法"的另一个版本！有人一直在问，"富尔曼儿童技能教养法"背后的理论依据是什么？这本书可以给你答案！

——儿童技能教养法中国推广第一人 李红燕

你希望孩子自我负责、自主管理吗？想从与孩子的冲突中解脱出来吗？不论是老师还是家长，本书都会让你从不自觉的负面思维和情绪中走出来，学会正向的、积极的对话，让孩子把心打开，愿意接纳我们的建议。它将帮助我们构建亲密的师生和亲子关系。

——北京中关村一小 特级教师 刘峰

《小肩膀有大担当》这本书，无论是它外在形式还是内在理念，都以教育最本来的面貌呈现——轻松的、愉悦的。马文·马歇尔带着对孩子满满的爱，把如何从内在激励孩子的方法娓娓道来，让家长和老师感觉到"相信孩子"的力量，让家长和老师们体会到：真正美好的品格，是得到充足的爱和允许之后，灵魂最自然的选择。我相信，只要老师和家长能够按照书中的指导去开始实践，就一定会给自己和孩子带来积极的转变，也一定会创造出属于自己的"锦囊妙计"，和孩子共享美好的成长之旅。

——亲子教练 李春苓

目录

上册：头脑风暴学习篇

序言	1
为什么要选这本书	2
作者简介：谁是马文·马歇尔?	6
写在再版前的序	8
来自方方面面的心得体会	11
一封封热情的来信	30

第一章 减轻压力：给孩子们的皮球放放气   1

开始加强对事物掌控能力的练习了	3
正面思考的力量	5
扔掉"受害者"心态，抓住选择权力	15
学会反思与自我评价	23
理论总结	30
实践操作：我们一起来练习	32

第二章 最有效的激励，事倍功半   35

万丈高楼平地起，有必要知道的理论基础	39

外在与内在动力	45
奖励的效用	53
惩罚的效用	63
奖励与惩罚——一枚硬币的两面	71
说教	75
调整思维模式	78
结论	82

第三章 培养责任心　　　　　85

守纪律离责任心有多远	89
责任心培养体系	92
检查学习效果	113
引导选择	125
总结，回顾，结论	133

下册：实践操作应用篇

第四章 促进学习　　　　　139

培养学习气氛，建立良好关系：谢谢老师在乎我们	143
规矩or期望，效果大不同	146
"减少匿名"带来的神奇效果	152
指导与策略	157
课堂会议	160
用协作取代竞争——提高学习质量	175

减少对完美主义的追求	184
对冲动与愤怒情绪的控制	187
如何对待棘手的孩子	191
总结、回顾、结论	196

第五章 教学　　199

谈谈教学大纲与教学方法	203
最有效的管理小窍门：让孩子秩序由混乱变有序的法宝	258
如何让家庭作业的布置变得生动起来	268

第六章 给父母们的有效建议　　273

改变孩子，先从改变你的思维开始	276
帮助你开始具体操作	291
处理孩子们彼此间问题的七个小诀窍	305
总论	317

零压力管教"百宝箱"　　321

关于激励学生的一些建议	323
零压力管教：以非强迫性的手段为核心	330
责任感培养体系	334
本书的私人订制	336

致家长们的样板信	339
作文	341
"自我诊断书"（高年级版）	343
"自我诊断书"（低年级版）	345
给父母的便条	347
设计学生的执行范本（以4-6年级为例）	349
老师们来练习责任感培养体系	353

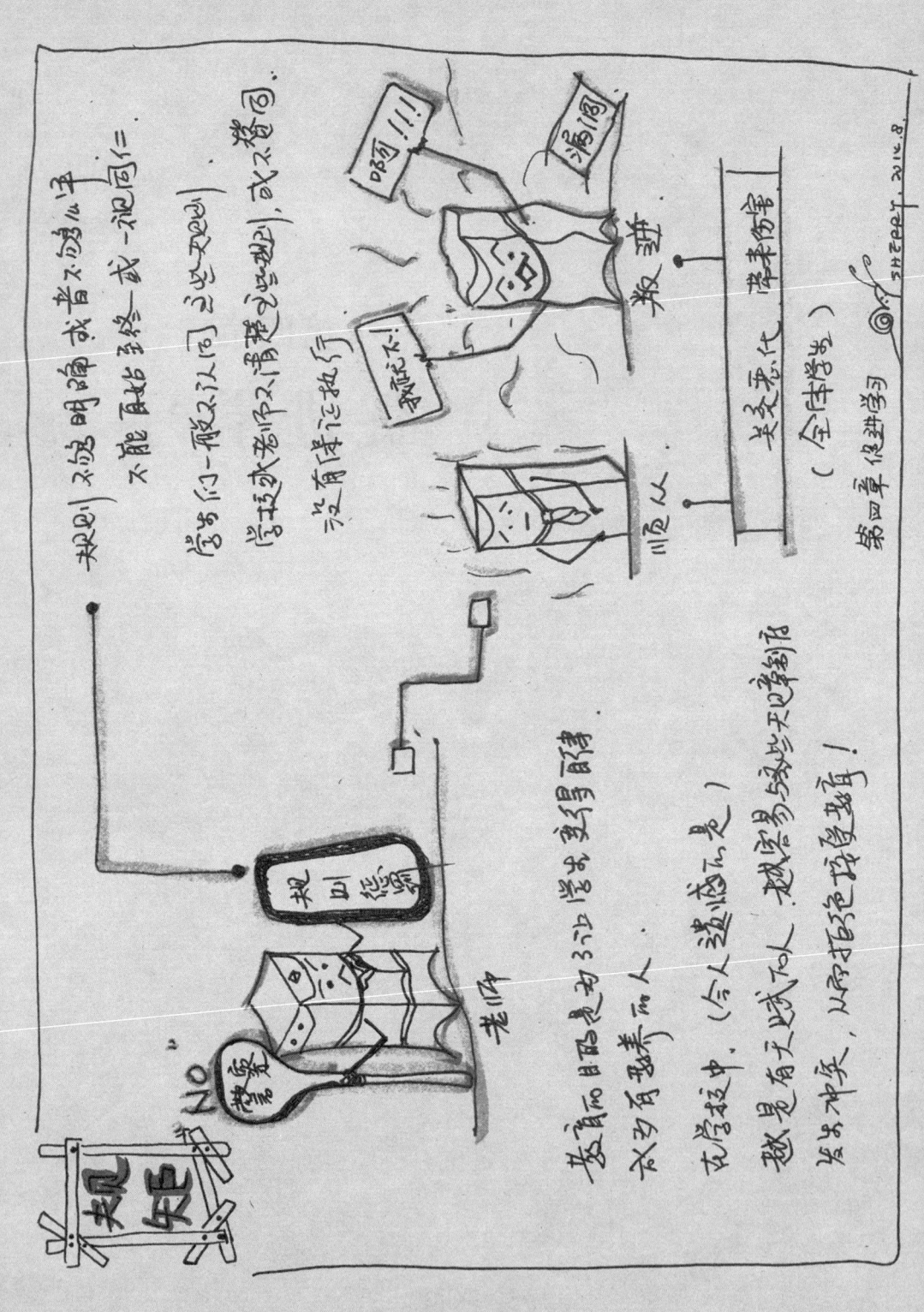

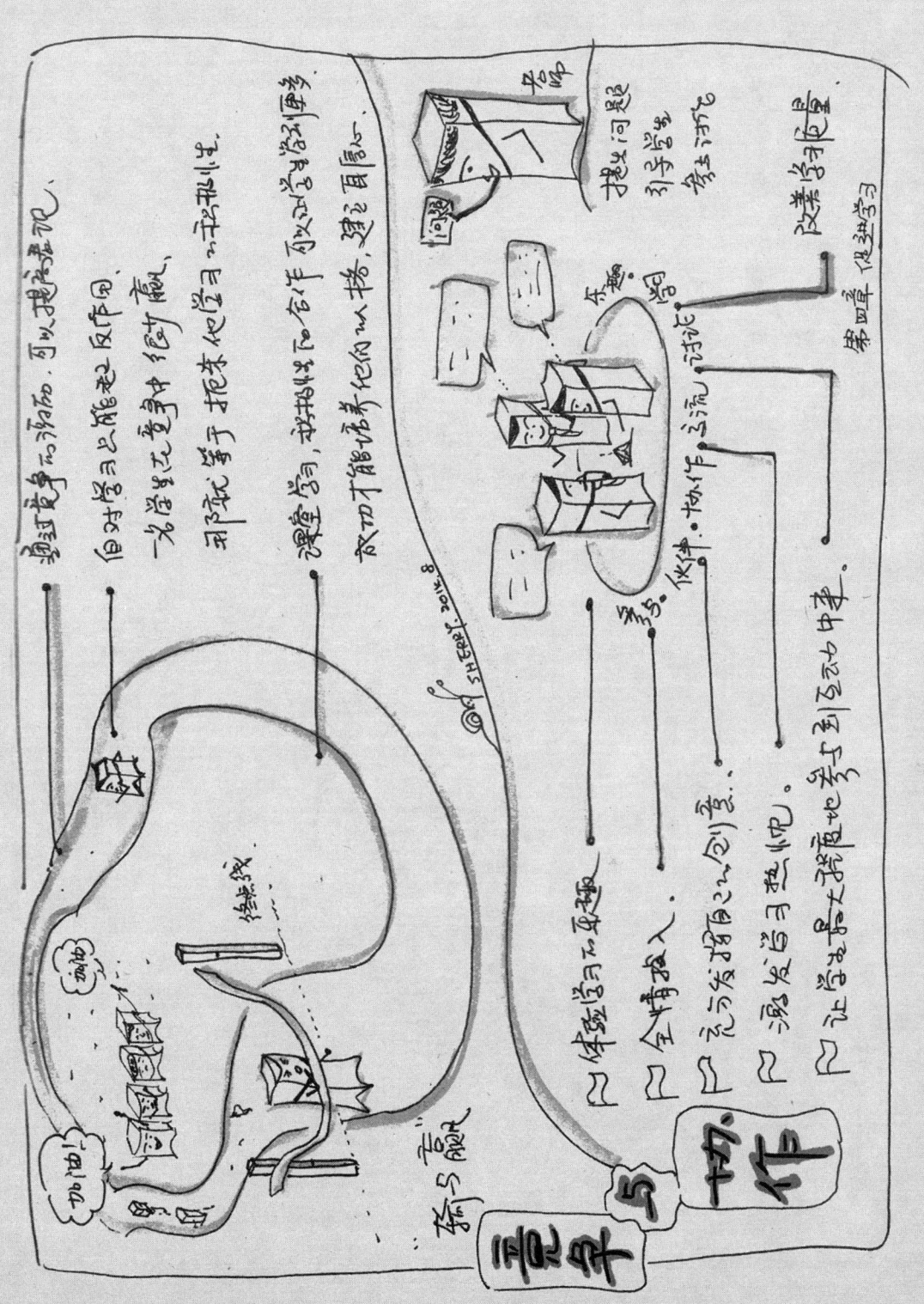

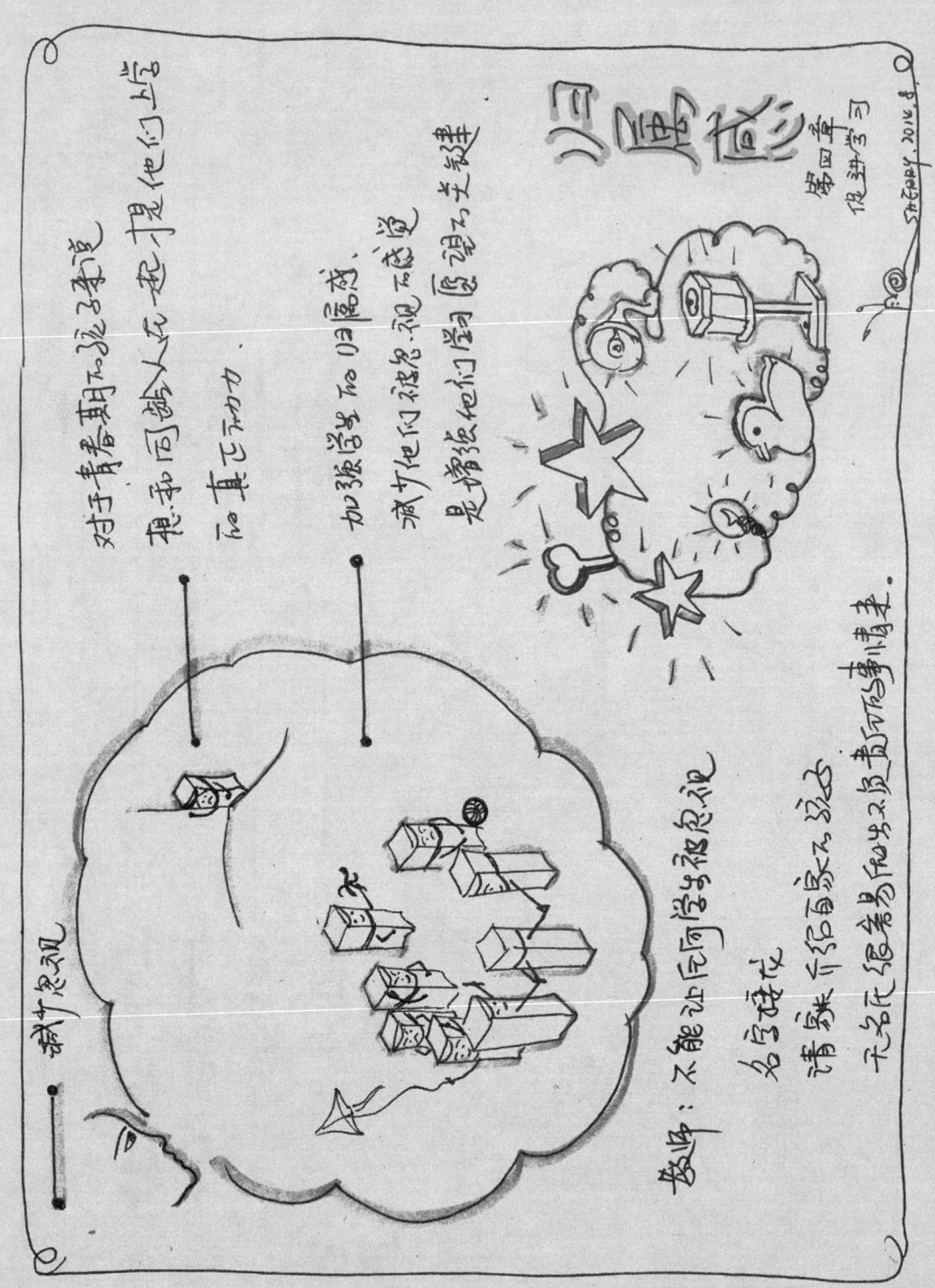

最想说的话　　人际关系中的"自愿"是指可以选择的关系，比如朋友关系。然而学生们一般都是被分配在某个班，所以老师和学生、学生和学生之间的关系都不是自愿的。本章所介绍的方法，就是要将这种非自愿关系变成自愿关系。

培养学习气氛，建立良好关系：谢谢老师在乎我们

如果我们真的重视学习，那么就应该像重视学习结果一样，重视学习的过程。

严肃的、富有建设性的关系是我们健康成长的土壤。

人们只有在更安全、更舒适、更被重视的环境下，才能更好地学习。常言道："人们不关心你知道什么，人们关心你在乎什么。"威廉·格拉瑟在一所中学工作时提到过："这些学生从幼儿园开始，一直受到老师们的严厉管教，可还总犯错误。现在老师不再这样对待他们，学生们反而不捣乱了。我问他们为什么，他们回答说：'因为老师在乎我们。'"

人际关系研究史上有一个经典案例，叫"霍桑效应"，主要研究"关心"对一个人可以产生什么影响。

1927 年，在美国伊利诺伊州西塞罗市的西霍桑电器工厂，进

行了一个试验。专家们想知道，通过改善工作场所的照明，是否能提高工人的工作效率。结果果然证明，改善照明的确能提高工作效率。然而，令人吃惊的是，没有改善照明的对照组工人工作效率也提高了。经过反复研究，谜底终于揭晓：原来工人们对管理层因照明对他们表示出来的关心，感到非常高兴，工人们觉得自己更有价值了。

使用严厉强迫手段，很难让人从心中感受到关心。美国人爱德华兹·戴明曾告诉我们，"二战"后的日本是如何提高国民素质的。（这一点在后面的"合作而非竞争——关于学习的质量"章节中进一步讨论）。其核心理念之一就是"赶走恐惧"。当强制最小化、关心信任最大化时，人们的动力、表现、效率和质量也会达到最优化。

在课堂上，如果老师和学生之间紧张对立，这时有个学生带头捣乱，他就成了大家的英雄。如果老师和学生之间轻松友好，有学生捣乱，他就不会得到大家的支持。

人际关系中的"自愿"是指可以选择的关系，比如朋友关系。然而学生们一般都是被分配在某个班，所以老师和学生、学生和学生之间的关系都不是自愿的。本章所介绍的方法，就是要将这种非自愿关系变成自愿关系。

大家的学习愿望提高以后，有些行为便不可接受了，如取笑、恐吓、强迫、欺压、惩罚、贿赂、操纵、指责、抱怨、轻视、唠叨或者纠缠不休。我们从不用这些手段对待朋友，因为要想保持良好的关系，这些手段不会起什么好作用。

精髓点

- 当强制最小化、关心信任最大化时，人们的学习效果才会最优化。

- 如果人们适得其所，非自愿的关系也可以变成自愿关系，学习的积极性会得到提升。

关系

师生间有三种关系，对提高学生的学习兴趣有帮助。一是老师和全班同学之间的关系，将消极的维持纪律，变成积极的赋予期望。二是老师与学生之间、学生与学生之间的关系，要减少被忽视情况。三是指在教学过程中，老师和每名学生之间建立起来的一对一关系。

最想说的话

我们都理所当然地认为,破坏规矩就要承担后果,而惩罚的天性就是强制而严厉,很容易导致敌对情绪,这对培养积极的师生关系可是一点儿好处也没有。

规矩 or 期望,效果大不同

老师穿得不会像警察,做得也不应该像警察。

如果老师和学生之间没有那么多规矩,师生之间的关系也会变好了。

减少规矩

在这个国家,一般课堂上是有规矩的。有些由老师单独制定,有些是由老师和学生共同制定的。规则在游戏中也必不可少,但在人与人的关系中,却适得其反。虽然愿望是好的,但在执行过程中,却常常起到有害的作用。

维持纪律时,总会面临的六方面问题

约翰·霍普金斯大学的研究者们,曾对从 600 多所学校采集的数据进行分析发现,在维持纪律时,常常会出现以下 6 个方面问题。其中,

第四章　促进学习

前三个问题都和规则有关：

1. 规则不够明确，或者不够公平，不能自始至终、一视同仁。
2. 学生们一般不认同这些规矩。
3. 学校和老师也不清楚这些规则，或者不赞同用这些规矩对学生做出处置。
4. 学校和老师之间配合不佳，或者学校管理松懈。
5. 不当行为没有得到及时制止。
6. 老师倾向于用惩罚的方式管教学生。

有学生不遵守课堂纪律，老师的第一反应往往是负面的："你违规了！"理由很简单，所有课堂规矩都隐含着"只此……非彼……"的意思，也就是说，只有按规矩做才是对的，否则就是错的。如果规矩没有被遵守，带来的往往是责难，而这必然引起老师和学生双方精神上的痛苦、愤怒和不满。我们都理所当然地认为，破坏规矩就要承担后果，而惩罚的天性就是强制而严厉，很容易导致敌对情绪，这对培养积极的师生关系可是一点儿好处也没有。

既然制定了规则，就要保证执行，这必然导致强制性的态度，也使老师的角色从教练变成了警察。前面约翰·霍普金斯大学的研究证明了这一点。

正如格拉瑟强调的："传统的教育方式之所以会产生诸多问题，根源就在于有些规则的制定，既不合理，也难于执行。"

"现在的中小学中，普遍建立起了一套严格的规章制度，如果违背，就会受到惩罚。然而令人遗憾的是，在学校中，越是有天赋的人，越容易与这些规章制度发生冲突，从而拒绝接受教育。"

格拉瑟总结道，那些僵化的充满惩罚性的规则，对于大城市里孩子来说尤为糟糕。"因为很多孩子都无法遵守规则。"

制定规则的效果违背了当时的初衷

课堂纪律常常与当时的初衷相左。制定这些规则原本是为了让学生们变得自律，成为有教养的人。好学校或好单位是不用依靠规则来维系的。公民教育不应该是通过规则达到，应该通过老师的教导实现，无论这个教导是否得当，而规则只应保留最基本的，例如"尊重他人，不伤害他人"等。一个人能做到基本的文明与教养，其实就是达到了公民标准，遵守公德，大家就可以在社会上和平共处，否则就不行。

同样地，规则对品德教育不能起作用。"太强调规则，反而会引发更多问题，当老师和家长们意识到时，往往已经太晚了。把纪律作为主要手段，换来的只是顺从，这与我们的教育目的不相符。何况更多时候，它带来的是叛逆。

例如，很多学校在全校范围内设立了公民教育计划，因为有很多同学迟到、旷课或者不遵守学校纪律。这个计划包括一套强制措施，如果有同学不遵守纪律，就要完成一定小时的社区服务，或是参加其他教育项目。其中最厉害的一招就是，如果不完成教育计划，或者不完成社区服务，就不准毕业。然而不久，学校不得不给教育计划增添人手，还要保存大量记录，因为有更多的学生违反学校纪律了。本来是为了减少违纪学生数量，结果不仅没少，反而增加了。"

事实就是：一个人知道了规矩，不一定就能遵守这个规矩；我们把知识教给学生，并不意味着他就学会了。当我们发现他们还没有学会时，就帮助他们学习。同样，良好的行为也是学来的，学生还没有学会时，我们应该帮助他们，而不是惩罚他们，让他们忍受伤害。

规则"受左脑控制"，理智而井然有序。然而，那些违反纪律的学生，通常是冲动的、随意的，属于典型的"右脑支配性"行为。另外，有了规则，人们就不自觉地想要找出它的漏洞。因此，老师们最好不使用规则约束学生，而是用期望来鼓励学生。

期望是阳光

"期望"这个词本身就隐含着积极向上的意思。当一个人的表现无法达到所期望的时候，别人就会不由自主地想要帮助他，而不是惩罚他。期望很好地解决了在约翰·霍金斯研究中发现的问题：许多学生认为"规则"是大人们控制学生的手段，只对学生管用，大人们自己不需要遵守这些"规则"。

期望让学生们发现了自身的力量，提升了他们的责任感，激发了学生们的内在动力，使他们自觉地去努力，而不仅仅是顺从。

以下就是我贴在教室里对学生的期望：

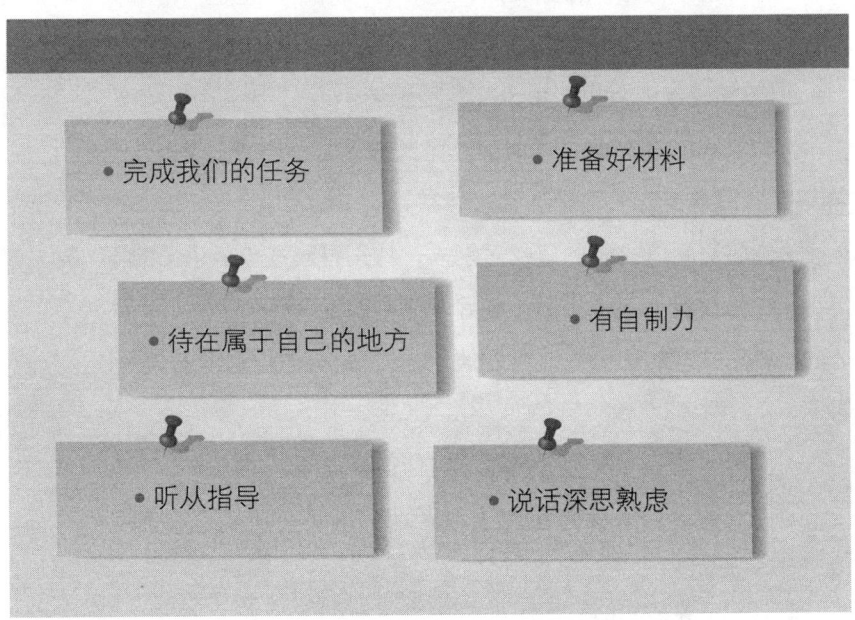

礼貌如春雨

18 世纪英国著名政治家埃德蒙·伯克曾经说过,礼貌比法律更重要。爱尔兰著名作家萧伯纳也说过:"没有礼貌,人类社会将变得让人难以忍受,甚至无法存在。"礼貌使得人类文明得以实现。霍尔·厄尔本,一位著名教师、演说家,也是《人生最重要的课程:我想让我孩子知道的 20 件事》的作者,他建议要对礼貌问题展开深入讨论。

以下就是厄尔本提出的一些问题:
- 如果人人都能互相尊重,这个社会是不是变得更好些?
- 学校和教室是怎样成为"小小社会"的?
- 有礼貌为什么是成功的关键?
- 是什么"黄金法则"能使人类变得更文明?
- 哪种态度能给人印象更深,是看起来很酷,还是彬彬有礼?

以下问题能引发更多关于礼貌的思考:
- 如果有人在老师说话时突然站起来,穿过教室,把垃圾扔进垃圾桶里,然后再走回去,你会怎么想?
- 你怎么看以挑衅的口吻对别人,特别是对成年人讲话的行为?
- 在学校骂人、说脏话,不好之处在哪里?
- 你用愉快的语气说"可以请你……",与你用命令的口气说"我需要……",两者有什么不同?
- 使用"请……"和"谢谢"有什么好处呢?
- 你觉得老师讲课时是应该认真地听讲呢,还是无视老师的讲话,在底下聊天呢?
- 同学正在提问时,你觉得应不应该认真听呢?

- 你觉得是应该对他人表现关心呢，还是只关心自己？

学会"遵守规矩"是个进程

很多时候，老师所说的"规矩"，实际上就是一个进程。远的不说，就拿小学生进学校学到的第一条规矩来说，老师教小学生们在课堂上发言时，要先举手征求老师的同意。这条规矩老师们重复了一年又一年，可我在八年级教室的墙壁上又看到了它！老师们应该向学生强调规矩是慢慢养成的，它需要一个过程，这样就能把老师放在教练的位置上，削弱学生们精神上的压力。

我们常常想当然地认为，学生们明白我们想让他们做什么。但实际情况并不是这样，我们应该教给他们做任何事情的程序，包括如何走进教室，如何使用活动中心，如何分发物品等。一个好的课堂做事是要有一定的程序和模式的，这可以为学习创造良好的环境。

精髓点

- 规则在游戏中必不可少，但在人与人的关系中，却会产生反效果。
- 规矩减少，师生间的关系就加强了。
- 规矩带来顺从，而不是责任感。
- 和学生们讨论礼貌与教养，比立规矩更有效。
- 用"期望"代替"规矩"同样能达到效果，而且还没有"规矩"所带来的负面影响。
- 请审视一下你定下的规矩。你会发现它们或者是你的期望或者是做事情的程序。如果是做事的程序，就请一遍遍地教学生们吧！

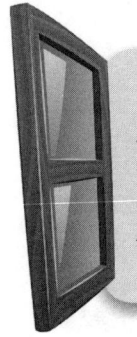

最想说的话

尽量减少学生被忽视的感觉,因为它会造成很坏的社会影响,一个无人知道的无名氏,很容易做出不负责任的事情来。

"减少匿名"带来的神奇效果

不能有人被忽视。——国家中学联盟指导章程

很多学生在学校会有被孤立、被疏远的感觉。

有一部校园题材的电影《雪天中的符号》,就描述了这种感觉。电影的主人翁是一名年轻学生,他觉得自己毫无价值,甚至好像都没有真实存在过,只不过是一个符号而已。即使和一群人在一起,他还是会感到孤单。他觉得自己可有可无,后来就干脆消失了。

老师和学生

国家中学联盟指导章程(NASSP)中特别强调,要减少学生被忽视的情况。美国高中改革大会出版了会议论文集,叫作《打破等级:改变美国的机构》。书中列举了六大措施,用来打破学校学生等级分明的现

状。这一系列措施中，最重要的一点就是为学生提供个性化的学习体验。报告大声疾呼：不能让任何学生被忽视。

戴尔·卡耐基，一本《如何影响他人并赢得友谊》的畅销书作者，他说：名字对一个人来说很重要，称呼他名字，可以让他感到亲切。学生们都喜欢老师叫他们名字，对学生来说，可以减少被忽略的感觉；对老师来说，可以传达一种强烈的信息，表示老师对学生的关心和兴趣。

来自弗吉尼亚州里士满的查克·格洛弗讲了一个故事，就和名字相关。

"那时，我在小学当体育老师。有一天课间休息，我走在学校的走廊上，有个来自东南亚的二年级学生从教室出来，他叫山姆。他到饮水器前去喝水，然后转身往回走。他看到了我，向我挥手示意，我也向他挥了挥手。他经过我身旁时，我蹲下来，问他名字是否真的叫山姆？他告诉我，其实他的名字叫萨姆伯翰，但他父母担心，这个名字对美国人来说太拗口，让他简化为山姆。

听了他的话，我立刻问他，是否介意我用真名称呼他。他给了我一个大大的笑脸，说完全不介意。我们俩花了几分钟练习，直到他满意我的发音为止。他朝教室走了几步，又突然转回身来，给了我一个紧紧的拥抱，眼里含着泪水，说："谢谢。"然后消失在教室里。

那一年，无论什么时候，萨姆伯翰都好像特别喜欢上我的课。"

询问学生希望老师如何称呼他或她的名字，是你们一种很有效的交流手段。

有个简单游戏可以帮助大家记住彼此的名字。先由一名学生说出自己名字；第二名学生重复第一名学生的名字，并说出自己的名字；如此类推，到所有学生都说出自己名字为止。这个游戏还有一个改良版，就是要求大家不仅能记住他的名字，而且还能记住他的兴趣爱好。这种方法加长了时间间隔，增加了其他内容，可以帮助记忆。这样，学生之间互相不认识的情况也减少了，因为每个人都多少知道其他人的情况。

另一个解决方法就是，让父母给老师写一封信，介绍自家孩子。通过这些信，老师可以迅速了解父母对孩子的看法，并且知道一些其他地方无法获得的信息。这些信也让家长参与进来。以下是一封老师写给家长的信：

亲爱的家长：

您好！我很高兴在接下来的学年中，成为您孩子的老师。我非常期待和他一起学习。

现在想请您帮我写封信，介绍一下我的这个新学生。我希望借此了解他的兴趣爱好，包括孩子的性格。如果有什么需要我特别注意的，或是需要我帮助的，都可以写在信里。

如果您能与孩子一起写这封信，就再好不过了。

非常感谢！

张老师

（此信我们已为您精心设计好，它已随书附赠，希望您能喜欢）

为什么要尽量减少学生被忽视的感觉，因为它会造成很坏的社会影响，一个无人知道的无名氏，很容易做出不负责任的事情来。

🎧 想象一下星期六早晨，你开车行驶在缎带一样蜿蜒向前的高速公路上。路上车很少，一改往日停车场般的拥挤。你的眼睛流连在湛蓝的天空、各式城市建筑和周围美丽的景致。你漫不经心瞟了眼后视镜，突然发现一辆车离你这么近，保险杠几乎碰到你的车了。

你赶紧换到右边车道，那辆车在跟你错车的瞬间，此车司机向你做了个很不友好的手势，但当你们的眼光碰到一起，意外发现彼此认识的时候，他马上换了个挥手的友好姿势。

这个司机为什么要换手势？因为他对你不再是无名无姓的陌生人。有时候凭借无名无姓会让人的行为和态度发生微妙变化。

学生与学生之间

小孩子们愿意学习的一个原因，就是他们爱他们的父母，或者照顾他们的人，想让他们高兴。同样，孩子们也喜欢他们的老师，想取悦他们。但是，当孩子们上了初中以后，他们和老师的联系就没那么紧了，他们不再像小学时那样，被老师照顾很多、很好。随着年龄的增长，他们越来越倾向于从同龄朋友那里寻求归属感，对老师和家长的依赖越来越少。

尽管我们希望对知识的渴望是促使学生到学校来的主要原因，但对于青春期孩子来说，想和同龄人在一起才是他们上学的真正动力。根据西奥多·赛泽的观点："与同龄人相处是学生们想要上学的最主要原因。"当一个学生缺少归属感，觉得自己默默无闻，被孤立时，他上学的动力就会消失。学生辍学的一个主要原因就是他们在学校里没有朋友。

想要解决这个问题，老师可以设计一些让学生互动的小活动，帮助他们相互了解，建立友谊。这些小游戏可以在教室里做，只需几分钟。

把学生们两两分组，与对方分享自己的兴趣爱好、经历，或是交流最让他们感到自豪的一件事。有些学生不喜欢当着一大群人的面说话，但是，他们并不介意与某个同学分享自己的事情，然后再

由这个同学告诉其他人。

还有一项活动，就是把学生们分组，每个人讲关于自己的四件事，其中三件是真的，一件是假的，然后让大家猜哪件事是假的。这样一来，小组里的每个人都能知道其他人的信息了。

这种活动每隔一段时间进行一次，可以帮助全班同学建立起归属感，增进同学之间的感情。老师们应该意识到感情在学习中的重要性。

这些简单活动，能使学生们互相了解，不只是作为同学来了解，而是作为现实生活中要实实在在相处的人来了解。这样也可以避免一些学生之间的恶劣行为。比如在校外，如果遇到有同学被欺负时，只需说一句"放开，我认识他"，就可以化解这场危机。

一些受过专门训练的专业人士，正努力通过减轻孤独感，来帮助想要自杀的青少年。在卡罗拉多州哥伦比亚中学枪击事件之后，这一问题更加迫在眉睫了。

精髓点

- 加强学生的归属感，减少他们被忽视的感觉，是增强他们学习愿望的关键。
- 了解对方一些个人习性，可以减少师生之间的陌生感。

第四章 促进学习

最想说的话　　对学生进行指导，是建立良好的师生关系最便捷、最有效的方法。老师每天教导学生，可以很快减少师生间的陌生感，在一个关爱的环境里，也可以使学生很快产生归属感。而这些，同时也会给老师带来愉悦和满足。

指导与策略

指导

如果你按照一个人现在的样子对待他，那么他一直都会是现在的样子；如果你按照他可以变成的样子或应该变成的样子对待他，那么他就会变成他可以变成或应该变成的样子。——约翰·沃尔夫冈·冯·歌德

对学生进行指导，是建立良好的师生关系最便捷、最有效的方法。老师每天教导学生，可以很快减少师生间的陌生感，在一个关爱的环境里，也可以使学生很快产生归属感。而这些，同时也会给老师带来愉悦和满足。

此外，老师在情感上对学生的影响也非常重要。如果你认真看着他的眼睛，学生就能体会到老师对他的关心。

一切源自"我相信你"

鼓励可以激励人。教导学生恰恰是与学生交流的最佳时机。我们曾

一次次听到学生说,最激励他们的就是"老师相信我"。马龙·白兰度在自传中描述过他的中学老师伯顿·罗莱,那位曾特别关注过他的老师。白兰度觉得,正是那位老师的关注,才使他有自信心,最终选择了演艺道路。"他鼓励的话,现在想起来都会让我感动。"

虽然不可能让每名学生每天都得到单独辅导,但我们应该每天都花一点时间在辅导学生上。对任何年级的学生都应如此。特别是初中和高中,很多老师都不再花时间与学生一对一交流指导,也不打算和学生建立什么个人感情了。其实,每位老师还是能做到每天抽出一点点时间,用于对个别学生的指导上。和学生学习一会儿,你就能观察到他们是怎样安排学习,有什么学习习惯,没准还能发现一些特殊的学习方法呢。

从前在英格兰的巴思和诺丁汉邻近,有座城市叫作百老汇,人们驾着自家的马车投宿旅店,就把马和马车委托给店里的车夫照顾。客人们都想让车夫好好照顾自己的马,也相信车夫能照看好自己的马,总是提前付小费。而车夫在拿到小费后,也想证明自己是值得这笔钱的,所以干得特别起劲。

老师也可以运用相同的方法对待学生,给他们"小费"。这个小费是指给他们鼓励、让他们意识到自己的潜力,分享彼此的想法,激发他们的热情。

用师生间良好的互动敲开"坏学生"的心门

老师与学生良好的个人关系,对于那些传统意义上的坏学生,是最好的礼物。任何认知在我们大脑里都不是单独寄存的,它要与其他信息建立连接。当学生接收了新知识,大脑会出现暂时混乱,直到新知识与已有的信息建立起连接为止。对于有些学生,这种认知的连接并不能轻易建立起来,这时,来自老师的鼓励与支持就尤为必要,它可以帮助学生坚持下去，直至将来的成功。

吉姆·伯兰卡简明扼要地指出："好的教学方法就是对学生进行有策略的鼓励。"老师与学生沟通，最关键的目的，就是让学生感到老师对他们关心，而一对一的单独辅导则是表现关心的最好时机。

对学生辅导的成功，有时候很大程度上取决于老师与学生的个人关系，对学生个人的关注。跨年龄的互助学习是一种很成功的办法，让表现不好的学生辅导年幼的学生，他们会发现自己还没有那么糟糕，还是有些成功的。

拉尔夫·沃尔多·爱默生的这句话适用于所有老师："助人者必有助于己，是生活给我们的最美丽的报答。"

精髓点

- 教学是建立师生关系的最便捷、最有效的方法。
- 鼓励可以激发人的动力。而教学则是最好的时机。
- 我们应该每天都花一点时间在辅导学生上。

策略

这一部分给大家介绍三种学习策略：第一种叫"课堂会议（班会）"，就是要建立良好的学习环境，加强学生与学生、学生与老师之间的交流，及时发现学生不明白的地方，加以解释，将学生注意力都吸引过来。第二种是"协作"，介绍几种能提高学习质量的建议，协作带来的学习效果远比竞争要好得多。第三种"摒弃完美主义"，有太多的青少年因为追求完美而裹足不前，深受其害。

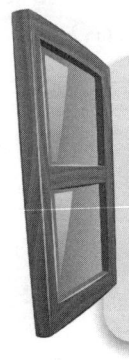

最想说的话

在未来孩子们步出校园后,学术上的成就远不如良好的人际关系来得重要。几乎所有人都要和他人打交道,结识新朋友和工作伙伴,和别人交谈、协商,很多工作靠团队合作完成。而课堂会议就可以先训练他们这方面的能力,公司也更欢迎具有团队精神的人,他们理解不同的文化,能够和各种各样的人愉快合作。

课堂会议

他画了个圈,把我挡在了外面

异教徒、叛徒!——你这个可笑的家伙。

但是用爱,我用智慧赢了:

我画了个圈,把他也装了进来。

——艾文·马克汉姆

课堂会议是学生们相互交流、提高社交技巧的极好时机。它不仅能解决课堂上的一些问题,还可以指导学生提高学习效率。与普通课堂讨论不同,它是对课堂讨论的扩展,更强调过程。课堂会议将课堂交给学生,给他们提供机会,去了解别人是怎么想、怎么看的,与他人相处。

良好的关系

课堂会议对建立班上良好的关系非常有利,它可以培养学生之间相互信任、相互尊重、营造友爱的氛围，学生们可以自信地当众表达自己的意见，而不用有任何顾虑。

当自己的发言能被大家认真听取，自己的观点能引起大家感兴趣，自己提出的方案有助于解决问题时，这个人就会自信起来。

运用了课堂会议的老师，都和学生建立了良好的师生关系。轻松的谈话让老师对学生有更多了解，比如家庭情况、成长环境等。这些信息一般很难从其他地方了解到。运用这种方法，过去那些被认为"没法管教"的班级，会变成爱学习、团结友爱的集体，因为学生们都拿出了最好的表现。

学会技巧

仔细倾听和真正理解，是学生应该掌握的两大技巧。学生们很快就能发现，如果在听别人说话时神游万里，他们就会错过一些有趣的想法，跟不上谈话节奏，也无法理解谈话中透露出的幽默感。

学生们还必须学会复述的技巧。老师要先示范如何复述，以及如何进一步追问讲话人的意思，如："哈诺德，在跟大家分享你的意见之前，能不能先告诉我们你觉得刚才莎朗的意思是什么？"这样的问题，有助于学生仔细倾听和真正理解。

学生们还应掌握的技巧是，读懂那些不是用语言而是从说话人的口气、表情、手势里透露出来的意思。清楚准确地表达观点，是学生们应该掌握的另一个技巧。用词不当、条理不清的讲话，会让听的人云里雾里，不知所然。另外，要学会换位思考，比如问"如果别人这样对待你会如何？"或者"你希望别人在这种情况下也这么做吗？"做到换位思考，学生们要学着把自己的欲望、观点和价值观放到一边，倾听对方的心声。当学生们做到了这点，他们就不大可能轻易地嘲笑、伤害或孤立他人了。正如罗伯特·富尔格姆所说:"棍棒和石头可以敲断我们的骨头,但语言却可以敲碎我们的心。"

除了换位思考,民主价值观中的公平、宽容、尊重、乐于助人等概念,也在不知不觉中灌输进了学生们的头脑。学生们学会了用和平文明的方式来处理分歧,还明白了解决争端的方式绝不止一种,而意见不同也不代表着谁对谁错。

在未来孩子们步出校园后,学术上的成就远不如良好的人际关系来得重要。几乎所有人都要和他人打交道,结识新朋友和工作伙伴,和别人交谈、协商,很多工作靠团队合作完成。而课堂会议就可以先训练他们这方面的能力,公司也更欢迎具有团队精神的人,他们理解不同的文化,能够和各种各样人愉快合作。美国劳工部部长发表了一份报告,《部长委员会:关于达成目标所应具备的必要技巧》(简称SCAN),报告中列举了一个人在工作场所所应具备的基本素质和技巧,包括团队精神、指导他人、服务客户、领导能力、协商能力与不同文化背景的人合作等。这些素质后来被人们广泛引用。课堂会议让学生理解和掌握这些技巧。

几年前,我在一家小商店里排队买东西。我前面还有六个人。盖瑞是那家店里唯一的雇员,他既要听电话,又要回答客人的问题,同时还要忙着划价、收钱、包装。当终于排到我的时候,他向我打招呼,我夸他有这么多顾客都应付得很好。盖瑞说:"我也知道商店不可能再雇其他人了,所以在这儿只有我,我和你们,咱们在同一条船上。"

是呀,课堂会议也应传达同样的信息:"我们是一起的,我们在同一个班里。"

礼仪规范

课堂会议之所以能培养学生的社交技巧，是因为在课堂会议上，学生们要遵从普遍适用且必须遵守的礼仪规范，包括：无论赞同与否要尊重对方的观点，承认对方的立场，仔细聆听对方的意见，在讨论过程中表现出积极的态度，不要破坏气氛，轮流发言，不要打断别人等。让学生们明白贬低、讽刺、嘲笑都是不恰当的行为。一旦学生们养成遵守礼仪的习惯，老师只需不时提醒一下，或是在有人违反时重申一下就行了。对于年纪小的学生，老师可以准备一张画有悲伤脸的卡片，用来提醒没做好的同学。

设定目标

有些课堂会议有特定目标。例如，教学反思，就相关事情进行讨论，宣传及贯彻学校推行的素质教育，性格培养，具体问题解决等。

课堂会议可以设定以下目标：

- 提高倾听和表达这两种沟通技巧。
- 引导学生进行有深度、创造性或批判性思考。
- 学会相互尊重地与人交流，培养团队精神。
- 培养"社交智能"，如换位思考。
- 提高社交技巧，如克服害羞情绪。

- 加强人格教育,培养公平可靠的品格。
- 减少不被重视的感觉,提升学生的自我价值感和认同感。
- 在老师与学生、学生与学生之间,建立信任与关爱的关系。
- 营造开明、互信、勇于挑战的学习氛围。
- 培养集体主义精神,加强班级凝聚力。
- 为学生提供渠道,与他们讨论让他们感兴趣的、感动的或困扰他们的人。

构造会议进程的三个部分

大多数会议开始,要讲解整个会议进程,少数会议结束时要进行总结。一般会议有三个部分。

第1部分:明确会议主题,确保每个人都了解,以防止有人在讨论过程中跑题;

第2部分:个人发言,让参加会议的人都有机会用现有知识和经历发言;

第3部分:答辩,老师通过一些假设问题或情景,引导学生思考。对于旨在解决问题的会议上,第三部分应该找出解决问题的方法。

当会议中遇到挑战时

有些学生喜欢独占整个会议的讨论时间,在让他说一会儿后,老师要温和地打断他,或者私下建议他只提出三个观点。对于准备在会议上捣乱的学生,老师可以选择坐在他旁边或者正对面,让他一眼看到你。或者事先设计好一个特别的信号,提醒他集中注意力。如此反复多次,你就能看到学生们转变了。

减少老师干预,让学生参与度最大化

应尽可能减少老师的干预,使学生的参与度最大化。低年级老师采用如下方法:让学生们围成一圈,传递一样东西作为"发言权"的标志,谁想下一个发言就让谁拿着。更小的孩子还可以用毛线球,孩子们把它抛向谁,谁就是下一个说话的人。对于不发言的孩子,老师更要鼓励他们,强调他们意见的重要性,例如说:"接下来的五分钟,我想听听还没来得及发言的同学们的意见。"要将不愿意发言的同学拉进讨论中:"琳达,对于这问题你有什么看法?"或者"我看你刚才听得很认真,你也许想和大家分享一下看法。"老师要注意观察不愿意发言的同学,发现他们的优点,在会后私下里对他们表示肯定,以促使他们下次更有兴趣参加讨论。但有一点非常重要,就是讨论的焦点必须对事不对人。没有任何责备,因为我们强调的是他们怎么做可以改

> 但有一点非常重要,就是讨论的焦点必须对事不对人。没有任何责备,因为我们强调的是他们怎么做可以改善现状。

善现状。

解决"某些人问题"的课堂会议

个别学生总喜欢课内课外捣乱，他们或因为行为恶劣，或因为缺乏与人相处的技巧，或总是违反规范而没有朋友。可以把他们作为课堂会议讨论的主题。在讨论时，这些当事人必须在场听大家的意见。同学们在这种安全的环境下，会告诉他们自己的感受，以及他们的所作所为对自己的影响，此时那些被讨论的学生更容易听进去这些话，并且理解同学们的想法。同龄人的话比大人的话更有说服力。

为了避免把不恰当的问题作为课堂讨论主题，有些老师提前设定了一条基本规则：同学们可以就某个问题提出抗议，但同时必须提出解决问题的办法。

对于旨在解决问题，特别是解决"某些人问题"的课堂会议，必须认真做好会议记录。因为这类会议如果举行的次数过多，反而会影响学生对会议的整体看法。要知道，还是那些开放性、评论性的课堂会议更能激发学生，使他们乐在其中，对素质的培养也更能发挥极为重要的作用。

会议长度、时间和频率

对于年纪很小的孩子，会议开10分钟就够了。稍大的学生，会议时间可以延长到20分钟。当然，会议时间的长短取决于学生的年龄、天性、对会议感兴趣的程度、会议主题的复杂程度，以及过往经验。会议的举行时间要和计划中的一致。很多老师喜欢在解散前开会，比如午饭前、下课前或是放学前。很多中学老师会每周举行一次，在会议上，学生们可以讨论班上的情况、项目的进展等，还可以讨论某个项目是全班一起做还是分成小组做好。尽管老师进行专门指导的时间减少了,让学生们参与学习计划制订,他们的学习效率就会更好。另外,如果哪节课的内容特别难,也可以在班会上专门讨论。

会场的座次安排

到目前为止,最好的座位安排就是围成一个小圆圈。第一次让学生围成圆圈开会的老师们,都会对它的效果惊讶不已。圆圈可以让每个人都看到别人的肢体语言,听清楚别人的话。当然,也可以选择让学生们一排一排坐好,但这样的效果就差多了。坐在后排的人往往听不清前排人在说什么,前排的人也听不清后排人说什么。要是谁说一句有趣的话,学生们都会扭来扭去,才能看清楚说话的人是谁。想要大家保持精力集中基本不可能。

搬桌椅

需要在开会过程中搬动桌椅,事前应该做一些练习。学生们练习几次后,就可以又快又安静地把椅子围成一圈。做任何事情都是这样,解释清楚,反复练习,就能顺利完成。另外,所有椅子的高度都要一样,避免老师高高在上的感觉。低年级的学生席地而坐是最好的方法。这样可以减少会议前后搬桌椅的时间。

教师充当主持人

在会议的讨论过程中,老师要充当主持人,任务包括:掌握进程、提出问题、监督学生们的参与、避免评判,以及做会议总结。刚开始,老师们总容易犯参与过多的毛病。避免掉入这一陷阱的有效方法是,在

开会过程中录音。回去听听整个讨论进程,看看哪些可以改进。

> 老师们总容易犯参与过多的毛病。避免掉入这一陷阱的有效方法是,在开会过程中录音。回去听听整个讨论进程,看看哪些可以改进。

老师们还有另一个倾向,就是总想评判学生的发言。只要你开口评价学生,无论用词轻重,你就是在评判他了。特别是当你评价某个学生,而没有评价其他学生的时候。也许老师说出的评价是无心的,但对于不情愿参加讨论的学生,影响却很坏。他们会觉得老师认为他们的发言没有价值。以下这几句尽管带有正面语气,但都能被看作是评价:"我喜欢这个说法。""真是个好主意!""我同意。"而像"你真的这样认为吗?"或"真的吗?"等,都隐含着负面的意思,这些都会对学生造成不利影响。在课堂会议中,老师应该营造出支持鼓励的气氛,让学生们更能自信地表达自己的观点。而对学生评判会破坏这种气氛。尽管很多老师觉得,控制自己不去评判是一件非常困难的事,但是它太重要了。老师们一定要坚持努力,营造一个没有批判的讨论氛围。

一个小诀窍可以帮助老师们克服这个毛病,就是想想下一步该做什么说什么,而不是专注于每名学生说了什么。还有一个技巧就是在每名学生结束后,停几秒钟,再继续进行。这样做还可以向学生表达你的关注,展示倾听别人讲话时应注意的礼貌,同时也强调反思的重要性。

议程

任何人都可以提出会议议程，并保存在文件夹里，老师和学生都可以拿到。低年级的学生可以口述，由老师记录下来，放进文件夹。

低年级的老师们发现，班级会议不仅能解决冲突，还能处理许多小麻烦。比如像"有人碰了我"，或者"他取笑我"这类小事，老师只要说"把它放进班级会议文件夹里"，就能迎刃而解了。同样道理，当学生提出对班上某些问题讨论时，就意味着他有信心与他人分享自己的意见，而这正是因为老师表现出愿意倾听的态度。老师也可以利用课堂会议的机会检查教学效果，问："伙计们，要是我们再上这节课，你们觉得怎么做才更容易理解？"

提问题 Question

老师们必须对会议的目标心中有数，才能设计问题。所设计的问题必须是开放型的，不能用一个词就回答了。用一个词就能回答的封闭型问题通常会使得谈话就此结束。

> 对会议的目标心中有数，才能设计问题。所设计的问题必须是开放型的，不能用一个词就回答了。用一个词就能回答的封闭型问题通常会使得谈话就此结束。

只有在自我反思的情况下，封闭型问题才能发挥作用，其他情况下，人们在回答封闭型问题时都不假思索。如果非要使用封闭型问题，那么请在后面补充一句"为什么"，或"如何才能……"。

如果会议是围绕解决某个问题展开，最好的方法就是把它以提问的方式提出来。比如说："有些同学反映，最近有人在操场上骂人，大家觉得骂人这种行为可以接受吗？""为什么？"然后再问："要是再发生类似情况，我们该怎么做？"最后，还应该引导学生们说出自己的解决方法，"既然大家都知道应该怎么做，谁能和大家分享一下他／她的想法呢？"

以下是主持班会的建议：

- 首先问一些针对个人的问题，要和学生的个人经历和想法相关。
- 问题的开头用"为什么"、"如果……会怎么样"、"我们能否……"，或者"我们是否应该……"。
- 请大家解释自己的答案。
- 找出关联。
- 鼓励学生对假设进行验证。
- 引导学生对解决办法展开深入讨论，思考如何使用它，如何评价它。

- 帮助学生对问题进行总结，并认识潜藏的道理。
- 提出有利于深入思考的问题，避免流于表面。
- 偶尔要故意装成与学生唱反调。
- 不要太快下结论，鼓励学生给出常规和非常规的解决方法。

- 从不寻常的角度去看一个问题。
- 鼓励学生对别人的看法提出疑问。
  - 采纳学生有趣的建议,按照我们在前面讲到的会议三个部分,再次进行讨论。

结束会议 *End*

老师在会议中还有最后一个作用,就是带领大家通过反思给会议画上完美的句号。有时我们非常有必要对讨论进行总结,以达成共识。在以解决问题为目的的会议中,我们还必须找出大家都认同的解决方法。

你可以这样说:

"总结一下,我们今天主要讲了以下几点意见……"

"是不是都同意……?"

"我想我们没能统一意见,我们有太多不同观点了。"

以下是一些带领大家回顾反思的技巧:

- 留下了什么:"请说出你认为此次会议值得保留的一件东西。"或者"说说本次会议中你印象深刻的观点有哪些,即使你不赞同这些观点。"让学生们分成两人一组或围成一圈讨论上述问题。
- 补充句子:请所有的同学都来完成这个句子——"本次会议将要结束,我希望……"
- 安静片刻:"现在花一分钟时间回想一下今天的会议,例如有什么新想法,或者经过今天的讨论,你在哪些方面会有所改变。如果你愿意,请把你的想法记录下来。"

- 事后剖析：鼓励大家都来评价本次会议，可以问："今天的会议中，你最喜欢什么？""这次讨论进行得很好，是什么原因？""我们下次该做些怎样的调整？"

评价

在每次课堂会议结束后，老师都应该对会议进行评价和反思，这样有助于提高老师和同学们的技巧。老师可以从以下方面考虑：

- 我在主持会议和提问时，有没有变得越来越熟练、越来越自然？
- 学生们是否充分表达和论证了他们的观点？
- 学生们是否愿意对其他人的看法提出异议？
- 是否有人提出了有见解的想法？
- 学生们是彼此交谈，还是仅仅和会议主持说话？
- 开班会的目的是单一的，还是多样的？是就具体问题进行讨论，还是对教学效果进行反思等。

开过一定数量的班会后，还可以进行更深层次的评价，如：

- 每次会议是否都能达到目标？
- 评估学生的参与程度，
  - （a）是否每个人都有机会表达自己的意见；
  - （b）是否有人主导了会议？如果有，请想出干预的策略；
  - （c）是否有同学一直避免参加讨论？
- 在讨论时，从一个主题切换到另一个主题，时机是否恰当？

供参考的主题和来源

以下列出 30 个主题，都是围绕加强沟通和社交技巧展开的。你还可以让学生们、老师们提供一些主题，从当今的时事，电视、广播、报纸、杂志中选取一些内容进行讨论。一些社区或社会现象也是班会主题的好素材。

1．人们为什么要来学校？

2．为什么学校要有成绩单？

3．午餐时间，发现准备好的午饭不翼而飞，你该怎么做？

4．你怎样判断一个人是不是健康？

5．什么是"同龄人压力"？

6．如果人们只享受权利，不需承担义务，世界将会怎样？

7．你在操场上看到地上有5美元，你会怎么做？为什么要这样做？

8．你是想重回到小时候？还是你觉得保持现状就好？为什么？

9．我们为什么要用名字称呼别人？

10．如果现在你可以改变我们的教室，你会怎么做？

11．为什么你们这个年纪的人要给家庭或在学校做杂事？

12．是不是只要有理由去做某件事，就意味着做那件事是正确的？

13．什么是偏见？

14．什么是歧视？

15．当你生气时，你会怎么做？

16．当你沮丧时，你会怎么做？

17．什么叫作"受害者思维"？

18．感到无聊是什么意思？

19．什么叫诚实？

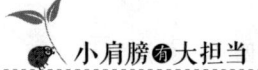

20．"过得快活"是什么意思？它和感到幸福有什么不同？

21．什么叫心怀感激？

22．当你嫉妒时，你会怎么做？

23．如果你只能看一个电视节目，你会看什么呢？为什么？

24．什么是学习？

25．你这个年纪的人最大的烦恼是什么？

26．你觉得用眼前暂时的痛苦，换取长远的进步是否值得？如果回答不，理由是什么？如果回答是，请举例说明。

27．受别人的影响去做某事，和被命令去做某事之间有什么不同？

28．你是如何控制自己的冲动的？

29．你觉得"恰当的事情"和"可以接受的事情"之间有什么差别？

30．你觉得在学校学到的什么让你终身受益？

精髓点

- 课堂会议可以培养学生沟通和社交的技巧，以及教学大纲要求的其他技巧。
- 在课堂会议中，过程和内容同样重要。
- 会议要有具体的目的：引导和鼓励学生进行反思，与学校相关的事情进行讨论、宣传及贯彻学校推行的价值观，培养学生的文明品德，解决学生中的问题等。
- 大多数会议包括三个部分：确定主题、个人发言和答辩。
- 虽然开班会会牺牲一些教学时间，但学习效果却提高了。

最想说的话：老师们都喜欢在课堂上提问，学生们纷纷举手，想要引起老师的注意。在这一竞争中，只有老师最终叫起来回答问题的人才能成为"获胜者"。所以，老师们的最佳做法应该是，不要单独提问，可以把问题摆出来供大家讨论，邀请所有人思考，交流讨论。

用协作取代竞争——提高学习质量

竞争让人表现得更好，而协作可以让人学到更多。

远的不说，只需看看报纸上的商业版或体育版，就会发现竞争在我们的文化里无处不在。公平竞争值得推崇，也能给人带来无穷乐趣。但是，课堂上的竞争则不然，只有赢的学生会高兴，其他的学生都会感到沮丧，而且赢者通常只能有一个！如果一名学生很少赢，那种竞争就会扼杀他的学习积极性。

竞争

低年级老师面对的是一群有着强烈求知欲的孩子，可惜的是，他们的学习积极性在竞争中被慢慢打击了。例如：幼儿园老师说："孩子们，让我们看看谁画得最好吧！"这时竞争就在无形中产生了。老师们都想当然地认为这可以促使孩子们拿出最好的表现。然而不幸的是，这样一来，老师们无意中认定了只有一名学生可以成为赢家。从竞争的本质而言，它会催生赢家和输家。在音乐或体育领域，如果竞争失利，对乐手或运动员是一种困境，而这种困境可以塑造人的性格。然而，学生只是在学习某些技巧，而成功才能培养他们的人格，建立他们的信心。

打分和排名未必会带来好的"竞争"

在学校，竞争最常见的形式就是打分。老师根据学生们成绩高低、表现得好坏，或其他一些标准把他们分成三六九等。然而，只有学生对这一"奖赏"（排名）感兴趣，它才能成为动力。即使名次的确给一部分学生带来积极影响，但并不一定能提高他们的学习效果。因为他们的注意力都放在了能让他们得高分的事情上了，能得高分并不意味着学习质量高。竞争不仅不能使得学生们互相帮助，互相合作，反倒使得他们相互排斥。"自顾自"成了竞争中的常态。另外，那些好成绩，特别是有完美主义倾向的孩子，会陷入一个悖论中——他们觉得自己并不比班上的同学更好。排名靠后的学生会觉得老师误判了他们。简而言之，给学生排名破坏了班级的团结和团队精神。

分数和排名起到同样的作用。有家长会在车后贴上"我的孩子打败了你家的优等生宝贝"的贴纸。当把排名当成动力时，你的注意力就会全集中在这种表面的东西上，完全忽略了学习本身带来的内在满足感。

约瑟夫·杜兰告诉我们，当问题发生时，85%的责任归咎于体系，只有15%的责任归咎于人。爱德华兹·戴明甚至认为，归咎责任，体系与人的这一比例应该是95比5。考试作弊就是竞争的产物。正是因为我们只强调分数，不强调学习效果，才使得学生们不择手段地想要获得高分。解决这一问题的办法不仅是要严厉惩罚作弊者，或大力倡导诚实的重要性，而重要的是要改变体制本身。至少在教室里，我们应该强调学习,而不是强调成绩。

分数可能会让孩子的学习动机发生改变

分数改变了学生们的学习动机。老师们常常会听到学生这样问:"这个考试会包括这个内容吗?""这个会算进总成绩里吗?"学生们的注意力不是在学习上,而是在分数上。相反在假期班或兴趣班中,就不会有这种情况。此时学生们感兴趣的是学习的过程,是如何创造出好作品来。

当然,我们并不是在倡导取消分数,但却绝不应让取得高分成为教学的目的。分数应该作为一个目标,由老师和学生共同决定。比如Rubrics分数系统,就是用来评价学生的学习欲望和努力程度的。只要是愿意学习并付出努力就可以得到优等。

学习的乐趣

很多人当老师,是因为他们体会到学习的乐趣,并希望能把这种乐趣传递下去。关注与学习效果是获得学习乐趣的必然途径。当他学有成效时,他自然喜欢学习。当然还必须得付出努力才行。

一个热爱篮球的孩子练习投篮时,他可以大汗淋漓地练习好几个小时。一个人真心想做某件事情并期望获得效果时,他就必须付出努力,当然也会乐在其中。

怎么判断一个人是否正在付出努力?从以下几点就能看出来:付诸行动,并且总是全情投入;充分发挥自己的创意,运用并提高自己的技巧,而不是简单地完成任务,而且这件事通常很复杂;工作能取得进展,表现出自制力;对自己有积极的评价;并不觉得有什么压力,甚至觉得很轻松。

进程开始

学习过程影响学习质量。必须使学生明确学习的目的。老师可以通过问以下的问题来帮助学生明确目的:

我们为什么要在这里？
我们想要做什么？
什么叫作"把事做好"？
怎样才能判断我们现在做得是否很好？

小学时期主要是儿童发展阶段，进入中学后，学生就要对自己承担起更大的责任，他们需要对自己的学习效果进行评判。所以在最初的几节课里，我们可以讨论以下问题：

什么叫作高质量的学习？
我们怎样判断学习质量高不高？
老师怎样判断学生的学习质量高低？
想要提高学习质量，学生们该怎么做？
老师该怎样做才能帮助学生提高学习质量？
怎样才能让他人确信，学习质量提高了呢？

通过讨论，学生们的学习热情增加了，学习也更有动力，学到的知识也更多了。那些"浪费"在讨论上的时间加倍赚回来了。

当学生开始觉得，学习是一件值得付出时间和努力的事情后，老师们就可以和他们讨论该怎样学习了。围绕以下主题展开：

考试：多长时间考一次？以什么形式考？怎样进行评价？考试的目的是什么？

作业：为什么要做作业？作业应该留多少？什么时候做作业？

评价：如果不和别人比，我们怎么才能知道自己学得好不好？

课堂管理：怎么才能发挥最高效率？

证明：怎样才能让他人相信，我们的确学得很好？

学生们一旦尝到了学习乐趣，好的学习效果带给人的满足感，他们就不愿再失去它们了。有些学生可能会学得更快，但所有学生都要不断参与对学习质量的讨论。

协作为高质量完成任务注入强心剂

🎧 爱德华兹·戴明曾明确阐述，就提高工作效率而言，协作远远优于竞争。正是因为协作，戴明理论将日本从一个只会生产廉价产品的国家，描绘成了一个世界领先的高品质制造者。戴明的关于"高品质可以降低成本"的理念，与大家的常识相悖。当时人们普遍认为，提高产品质量会增加成本。戴明向大家证明了通过协作，人们完全可以做到在提高产品质量的同时降低成本。戴明方法的核心理念就是，让工人们进行自我监督。这样，在生产过程中，每一步质量都得到了保证，而不是在整个生产工序都完成之后才对生产结果进行检查。戴明深知，工人的工作积极性（欲望）、工作表现、工作效率以及工作质量，不是通过立法和独裁来实现的。他鼓励工人们实现自我价值，培养工人的主人翁责任感，他取消了企业惯用的演说规劝、威胁、奖励等办法。简而言之，戴明证明了，要想提高工作质量，协作比竞争要好得多。

提高学习质量的关键在于，让学生最大限度地参与到互动中来。现在老师们都喜欢在课堂上提问,学生们纷纷举手,想要引起老师的注意。在这一竞争中,只有老师最终叫起来回答问题的人才能成为"获胜者"。所以,老师们的最佳做法应该是,不要单独提问,而是把问题摆出来供大家讨论,邀请所有人思考,交流讨论。让学生们分成两人一组或几人一组的小组。当学生们互相协作时,所有的人都参与其中。还要注意,在学生们努力解决问题时要不断地就他们的想法和观点继续提问。这种方法在日本的很多学校中都取得了显著效果。学生的好奇心、积极性被激发,老师就可以引导大家找出问题的解决办法了。课堂活动是协作,而不是竞争,学习也就变成非竞争性的,这也是我们提高学习效果的基本理念。

再举一例证明协作对提高学习效果的作用。

有个平时成绩挺好的高中生,两次考试成绩都不理想。因为她能记住主要知识,但对于具体细节却总是记不清楚。老师告诉她,要想长期记住这些知识,必须记住它们的细节。于是,女孩的爸爸建议,在她看书时,要在脑海里想象出相应的画面。爸爸解释说:人在读书时,如果只看书上的文字,大脑也只记忆文字,就是在进行单纯的语义记忆,语义记忆需要重复很多次,才能成为长期记忆。而大脑记忆图画时,是在进行片断式记忆,而片断式记忆不需要重复很多次,就可以成为长期记忆。片段记忆通过对情景和空间进行记忆,常常与地点相联系。为了证明这一点,爸爸问女儿上星期六晚上吃了什么,并叫她把回忆的过程说出来。女儿回忆道:"上星期六我在什么地方?""这就是我所说的,你在回忆地点。因为我们记忆的情景和画面,总是和地点相关。"父亲说,"这就是为什么片断式记忆比语义记忆效果更好。因为,记住画面要比记忆文字容易得多。"

听了爸爸这番话,女孩把这种方法告诉了两个朋友。于是,她们三人都在下一次做阅读时，使用片段记忆方法，并且经常聚在一起讨论，互相补充细节，结果三个人的考试成绩都大幅度提升了。在这一过程中，片段记忆发挥了功效，协作使得学习过程更有效率，也更有乐趣了。

协同评价

史蒂芬·科威把协作称作"协同作用"。

"简而言之，协同作用就是指整体的力量大于个体力量之和。也就是说，在一个集体中，每个个体既是他自己，也是整体的一部分。作为整体的一部分时，就如同加了催化剂一般，变得更有力量，更团结，更激动人心。"

我们的大脑天生就具备社会性和合作性。尽管学习过程发生在我们每个人的大脑里，但在一个互相讨论、互相回馈的环境里，学习效果会大大增强。与他人分享想法，在听取别人的想法后，做出一定的修正与妥协，最终得出结论，这一过程其实就是评价过程，我们从中获益良多。

> 大脑天生就具备社会性和合作性。尽管学习过程发生在我们的大脑里，但在一个互相讨论、互相回馈的环境里，学习效果会大大增强。与他人分享想法，在听取别人的想法后，做出一定的修正与妥协，最终得出结论，这一过程其实就是评价过程，我们从中获益良多。

动用学生自己的力量，提高他们的学习效果

让学生们相互评价、相互反馈，他们的学习效果就会得到提高，而老师们的工作负担就会减轻。

🎧 例如：老师布置了一道作文题，在大家动笔之前，先把学生们分成小组，让他们彼此讨论理解。然后要给学生介绍"在我之前看三次"的办法，就是，在老师批改学生作业之前，先由其他同学看过3次。（另一种办法就是让3个不同的人各看1次，这些人可以是同学、朋友和家长）。同学们对题目讨论之后，写初稿，与其他学生交换，每个人都给对方反馈。第二稿写成，再彼此交换，给予反馈，然后是第三稿，进行同样的交换反馈，最后完成定稿，交给老师。

为了提高学习质量，我们不应当将初稿当作定稿交上去。亨利·基辛格在他刚进入政府工作时，发生过这样一个故事：

🎧 有一次，上司问他，你的报告不能写得再好了吗？在接下来的两天里，基辛格反复修改报告，使得条理更清晰。他再次把报告交上去。上司又问："你的报告不能写得再好了吗？"于是，基辛格又修改了一天，然后他带着怒气和自信，又把它交了上去，说："这个报告是我能做得最好的了，不能再好了。"老板说："好极了，那我就读一读。"

☀ **精髓点**

● 通过竞争的激励，可以提高表现；但对学习只能起到反作用。一名学生在竞争中很少赢，那就等于扼杀他学习的积极性。

- 学习获得了成效，会使学生变得爱学习。
- 协作可以改善学习效果，因为它可以不断得到回馈，并实现自我价值。
- 改善学习质量最关键的是，尽可能地引导学生都来参与，要向大家摆出问题，而不是向个别人提问。
- 在老师的指导下，同学们相互协作，学习就不是相互竞争的过程，这是提高学习质量的基本原理。
- 同学们在学习过程中相互协作，可以减轻老师的工作量。

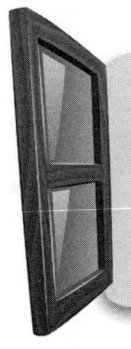

最想说的话

　　小孩子很可爱，这让他们很容易换来很多赞扬。但是当他们长到少年，我们对待他们就变了，我们应该变吗？不管什么年龄，尝试去做总比做得完美来得更重要。尝试有一天会带来成功，而完美实在是太沉重的负担了。

减少对完美主义的追求

你不可能刚开始学就达到完美

青少年必须经过不断学习，反复失败，才能获得成功。也正因如此，使他们更容易受到挫折和打击。

我朋友遇到过这样一件事，在他女儿的生日聚会上，小寿星打开爸爸送的生日礼物，并被要求把礼物和其他小朋友一起分享。我朋友一开始请求，然后哄骗，最好严厉地要求，但小寿星坚持拒绝这样做。

当一个孩子还没有真正拥有这件东西时，你很难让她去和别人分享。同理，当青少年在做一件事时，他首先要获得基本感觉，觉得自己做得还不错，至少觉得自己有能力把它做好，他才能从别人的意见中获益。否则再好的建议也会变成是粗暴的批评，并将大大地打击他们的积极性。

尝试去做足矣

没人喜欢自己做的事总被别人批评，除非他有极强的欲望。当然，当他信心满满，觉得自己有能力胜任后，他就会打开心胸，接受别人的意见。在他还未建立自信之前就急于指正，会带来不好的结果。

🎧 我女儿刚开始学说话，总是发不好"S"音，我们有一次，仅仅一次，试着纠正她。结果在以后的几个星期里，每当她遇到"S"音时，都非常犹豫，战战兢兢地试图把它说好，结果反而变得有些口吃了。我们再也不去纠正她的发音了，令人欣慰的是，过了几个星期她的口吃没有了。

婴儿学走路，我们总是鼓励他，因为我们明白这是一个渐进的过程。我们不会指望孩子们在一天之内学会站和走。同样，婴儿学说话，我们也是给予鼓励，虽然他们的发音似是而非。"你讲得太棒了！"就是我们对这些似是而非的发音的反应。如果你想要小婴儿发音完全正确地说："我想要一杯水。"估计要等到他给渴死了。

大人们总是想给孩子一些指正，但也要注意孩子处于什么学习阶段。当孩子正挣扎着解决一个问题，或烦恼于如何表达一种想法，过多的指正会打击他的积极性，使他不愿意再尝试。

看一个课堂的学习气氛，只需看老师和学生对待错误的反应。学生们不介意犯错误，这种气氛下，他们就一定能学得好。因为错误给了老师极佳的机会，可以了解学生们的想法；学生有种安全感，不怕犯错误，这将极大提升他们的学习效果。简单的办法就是，鼓励学生学习，

不断提醒他们错误给了他们进一步学习的机会。

完美主义的效果并不"完美"

总是强调完美,会给学生错误的印象,好像他们只有表现完美,才能得到他人的爱。有种观念认为,如果犯错误就会被其他人排斥,只有表现完美才能为他人接受。这种观念像瘟疫一样困扰着青少年。

完美主义的另一个糟糕结果就是学生们不再愿意学习,很轻易地放弃。因为完美主义让学生产生焦虑,认为自己不够好,不够有能力,做不下去。再进一步就是彻底地麻木和自暴自弃。

老师和家长一定要向学生反复强调,失败只是一种信息反馈,是尝试的自然产物,是一位伟大的老师,只要你愿意向它请教,不会被它压垮。失败的体验是学习必经的过程,不应把它当作惩罚自己的武器。这些积极的想法可以催生愿望去尝试,去冒险。提高来自于反复的实践,特别是在学习的初期阶段。"施行于现在,完善于未来!"应该作为我们的座右铭。

精髓点

- 青少年完成一项任务,在他还没有获得一定把握时,不停地指正会打击他尝试的勇气。
- 大人想对孩子提出指正时,一定要考虑孩子正处于哪一个学习阶段。
- 参与和实践会导向成功,完美是一个太沉重的负担。
- 完美与精确不是一下就能得来,是不断提高的结果。
- 失败是信息的反馈,而不是最终的结局。
- "施行于现在,完善于未来!"应该作为我们学习的座右铭。

最想说的话　　要教给青少年，在冲动和愤怒时，可以选择更富有建设性的应对方法。要区分愤怒是针对人还是针对事。遇到对方乱发脾气，可以问他："你是生我的气，还是生这件事的气？"这个问题会引导他思考，从而转移他的注意力。

对冲动与愤怒情绪的控制

当你感到烦躁时，数到10再讲话；如果非常非常烦躁，就数到100。

——托马斯·杰弗逊

面对挑战

恰当的行为不是用来讨价还价的

克服挫折感，要面对三个挑战。第一，对于外界的刺激、冲动，选择较好的反应；第二，找出较好的冲突解决办法；第三，对于棘手的学生要找出额外的解决办法。

面对挑战后，如何控制冲动与愤怒

冲动和情绪激动是我们与生俱来的反应，虽然它需要外界刺激才会产生，如果不加以克制，会变得一次比一次强烈，而且越来越频繁。但是如果我们有意识控制它，无论是强度还是频度，都可以减弱。

无论是怎样的情绪冲动，我们首先要意识到，是可以选择如何应对的。

堵车容易让人心情烦躁，但我们也可以选择自己的反应，既可以让自己非常生气，也可以选择轻松地听听音乐，听听收音机，想想愉快的事情。同样地，如果有人开车不守规矩，随意插车，我们既可以让冲动的情绪控制我们，我们也可以选择控制我们的情绪。

青少年情绪越来越激动时，还是可以控制情绪的。有一件事我总喜欢拿来讲。

有一次，一个学前班老师让我帮她安抚一个哭个不停的孩子。我从包里拿出听诊器挂在脖子上，那是我的家庭医生送的。当我走进教室，在那个孩子面前跪下来，掏出听诊器在他胸前听了听。他立刻不哭了，然后我宣布他很健康，什么病也没有。这招很有效，回回都成功转移了孩子的注意力。

在十几岁的孩子中，类似的情况也常常出现。

一个十几岁的孩子和父母爆发了非常激烈的争吵，这时电话响了，是孩子朋友打来的，他的声调立刻变得非常友好，非常甜蜜。在他放下电话后，之前的激动情绪又回来了。

这证明，即使青少年，转移注意力也可以帮助他们控制激动的情绪。这里有个小窍门，任何人都可以用来控制自己失控的情绪。你可以站着，也可以坐着，但最初，我建议还是站着。

首先慢慢地做个深呼吸，要张开嘴，用嘴呼吸，然后再做一次，注意下颚要张开，舌头放在嘴巴的底部。

然后再做一次，缓慢的，深深的，用嘴呼吸。这时候你会注意到背部舒展开来，因为从人体结构上来说，这比腹式呼吸可以吸入更多氧气，它让胸廓打开，让肺叶充分伸展。

这个小动作不仅让下颚放松，也让它附近的神经放松下来，从而避免将紧张感传递到全身。

在这一刻，你的身体通过缓慢的深呼吸放松了紧张感，也给了你的意识一次重新考虑的机会。

可以利用红绿灯的形象来拆解这3个步骤。

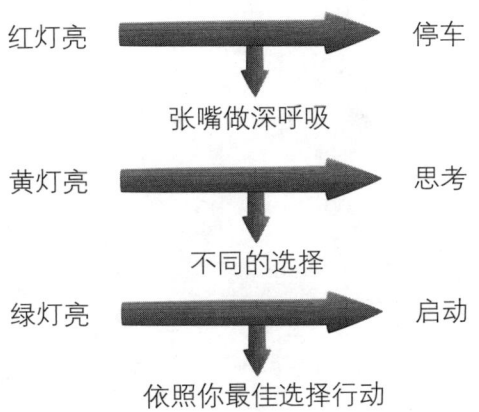

要教给青少年，在冲动和愤怒时，可以选择更富有建设性的应对方法。要区分愤怒是针对人还是针对事。遇到对方乱发脾气，可以问他："你是生我的气，还是生这件事的气？"这个问题会引导他思考，从而转移他的注意力。

☀ **精髓点**

- 我们可以用自己的意识去应对冲动和愤怒。

- 用嘴慢慢地深呼吸,可以释放身体的紧张情绪,让我们有机会重新思考应对方式。
- 问对方:"你是生我的气,还是生这件事的气?"从而转移他的注意力。

最想说的话

要把青少年犯错误看成是缺乏经验,而不是故意不顺从。很少有学生是恶意捣乱。我们教青少年如何挥棒球棒,如何弹奏乐器,如何开车。我们既不会放弃他们,也不会故意去惩罚他们,我们会指导他们。

如何对待棘手的孩子

他们宁可当坏孩子也不当傻孩子,
有时候他们做错事是因为他们害怕失败。

责任培养系统是我们处理不负责任行为的基本方法,但有些孩子需要一些特殊帮助来使他们变得有责任心。

保持积极态度

有的学生不能约束自己的行为,或是不能完成任务,这时,用积极的态度告诉他你希望他是什么样子,而不是告诉他你不希望他们是什么样子。让学生明白你对他的期望,可以有效地阻止他做出不恰当的行为。

选择的力量

给予他们选择权就是给予了他们自主权。留数学作业，给学生们一定的选择权，比如选择做奇数的题或者偶数的题，多出几个题目以供选择。任何时候你都可以问学生，如何学习对他们来说最有效。

通过提问帮助反思

要反复地练习如何提问，来引导学生进行反思。比如："既然你觉得完成这个任务有困难，那你觉得老师应该怎么做能对你有帮助？"用询问的语气，带着微笑。在做事之前问大家："今天我们要做的事情对我们大家有什么好处吗？"花几分钟和大家讨论，在学生心中埋下自律的种子，这几分钟就花得值。

指导

要把青少年犯错误看成是缺乏经验，而不是故意不顺从。很少有学生是恶意捣乱。我们教青少年如何挥棒球棒，如何弹奏乐器，如何开车。我们既不会放弃他们，也不会故意去惩罚他们，我们指导他们。

在开始阶段指出方向

刚开始时，有些学生注意力不容易集中，要给他们简短明确的指令，比如："把脚放在地上，后背挺直，把纸放在眼前，手握铅笔。"或者让他们完成下面的句子："首先我看到自己正在做……"帮助学生，把注意力引入他们应从事的任务中去。

使用有创意的方法

学生的注意力受到干扰时,要教给学生识别这些干扰因素,并给它们打上标签。有一位老师是这样做的:

> 当时教室外面正在施工,她教学生给这些噪音挂上标签——"干扰"。之后,学生就可以把这个噪音丢到脑后,重新集中注意力在功课上了。

她告诉我们,多亏了这个办法,她那个学期基本没有受到影响。

每次注意力不集中,就记录下来。随着次数增多,学生就会有意识地不让自己分神,而把注意力集中到他们该做的事情上来。

认可参与学习的行为

总是捣乱的学生开始学习,要在私下对他表示认可,不用担心会起反作用。学生是否喜欢你这个举动,他会让你知道的。

鼓励

要鼓励学生,这会振奋他们的精神。

> 办公室主任玛格丽特·马哈尼对罗伯特·丹兹说:"你将前途无量。"这句评价让他开始考虑自己的潜力,逐渐从办公室里打杂的小职员,最终成了赫斯特报业公司总裁。

失败时恰当的鼓励,比成功时一车的赞许来得重要。在学生没有成功时,可以这样问他:"从这次经验中我们可以学到什么?"

换个座位

让自控能力较差的学生坐在离老师近的地方，或坐在前排，远离那些容易引起分心的因素，比如门、过道、自动削笔器等。

找个学习伙伴

选一名能自律的学生做他的学习伙伴，可以回答他的问题，解释老师的意图，讲解课堂上正在进行的活动。定期更换学习伙伴，可以避免让一名学生过于疲劳，也可以给其他学生机会，体验一下做辅导员的滋味。

做暗号

可以用一些词或声音做暗号，在学生注意力不集中时提醒他，让他重新专注于功课。

进步的力量

一个人的进步是要和自己比，而不是和其他人比。时不时发现学生所取得的进步，并及时表扬，一步一步进步，最终帮助他走向成功。

☀ 精髓点

- 用正面的表达告诉学生你希望他做什么，而不是告诉他你希望他不做什么。
- 通过提问引导学生进行反思，比如在某项活动开始前问："这样做有什么好处？"这会埋下自律的种子。

- 把学生的捣乱行为看成是缺乏经验，而不是故意地不顺从。这样你才可以真正帮助他们。
- 给他们简单而精确的指令。
- 让学生给一些干扰因素挂上标签，可以帮助他们集中心思在功课上。
- 鼓励进步，及时表扬。
- 用词汇或非词汇做暗号，在学生走神时，把他们的注意力唤回来。

总结、回顾、结论

我们运用权力的终极目的,就是让他人获得权利,
而这也正是我们宪法所要做的。

促进学习最有效的方法就是,建立和谐环境,在这个环境里学生愿意学习,愿意行为得体。

总结

优化关系

关系——这里有三种关系,老师和全班同学之间、学生和学生之间、老师和学生个人之间的关系。

老师与全班同学之间的关系,在没有那么多规矩时就会加强。游戏一定要有规矩,但规矩太多,容易在老师和同学之间产生敌对关系,因为对于这些规矩,老师的角色相当于警察,而不是教练。另外,规矩培养的是服从,而不是责任。老师最好教给学生规矩,并对学生提出期望,而不是时时刻刻维护规矩。

同学中没有人被冷落,同学之间的关系就会得到改善。不应该有人在人群中感到孤独,老师应该帮助学生建立起彼此的交流与互动,这样才能打造好的集体,营造好的学习气氛。

给学生进行辅导,是最简捷、最快速、最有效的建立师生关系的方法。这为老师提供了了解学生、鼓励学生的极好机会。鼓励可以激发出内心真正的动力。不妨每天安排一点时间,对学生进行单独辅导。

第四章 促进学习

掌握技巧

技巧——第一个技巧是课堂会议，以及它的目的、重要性和实施方法。第二个是合作，第三个是避免追求完美。

课堂会议把松散的人群变成一个学习集体。其特殊目的为：激发思考，引起反思，讨论当前的话题，传输价值观，培养人格，解决问题。班会也许会占去几分钟上课时间，但它可以促进学习。小学生每天都应该有班会。初中、高中老师应该把班会列入教学计划中。

合作的好坏直接影响工作质量，因为在合作过程中，我们能及时得到别人的评价和反馈。学习质量关系到学生是否愿意继续学习。关键是要引导学生最大可能地参与，多让学生自己提出问题，这比由老师提问效果要好得多。多组织一些有利于合作的课堂活动，避免竞争。学生之间的相互合作也可以减轻老师的负担。

学习过程中总会受到完美主义的干扰。青少年开始学新东西还没有把握、还没有获得成功的感受时，就对他进行纠正和批评，会打击他继续尝试的信心。如果大人想给孩子一些指正，一定要考虑孩子正处于学习的哪个阶段。只有不停地尝试与改进，才能得到完美与精确。"实施于现在，完美于未来！"应该是我们学习的座右铭。

应对挑战

挑战——老师在与学生相处时往往遇到三个挑战，学生不受控制的冲动，与学生的冲突，还有就是问题学生。

可以教学生有意识地控制冲动和愤怒，分散注意力不失为好办法。通过慢慢地深呼吸，让身体放松下来，让我们有机会去思考自己的行为。

两个人之间的冲突可以用解决问题的圆圈来解决。因为人只能改变自己，与其谈论别人该怎么做，不妨先说说自己能做些什么。在解决问

题的圆圈里,每个人只有改变自己,才能迈入中间重叠的部分。讨论时要着眼于未来,而不是纠缠于过去。通过这种方法,两个人就可以解决分歧,无须第三方参与。

当遇到特别棘手的学生时,要用积极的态度告诉他们,老师希望他们怎么做,而不是告诉他们老师希望他们不要做什么。要引导他们做出反思,比如在做事之前问自己"这样做有什么好处?"这就如同发誓一样,可以帮助他自律。把青少年做错事看成是缺乏经验,而不是故意捣乱。在开始时给他们明确简短的指令。教青少年给干扰的因素贴上标签,帮助他们专心于他们正在做的事情。

结论

尼古拉·帕格尼尼(1782-1840)被认为是最伟大的小提琴家。有一天他去演出,台下座无虚席,面对观众热烈的掌声,他总觉得有什么地方不对劲。

突然,他意识到他拿的不是自己的琴,他吓坏了,但马上镇静下来,现在他别无选择,只能开始演奏。

那天的演出是他一生中的经典。

之后,当他回到化妆间,对一位朋友说:"今天,我上了我一生中最重要的一课,以前我以为我的音乐是来自于琴中,现在我才知道音乐是来自于我的身体。"

建立和谐的学习环境,使用本章介绍的这些方法,希望对你教导学生有所帮助。

第五章 教学

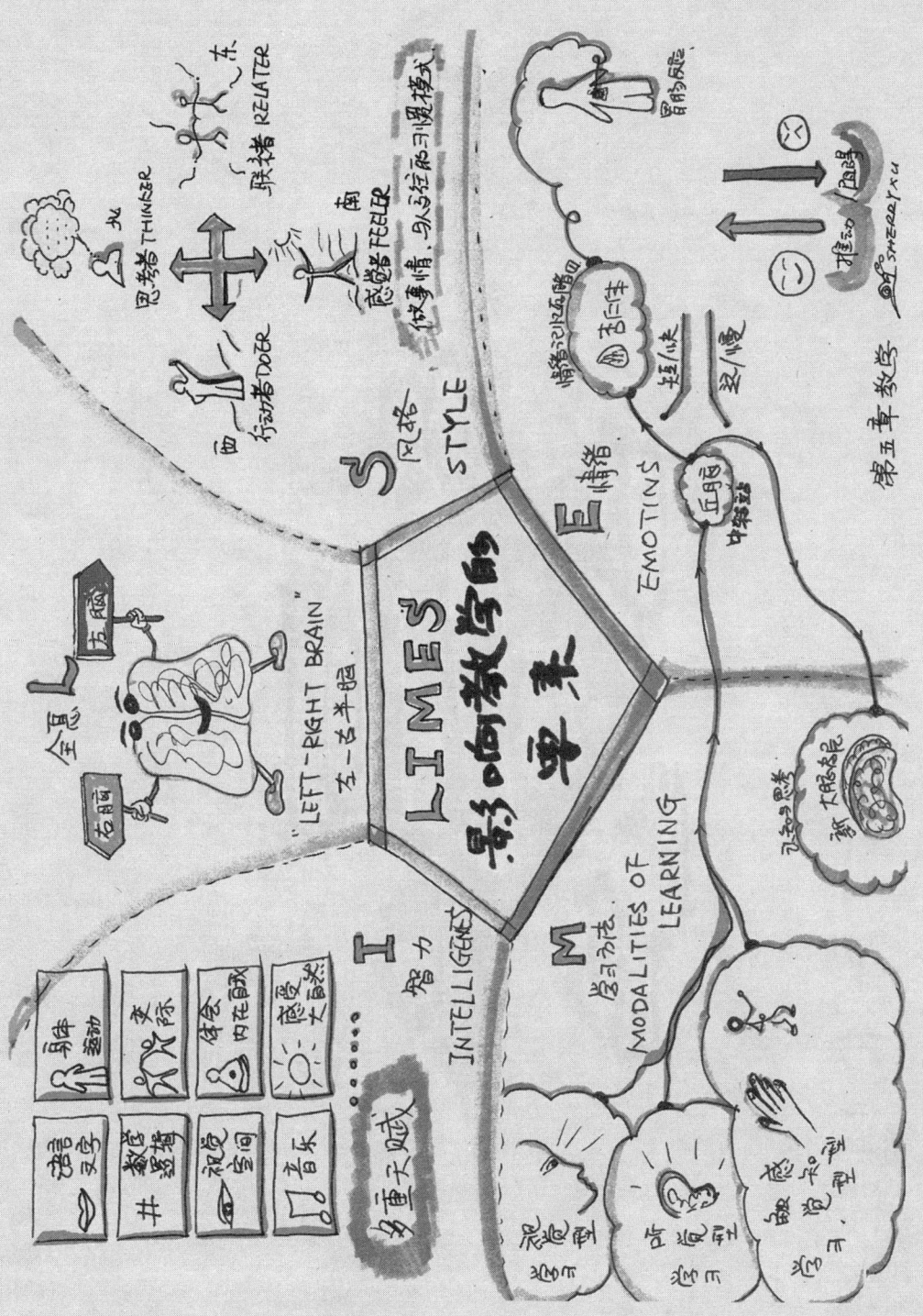

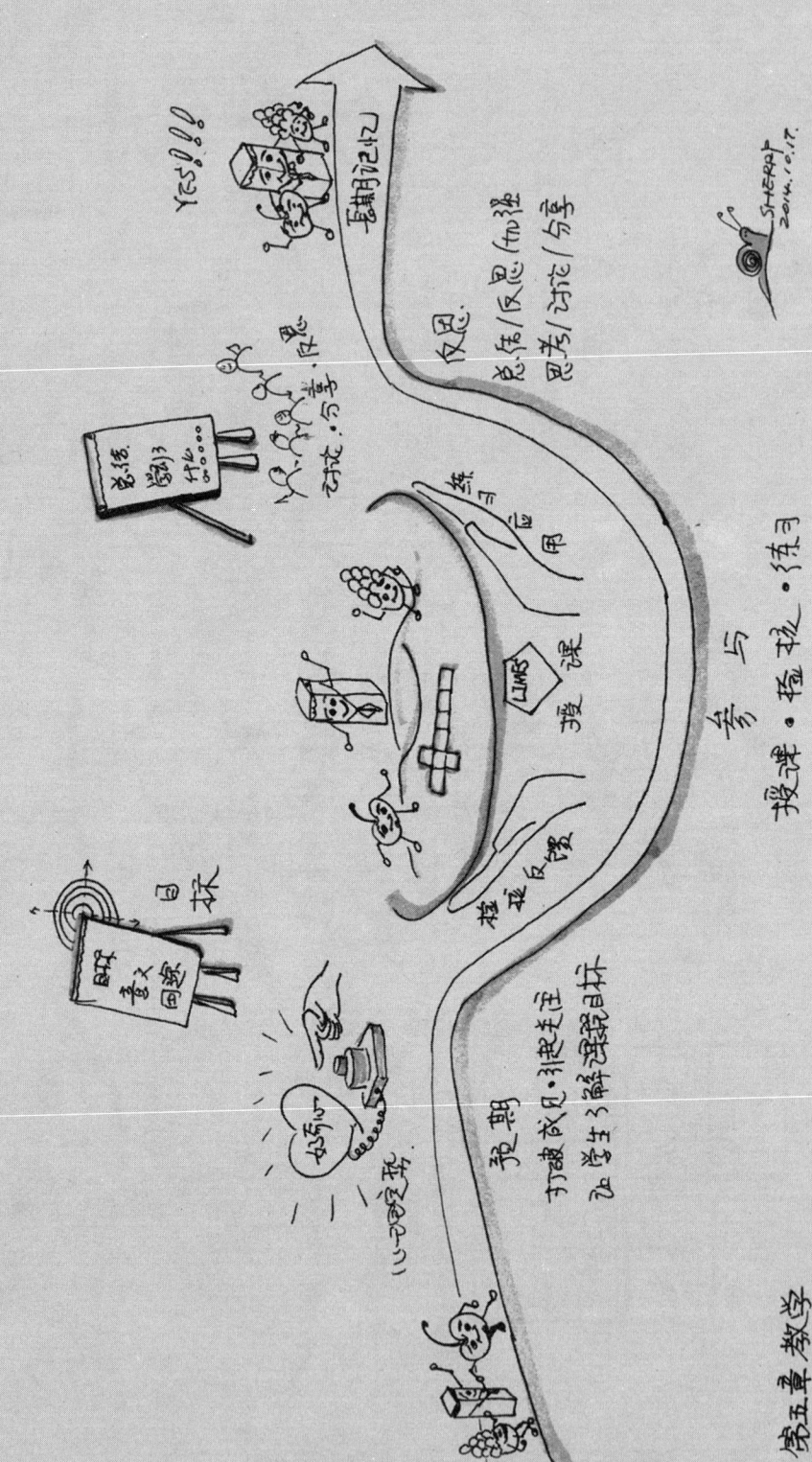

第五章 教 学

最想说的话

看孩子们在课堂上常犯什么样的错误，可以发现他具有哪些方面的天赋。

有语言天赋的孩子，总是忍不住在课堂上说话；有较强空间感的孩子，则喜欢在书本上涂鸦，或者是坐在那里做白日梦；有人际交往天赋的孩子，则忙着与其他同学联络感情；而有身体运动方面天赋的孩子，则表现出坐立不安的样子。

这些与他们天赋有关的行为，可以看作是孩子发出的求救信号，提示我们该如何引导他们。

谈谈教学大纲与教学方法

把教学变成说教，连我们自己都会觉得难以忍受。

学生在课堂上捣乱，有些是学生自身的原因，也有些是因为我们的教学内容、教学方法，以及课堂管理不当造成的。本章前一部分，将讨论有关教学大纲和教学方法的一些问题；后一部分，会对课堂管理与家庭作业提出意见和建议。

本章的首要目的就是帮助学生建立不同的思维模式，使得他们能多角度地进行学习和思考。

何谓"教学大纲"和"教学方法"

教学大纲是指我们要教授学生的所有内容。各级政府、各级地方教育委员会、行业委员会、私立学校，以及其他一些组织，都会对它产生影响，并由他们最终决定教什么和不教什么。

读、写、算术以及应用题等，是教学大纲的主要内容。历史、健康，还有其他一些科目与我们的生活息息相关，一直以来也被列为必教的内容。

教学方法是指我们应该如何将知识教给学生，以及如何帮助学生掌握这些知识。

以科学的角度来认知教学方法

很多时候，所谓纪律问题是由于教学方法不当引起的。改进了教学方法，你会惊讶地发现，学生的不良行为减少了。老师给学生们上课，最关键的：第一要有趣，能引起学生们的好奇心；第二要有内容，可以回答学生们的"为什么"；第三要与他们的生活相关，也就是说要实用。还有要能引发思考，并吸引所有学生参与进来。这就是说，教学设计要吸引学生，让学生愿意学。格拉瑟说过："强迫不愿学习的学生，就像呵斥想跳槽的员工一样，不会起什么好作用。"

有些因素会对我们的教学产生影响，这些因素概括起来可以称为"LIMES"：L——左、右半脑（Left-right brain），I——智力（Intelligences），M——学习方法（Modalities of learning），E——情绪（Emotions），S——风格（Style）。

接下来，我们还将就授课计划、才智的不同层次、指导性问题、小组提问策略、选好提问的关键词等问题展开讨论。还会简要谈谈关于形象、故事、元认知、感觉等问题。本章最后还将讲述辅助回忆、镭射学习、指导的三个根本转变，从而达到加强学生们对知识的理解、运用，以及知识迁移的能力。

左、右半脑（LIMES 中的 L）

我们所说的"左半脑"和"右半脑"，是根据它生理结构的形象称呼，为了方便理解。具体指位于大脑左、右半球的大脑皮层，是人类进行认知活动的主要场所。了解大脑怎样工作，对于有效教导学生，帮助他们更好地学习，会起到非常大的作用。

大脑半球的结构，是医生在寻找治疗癫痫病方法时发现的。需要强调一点，不能把某些行为简单地与大脑左、右半球结构联系起来，笼统地归结为左脑型或右脑型。比如把左撇子或不同的智力水平，与左脑型、右脑型联系起来，是没有科学依据的。

左、右半脑互动工作，缺一不可

两个半球之间一直在互动，从没有单独工作过，做任何事情，都不可能仅凭半边大脑来完成。我们从感官接收到的信息，在大脑中被拆分成小信息。

> 比如：当我们看到一个运动的物体时，它的形状、尺寸、角度、颜色和运动方向等信息都被拆解开来，并在大脑的不同位置进行处理，然后由大脑将它们综合起来，形成我们"看"到的图像。

人的左、右脑具有不同功能，几乎我们所有的行为，都需要左、右脑共同参与。比如，要想发表一段声情并茂的演讲，左脑负责将演讲中的语言准确地表达出来，而右脑则负责加入感情。如果只有左脑参与，那么整个演讲听起来就会平淡无奇；如果只有右脑参与，那么整个演讲虽然情感丰富，听众却会不知所云。

人的记忆也需要通过左、右大脑共同完成。其中文字记忆主要靠左半脑完成，而视觉图像记忆则靠右半脑。虽然大脑各部分各有其主要功能，但并不排除兼有其他功能。人可以分为左脑支配型和右脑支配型。虽然不倾向于任何一边的类型也存在，但大多数人还是倾向于其中一边的支配型，这就决定了人的不同个性、能力和学习方法。

对于大多数人来说，左脑主管逻辑，控制着人的分析能力和文字表达能力。它的特点是有条理，有理智，处理事情有条不紊。右脑掌管着人的空间感及艺术才能。它的特点是凭直觉，处理事务呈随意性，主要负责人的情感、表达以及创造性。

左、右半脑的功能可以分别概括如下

左脑	右脑
• 有分析能力，有条理	富有创意，乐于表达
• 处理事情富有理智	充满幻想与想象力
• 具有逻辑性	具有直觉
• 按照线性顺序处理信息	随机、整体地处理信息
• 受到事物的功能的驱动	受到事物的外表的驱动
• 注重细节、秩序，喜爱按指令办事	自发的，随性的
• 注重前后顺序	注重来龙去脉与背景
• 注重时间	注重空间
• 倾向于用语言、符号来解读意思	通过图片、图表、表格等解读信息
• 注重语言表达	注重姿势、面部表情
• 注重所说的和所写的	注重语气

左脑	右脑
• 倾向于阅读	倾向于看与体验
• 善于辨认字母、词语、数字	善于辨认人脸、地方、物体、音乐
• 不能同时做几件事	能同时做几件事
• 先局部，后整体	先整体，再局部
• 结构清晰，结果可测	开放型，充满惊喜
• 主要的语言处理中心	主要的非语言性思维处理中心

思维导图

复杂、富有挑战性、新奇的事物，对大脑的两个半球可以同时产生刺激，并同时调动两个大脑半球的神经兴奋，所以如果有计划地让大脑两个半球都获得体验，会更好地掌握新得到的信息，从而有助于人们更好地学习和记忆。

比如，在学习单词时，将单词和与它相关的图像结合起来，让大脑两边同时工作，这样就可以帮助提高记忆。

这种学习方法运用了"思维导图"，或称为概念映射、组织图或信息簇等。

以下是本书讲过的部分的思维导图：

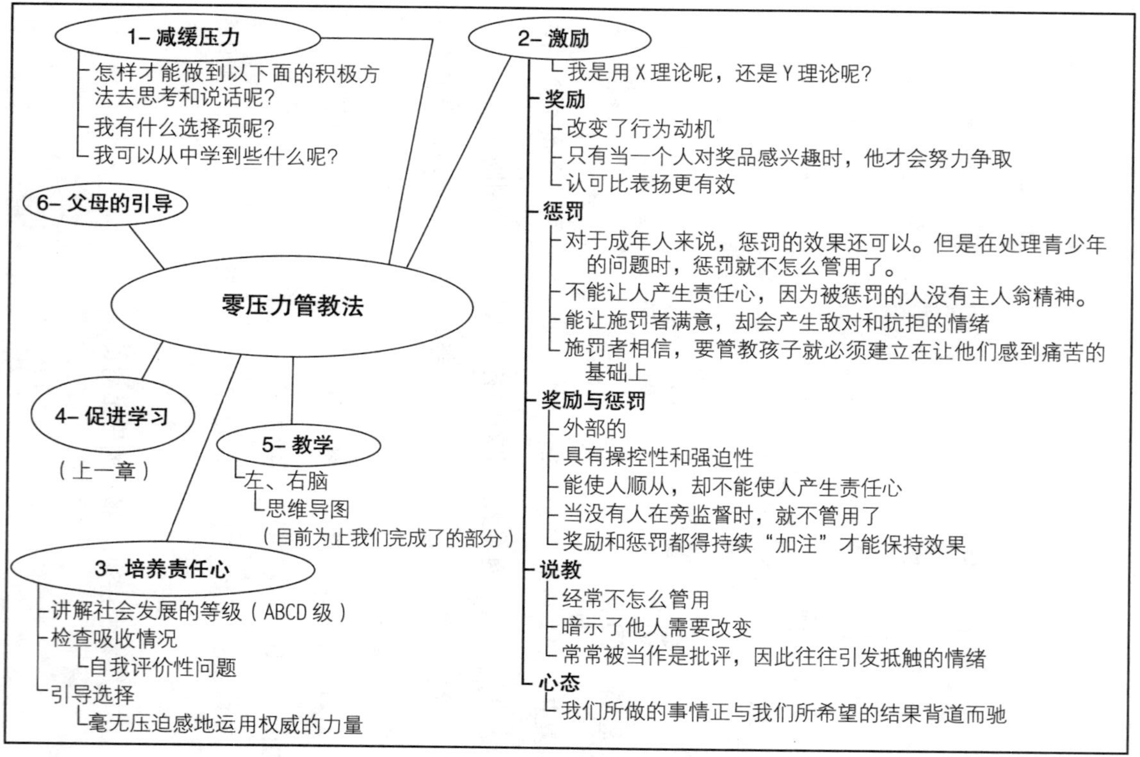

零压力管教法

1- 减缓压力
- 怎样才能做到以下面的积极方法去思考和说话呢？
- 我有什么选择项呢？
- 我可以从中学到些什么呢？

2- 激励
- **激励**
  - 我是用 X 理论呢，还是 Y 理论呢？
  - 改变了行为动机
- **奖励**
  - 只有当一个人对奖品感兴趣时，他才会努力争取
  - 认可比表扬更有效
- **惩罚**
  - 对于成年人来说，惩罚的效果还可以。但是在处理青少年的问题时，惩罚就不怎么管用了。
  - 不能让人产生责任心，因为被惩罚的人没有主人翁精神
  - 能让施罚者满意，却会产生敌对和抗拒的情绪
  - 施罚者相信，要管教孩子就必须建立在让他们感到痛苦的基础上
- **奖励与惩罚**
  - 外部的
  - 具有操控性和强迫性
  - 能使人顺从，却不能使人产生责任心
  - 当没有人在旁监督时，就不管用了
  - 奖励和惩罚都得持续"加注"才能保持效果
- **说教**
  - 经常不怎么管用
  - 暗示了他人需要改变
  - 常常被当作是批评，因此往往是引发抵触的情绪
- **心态**
  - 我们所厌恶的事情正为我们所希望的结果背道而驰

3- 培养责任心
- 讲解社会发展的等级（ABCD 级）
- 检查吸收情况
- 自我评价性问题
- 引导选择
- 毫无压迫感地运用权威的力量

4- 促进学习
（上一章）

5- 教学
- 左、右脑
- 思维导图
（目前为止我们完成了的部分）

6- 父母的引导

思维导图也可以采取不同形式。比如，可以用图画或图标来表示，也可以使用不同的色彩。

传统的学习笔记都是线性的，而思维导图采用的是网状结构，依靠视觉帮助，顺序变模糊了。将各个信息安排在一个整体的概念框架中，那些零碎的信息就变得容易理解和记忆了。

小学一、二年级，老师上课往往采取依靠右脑的教学方法；从三、四年级开始，依靠左脑的方法多起来。这样一来，右脑比较发达的学生，由于无法受到具有创意和视觉效果的刺激（注意，不要与阅读混淆，阅读是一种特殊的技艺，不同于视觉效果），变得学习上有困难，容易跟不上，增加了他们成为"问题学生"的可能性。

智力（LIMES 中的 I）

人的聪明多种多样，不是单靠 IQ 测试就能决定。此类测试的基本原理由阿尔弗雷德·宾纳特在 20 世纪初设计。最初是通过对孩子们的记忆、词汇、空间想象、推理和猜谜等方面的测试，来预测孩子们将来在学校的学习表现。

1983 年，郝沃德·加德纳出版了《思维的框架：多重天赋理论》。书中列举了人的七种天赋，后来他又加入了第八种天赋。其实这也说明，很可能还有更多人类天赋有待发掘。加德纳的理论围绕着两个核心展开：第一，人的天赋并非固定不变。当人学了新知识，大脑就会产生变化。所以，我们完全有可能改变和发展学生的才智。第二，天赋并非单一。聪明有各种各样，如加德纳所说"各种各样的思维"。

多重天赋理论（"MI 理论"）对我们今天使用的教学方法有着深远影响。它从关注"学生是否聪明"转移到"学生具备哪种聪明"上来。也就是说，不仅小学一、二年级，其他年级也开始采取不同的教学方法，不单是使用语言和逻辑，还使用其他丰富多彩的方式，给学生带来多种途径的学习体验。

加德纳认为，智力最终应该转化为能力。而且，这个能力应当对社会有价值。学生在学校的表现固然很重要，但更重要的是，在他们离开学校以后，是否有能力创造社会价值，并为社会所用。"智力应当指人的解决问题的能力，或者进行生产的能力。而这种能力对于至少一个文化环境来说，是具有价值的。"

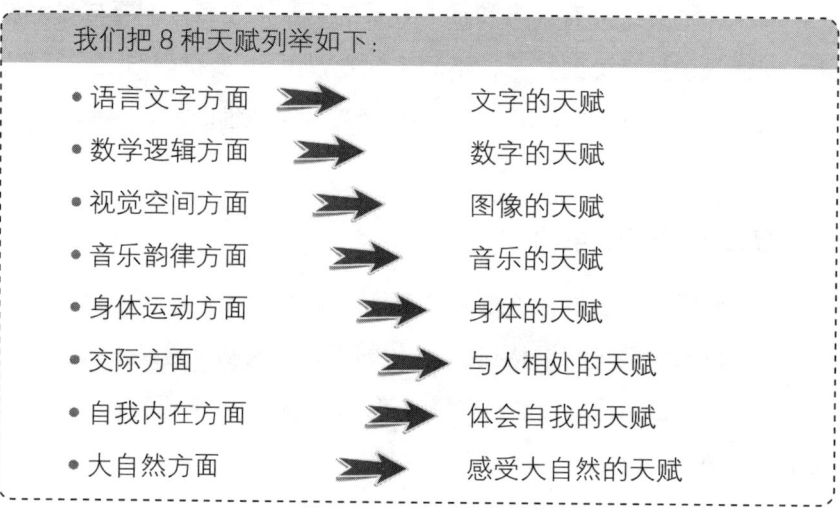

我们把8种天赋列举如下：

- 语言文字方面 ➡ 文字的天赋
- 数学逻辑方面 ➡ 数字的天赋
- 视觉空间方面 ➡ 图像的天赋
- 音乐韵律方面 ➡ 音乐的天赋
- 身体运动方面 ➡ 身体的天赋
- 交际方面 ➡ 与人相处的天赋
- 自我内在方面 ➡ 体会自我的天赋
- 大自然方面 ➡ 感受大自然的天赋

下面简要介绍这8种天赋：

文字的天赋

- 语言文字方面的才华——这是全人类都拥有的一种能力，也是人类最重要的能力之一。具有文字的天赋，不仅可以很好地遵循语法规则说话、写作，而且还能体会语言中的声音与韵律之美；具有了文字天赋，阅读理解的能力就会特别强，擅长写作、背单词、说话和讲故事，喜欢文字方面的活动。**最适合这类学生的学习方法，就是听讲座、阅**

读、写作和讨论。

数字的天赋

● 数学逻辑方面的才华——这类才华属于科学领域。有这方面才华的人，擅长与"物"打交道，评估它的质量，处理数字与符号。有数学逻辑天赋的学生，对数字都特别敏感，擅长将事物排列组合，做事有很强的条理性、判断力，特别擅长解答数学问题。**他们的学习特点是，要向他们解释清楚事物间的逻辑关系。**

图像的天赋

● 视觉空间方面的才华——这种能力可以帮助我们在脑海里形成对事物的影像，准确地反映世界的状况。它与语言文字能力结合起来时，可以加强记忆功能，因为它使文字信息得以以画面的方式储存在大脑中。当我们回忆时，再把大脑中存储的这些画面用语言文字方式表达出来。大脑中存储的图像对回忆和问题解决都有很大的帮助作用。学生具有图像天赋，往往会具有艺术才能，他们观察细致入微，对色彩很敏感，空间感强，有洞察力，喜爱画画或雕塑等，他们总能清晰明了地判断出空间关系。**对于这类学生，运用图片、电影、视频或其他具有视觉手段的教学方法，可以达到最佳学习效果。**

音乐的天赋

● 音乐韵律方面的才华——音乐和韵律是人类最早显现出来的才华之一。它能够处理节奏、乐感、音调、音色以及不同的音乐模式。人类的意识和情绪可以随着音乐和节奏的变换而变换，是人类很重要的一种能力。文字与韵律结合，形成歌曲，而歌曲很容易被记忆。音乐能激发人的灵感，调动人的情绪，抒发喜悦和哀伤；音乐还能抚慰人的心灵，使我们恢复平静。具有音乐天赋的人，对音乐很敏感，能用音乐与人交流。他们爱听音乐，喜欢演奏乐器，喜欢唱歌，擅长读乐谱，甚至自己作曲；他们对音高、音调、音色、节奏和韵律非常敏感，可以用它们表达和思考。**这类学生很适合学习音乐。**

身体的天赋

• 身体运动方面的才华——具有这方面才华的人，最大特点就是喜欢用身体表达自己。如果学习的过程中伴随肢体动作，可以进一步刺激大脑神经，有助于信息在肌肉中存储。具有身体、运动方面天赋的人，常常表现出身心合一的特点，具有良好的运动能力，可以用肢体进行表达，擅长跳舞或体育运动，身体灵活，动作协调，喜欢打手势或其他肢体语言。**对于这类学生来说，学习和动作有关，或者需要亲手实践的课程，是他们最擅长的。**

与人相处的天赋

• 交际方面的才华——具有这种才华的人，很擅长用语言或非语言的形式与人交流。他们能轻易地感受他人的情绪和情感，了解他人的想法和意愿，洞悉他人的内心。拥有社交天赋的人，能轻易地结识新朋友，他们善解人意，在一个集体里，可以充当调停者、领导者或组织者。他们擅于换位思考，能设身处地地为他人着想。**在讨论中学习，是他们最适合的学习方式。**

体会自我的天赋

• 自我内在方面的才华——这种能力能帮助我们了解真实的自己，清楚地体会内在情绪、情感的变化，知道自我形象，对自己的个性有清晰正确的认识；这种才能还可以帮助我们看清事物的整体性与独特性，理解它们之间的关系，以更高、更广的视角看待事物，具有更清晰的觉醒力。拥有自我内在天赋的人，通常能敏锐地了解自己的感受，了解自身的实力，有独到见解、信念和价值观，享受独处的时间，常常思考和自省。由于他们非常了解自己，所以在需要做决定时从不犹豫。**这类学生最好的学习方法，就是要有充分的时间思考，对所学的东西进行反思和总结。**

感受大自然的天赋

• 自然方面的才华——拥有这方面能力的人，擅长辨认不同种类的动植物，并将它们分类；具有敏锐的观察力，能分辨出事物间微小的不同，并将其分类。他们对自然世界和自然现象有很强的感知能力，可以区分各种动物、昆虫、鸟类、石头、盆栽、树木、花儿、星星、星球等一切自然界中的事物，甚至非自然界中的事物，如汽车、飞机、鞋，乃至发型等。**这类学生最好的学习方法，就是将所学的东西分类，还要与真实的世界联系起来。**

多重天赋理论，对知识的掌握也有非常积极的影响。过去我们总觉得，学生对学过的东西很快就会忘掉大半。这是因为我们在教学过程中，只调动了学生的一种天赋。如果能调动起学生的多种天赋，那么我们所教的知识就能很容易变成长期记忆，从而永久地保存下来。也就是说，充分发挥学生的多种天赋，可以帮助学生学到更多知识，提高他们解决问题的能力，同时建立自信心。我们应当设计各种不同的活动，让学生有机会发现自己的特长，这对他们今后的发展非常有利。

• 托马斯·阿姆斯特朗建议，**看孩子们在课堂上常犯什么样的错误，可以发现他具有哪些方面的天赋。**

🍀 有语言天赋的孩子，总是忍不住在课堂上说话；有较强空间感的孩子，则喜欢在书本上涂鸦，或者是坐在那里做白日梦；有人际交往天赋的孩子，则忙着与其他同学联络感情；而有身体运动方面天赋的孩子，则表现出坐立不安的样子。

这些与他们天赋有关的行为，可以看作是孩子发出的求救信号，提示我们该如何引导他们。发掘孩子们天赋的另一种方法是，观察他们怎样度过课余时间。

有语言天赋的孩子，会捧着书本如饥似渴地看；有社交天赋的孩子，会喜欢和别的孩子一起做游戏、聊天；有视觉空间方面天赋的孩子，可能喜欢画画；而有身体运动天赋的孩子，则喜欢需要动手的游戏。

不必为每一种天赋单独设计教案，否则是对"多重天赋"理论的误解。对每个教学任务都设计七八种教学方法，既不科学，也没有可行性。"多重天赋"理论是为了让我们意识到，任何一个教学内容都可以使用多种教学方法，方法越多，受益的学生也越多。

动用不同形式的学习方法（LIMES 中的 M）

学习方法是指通过视觉、听觉、运动、触觉，甚至嗅觉和味觉等不同感官来学习。"多重天赋"理论告诉我们人都有哪些特长，这一部分则要解释有不同天赋的人是怎样学习的。

我们通过不同的感知来获取信息，比如视觉、听觉、触觉、味觉、嗅觉等。某些知识的获得有时需要用到味觉和嗅觉，但大多数知识主要是通过视觉、听觉和触觉来学习。这里所说的触觉是广义的触觉，包括身体运动。尽管我们常把印刷字当作一个通过视觉来接收的信息,但是,印刷字的解读比较复杂,涉及其他一些技巧。

大脑可以同时使用多种学习方法。在我们成长过程中,每个人都有不同的经历,能力的发展也不尽相同。有些人这方面能力强一些,有些人那方面能力强一些。但是,没有任何一种能力可以脱离其他方面而独立发展起来。就如两只手,虽然我们会比较倚重其中一只,但通常还是需要两只手的。

> 我们小时候是通过听说来学会母语的。但是,当我们长大以后,很多人在学习外语时发现,如果一边看写出来的单词,一边在脑子里想象单词所代表的画面,学习起来会更容易些。

再举一个例子:

> 接到任务,不同人的表现各不相同。以视觉为主的人,会在脑子里把听到的想象成一个画面,甚至连句子也会像电影中的字幕一样,在脑海里过一遍;而以听觉为主的人,则会更喜欢听别人口述,他会在脑海里把那个声音重复一遍;以运动为主的人,则喜欢亲自动手,参与实践,他们一般会是第一个去尝试的人。

老师在讲课过程中,一般都涉及了听和看这两种方法。此外,还可以开拓出许多不同的学习方式。下面给出一些建议。

下面的表达方式就是在把学生引向视觉型学习模式:

Tips 视觉型学生:

- 喜欢看写出来的东西。
- 喜欢在脑中想象出画面,依据图像来管理和组织信息。
- 喜欢色彩丰富的东西。
- 喜欢做笔记。
- 擅长用快闪卡。
- 喜欢做思维导图,也喜欢画组织结构图。
- 学习新东西时,喜欢看演示示范,而不是听别人说该怎么做。
- 擅长服装搭配和色彩搭配。
- 喜欢"看"图示或图表,而不喜欢"听"别人解释。

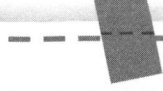

- "你看看现在这个状况。"
- "请看这里,现在你明白我的意思了吗?"
- "从这里你可以看出来……"
- "在你印象里……"
- "把你的意思演示给我。"
- "你能想象到那个画面吗?"
- "是不是这样你就可以看清晰了?"
- "这个看起来不错。"
- "这是一幅鸟瞰图。"

> **Tips** 🎧 听觉型学生
>
> - 一般要把自己思考的过程说出来。
> - 喜欢通过复述来学习。
> - 喜欢大声朗读。
> - 学习时会把所学的说出来。
> - 经常要求老师再重复一遍。
> - 喜欢听口头指引。
> - 在看书的过程中喜欢读出来。
> - 喜欢听到自己的声音。
> - 要是他们把要求复述给其他同学,他们就能记得更清楚。

以下的说法可以把人引导向听觉型学习方式:

- "我听到你说的了。"
- "这个听起来怎么样?"
- "这个听起来有道理。"
- "我听明白你的意思了。"
- "这个听起来对吗?"
- "嗯,我们是在同一频道。"
- "我一个字一个字都记得很清楚了。"
- "这给我敲响了警钟。"
- "我努力想听明白你在说什么,但是你说得也太快了。"

我们通常都会认为,听觉型的学生只要通过听就能学习了。但其实,他们不仅需要听到别人的声音,更需要听到自己的声音,他们通过复述来学习。有些学生在课堂上不注意听讲，之后再跑去问其他同学："老师刚才说了什么？"所以，老师在布置作业时，应该事先提醒同学："现在我要布置家庭作业了。"而且在布置好作业后，还应该让学生重复一遍。

Tips 感知型/触觉型学生：

- 喜欢自己动手操作。
- 喜欢快闪卡，只要他们手边有。
- 需要动来动去。
- 手势很多。
- 注意力集中的时间相对较短。
- 尽管他们的动作没有任何意义，但他们需要动来动去才能集中注意力。

下面一些话语可以显示并引导人进入感知触觉型的学习方式：

- "我正在着手处理这件事。"
- "我们已经掌握这个信息了。"
- "它能帮助我们掌握事情的脉络。"
- "要是有人想对她的话发表看法，请举手。"
- "重点是要掌握这些部分。"
- "先停一下。"
- "你可以自己解决这个问题吗？"
- "这个能打动你吗？"

对于感知触觉型的学生，想找到适合他们的学习方法，可能要多费一些工夫。下面介绍一个教学生拼写单词的好方法：老师可以把单词贴在教室的不同地方，学生们四处走动，大声地把那个单词念出来，并且用手在空中拼写一遍。

这种方法也可以用在其他教学内容上，比如：九九乘法表、地理名称等。

感知运动型的孩子和多动症的孩子有着微妙的区别。多动症的孩子无论什么时候都喜欢动来动去的，停不下来；而感知运动型的孩子，只有在精神高度集中的时候，才会不停地动来动去。感知运动型的孩子与其他孩子相比，更频繁地要求去上厕所，削铅笔，或其他理由想要离开座位。其实老师只要让他们站起来，他们就会感觉好多了。另外，他们提问题或寻求帮助时，也会显得比一般人更迫切。

通过仔细观察，我们很容易发现学生偏爱哪种学习方式。比如：视觉型学生通常眼睛跟着老师转，老师走到哪里，他们的眼睛就跟到哪里；听觉型学生往往喜欢大声复述所听到的东西，还常常要求别人再说一遍；感知运动型学生学习时总是不停地动来动去。老师应该为学生提供多种不同的学习方法，使学生可以选择最适合自己的方式去学习。

❋ **特别提示：**

老师也应该了解自己的学习模式，因为老师会倾向于使用自己最擅长的学习方式去教学生。习惯视觉学习模式的老师组织教学活动，往往更青睐于视觉型的模式，容易忽略其他的教学模式。

情绪（LIMES 中的 E）

情绪影响学习效果的好与坏

学习好坏，既与智力有关，也与情绪有关。因为情绪既可以提高也可以降低学习效率。

情绪能影响我们的注意力，而注意力在学习和记忆中非常重要。一个人的情绪是与他当前的处境有关，包括学生面临的任务，和同学、老师以及学校的关系。越来越多学生认为，来学校的首要目的在于，和他人建立情感的联系。在学生的心目中，没有什么比伙伴之间的友谊更重要。青春期的孩子更是如此，他们渴望的就是归属感。

在课堂上，老师的注意力一般都放在了教学内容上，很少注意到学生的情绪。但是学生只有在身心都感到安全时，才能有效地吸收新知识。威胁、恐吓、强迫学生学习，只会产生反作用，因为它引起的负面情绪（坏情绪），阻碍学生进行高层次思考，使他们无法专心学习，影响了学习效果。阿姆斯特朗把这些负面情绪，例如羞辱、惭愧、内疚、恐惧、愤怒等统称为"麻痹性经验"。

重视情绪与思绪的相互关系，对教学大有裨益

了解情绪和思维之间相互作用关系非常重要。无论遇到什么情况，从我们的反应中，都能看出情绪的影响。无论我们听到什么，看到什么，我们都会做出反应，这个反应可能是受欢迎的，也可能不那么受欢迎。长期以来，我们的大脑进化出一种功能，可以使我们在自然界中幸存下来，这就是在受到威胁时，我们不需要思考，会立刻做出反应。我们的情绪总比我们的思考跑得快。从眼睛或者耳朵接收到感觉信号，把它传到丘脑上。丘脑在大脑中扮演着中转站角色，它一方面把信息传输给新大脑皮层，那里是大脑认知和思考的主要场所；另一方面，它把信

息传给杏仁体。1 杏仁体里储存了我们的所有情绪，特别是对恐惧和被攻击时的情绪，它是我们的情绪记忆中心，我们从小到大，甚至婴儿时期的情绪，都储存在这里。在杏仁体和肠胃之间，连着一根神经元，这就是为什么，你会觉得恐惧和愤怒仿佛是从胃里涌出来。由于从丘脑到杏仁体之间的神经连接，比丘脑到新大脑皮层之间的连接要短，这就是为什么我们总是还没来得及思考，就已经感受到了情绪的反应。这种反应机制，当遇到危险时很有效，但对于学习就不太好了。会对情绪造成短期冲击，破坏暂时的空间记忆，削弱我们的思考能力，使我们不能按照优先级来理智地处理事物，增加了做出妨碍学习的行为的可能性。

运用情绪手段，能让教学事半功倍

我们的大脑天然地对那些强烈的情绪记忆深刻，无论正面情绪，还是负面情绪。因此情绪是影响学习的关键。老师应该在每节课开始时，花几分钟做一下热身，让学生们进入学习状态，使他们享受学习的过程。

老师应该对所教课程投入一些情感，教书是一门艺术，它不光是教授知识，它还为学生提供一种体验。比如：

🎧 在高中历史课上，当我们讲到 20 世纪初移民美国的情况，有一张图表明，当时移民美国的大多数人来自东欧。模拟当时的情景，可以让学生们体验一下当时移民的感受。他们大多都很穷苦，坐在铁壳船里，横渡大西洋。让一群学生挤在教室的角落里，席地而坐，前后摇摆身体，模拟海上航行的情景，有些人在大部分航程中都在晕船。所以不难想象，当他们看到纽约港伫立的自由女神像时，是多么欣喜若狂！

---

1 杏仁体形状像杏仁，由神经节组成，位于脑干的边缘，连着颞叶。

当把情感加入到学习当中去,使学习变得更有意义,更激动人心,我们的大脑也会认为这是个很重要的信息,从而加强了对它的长久储存。

大脑在某些刺激作用下,注意力会加强,如新奇感和愉悦感。我们可以利用这一特点来帮助学生学习。可以激发学生的好奇心,让他们对某一事物感到新奇;使用一些小手段,使他们疑惑,或惊叹;给他们期盼,给他们惊喜,或者给他们设置一些障碍和挑战;给他们安全感,让他们感到自己被接受;让他们觉得有趣,体会到成功带来的满足感。这些情绪都可以让学生觉得学习是一个愉快的经历。

师生共同努力,让"情绪"成为学习的"助推力"

既然情绪对学习有这么大的影响,老师在课堂上就要特别关注一些不良情绪,比如恐惧和焦虑。如果有学生感到无助,觉得自己什么都学不好,他就会产生焦虑情绪,并妨碍学习。如果这时学生能得到老师的鼓励,接受挑战,不惧外界压力,即使失败也不退缩,他们的能力就会得到加强。

学生们要想真正提高自己的能力,就必须学会接受别人的反馈意见。无论这个意见是好还是坏,他们都应该做到处之泰然,不在心理上产生一丝抵触或不安的情绪。他们应该明白,**失败只是意味着获得了又一次改进的机会,不代表着灾难。我们可以从失败中获得其他时候无法获得的信息。**虽然失败了,但过程还是可以令人享受的。其实,失败是学习中必不可少的一部分,我们不可能在刚开始学做某事,就能做到完美,只需观察正在学步的婴儿便可知道。他们摇摇晃晃地迈出第一步,然后跌倒了,爬起来,再迈出下一步,又跌倒了。然而,小宝宝们一点儿也没有感到害怕。他们知道,跌倒意味着他们应该再尝试一遍。如果总是恐惧失败,那么就将永远学不好;如果把失败当成是指引和启示,那么成功就会来得更快一点。

了解他人的风格，让我们更好地交流（LIMES 中的 S）

风格是指一个人做事的习惯，以及与人交往时惯用的模式，它和人的智力、能力、天赋没有任何关系。风格没什么好坏对错之分，两个人的风格也不存在任何可比性，仅仅是不同的风格而已。比如，有时候你会觉得和某人很难沟通，而对另一些人简直就是一见如故，这就是风格不同的缘故。

行为风格理论，是由瑞士的分析心理学创始人、行为学家卡尔·荣格创立的。荣格把人的行为风格分为不同种类。他认为，这些不同的行为风格是由基因决定。如只需观察幼儿的行为，就能知道他属于哪种行为风格。荣格认为，每个人在成长过程中都会逐渐形成自己主要的行为风格。行为风格有四种：直觉型、思考型、感觉型和理智型。

荣格的"强迫性选择"与测试方法

多年来，人们利用荣格的"强迫性选择"，设计出多种测试方法。如果你曾经做过这类测试，就会发现，要想在两者之间做出选择，是件非常困难的事，因为它们之间相互重叠。也就是说，你可能觉得某种选择比较能代表你，但另一个选择也有部分符合你的情况，这就使你左右为难。这类测试的目的就是要将人细细地分类。我们虽不赞成将人这样分类，但这个理论从整体上来说，对我们是有帮助的。

今天，"强迫性选择"和四种行为风格，已经被广泛使用。为了方便大家理解，我们以图的形式来表现这四种类型的人。请看下图：北边代表思想者型，南边代表感觉型，西边是行动型，东边是联系者型。

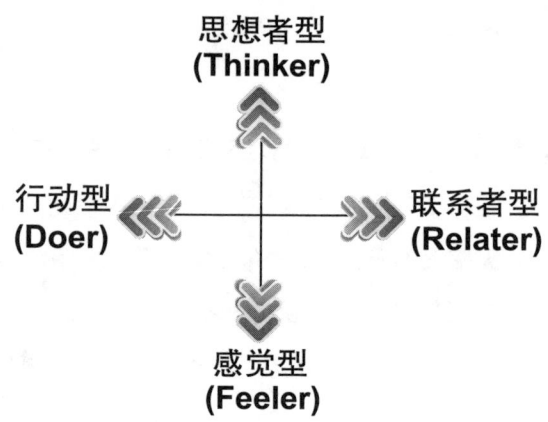

图中北面的思想者型的人逻辑性强,做事有条理,总是能从事实出发,理智地判断处理问题,这类人善于推理和分析;图中南面的感觉型的人个性鲜明,容易冲动,比较情绪化,总是充满活力,但这类人做事容易主观;位于图中西边的行动型的人,做事注重结果,他们自信,目的性很强;位于图中东边的联系型的人,在人际关系方面更为擅长;正如方向不只是东、南、西、北,还有西北、东南等方向一样,人的行为类型也不只这四种。

我的行为类型主要属于思想者型和行动型,比较注重事实,迫切追求任务的完成。我太太属于思想者和联系者的类型,她是作家,总希望与他人交流。我们的女儿属于感觉型和联系者型,总是跟着感觉走,特别喜欢与人交往。自从知道了女儿的行为风格,我和我太太对她有了更深一步的了解。当父母知道了子女的行为风格后,就能更好地与他们相处。夫妻之间也是这样,每当我冲动地想把事情尽快做完,就想起我太太需要与人交流。于是,我有意识地静下心来,和她沟通。

第五章 教学

对症下药，用孩子们喜欢的方式教育他们

了解他人的行为风格，能使我们更好地与他们交流。亚历山德拉和欧康奈尔把这一原则称为"白金法则"："用别人喜欢的方式来对待他们。"就是要根据他们的行为风格与之相处。

在课堂上，一名思想型老师往往忽视了感觉型学生的需求，设计的课程不够感性，不够令人兴奋；同样，行动型老师也常会忽略联系型学生的需要，设计的课程没有给学生足够的互动。**了解这些行为风格和与人沟通的基本知识，可以帮助老师设计出更合适的教案，让具有不同行为风格的人都可以受益。这一点对学生尤为重要。**很多退学的学生都属于感觉型，他们容易跟着感觉走。当他们觉得学校对他们没有帮助时，他们就会想，我干吗还要在这儿浪费时间？

综上所述，"LIMES"提醒我们：有些学生学习时喜欢按部就班；而有些学生需要先对整体有大概的了解；每个学生都具有某些方面的天赋（智力）；有些人在学的过程中需要听到自己的声音，才能学得进去；有些人需要不停地移动身体或触摸，才能学得进去（学习模式的问题）。在学习过程中，老师应该尽量减少学生的焦虑，增加他们在学习中的愉悦感（情绪）。当然，老师在教学过程中能顾及不同行为风格的学生，教学效果会更好。

老师们要意识到，在学习中存在着上述各种因素，在设计教案中引起注意就足够了。这样不仅可以帮助学生提高学习成绩，而且也可以让老师对学生有更深一步的了解。

课程设计

梅德林·亨特的课程计划模式会对大家有帮助。梅德林·亨特把这一教学模式看作是一个灵活、开放性的模式。老师们在设计教案，可以

结合自身情况,对模式中的步骤自行斟酌,决定采用哪些步骤,省略哪些步骤,甚至还可以合并某些步骤。下面列出了这一模式的步骤:

预期

1. 心理定式——打破成见/引起关注
   - 把学生的过去经验、未来计划、个人兴趣爱好与课程结合起来。
   - 激发学生的好奇心。
2. 目标——让学生了解课程目标
   - 介绍课程的目标、意义及用途。

参与

3. 教授课程——帮助学习
   - 时刻记着 LIMES 对学生的影响:左右脑、智力、学习模式、情绪、行为风格以及交流方式。
4. 检查学习情况——收集反馈信息
   - 检查学生是否学会了课堂上所教授的知识。
5. 练习——应用
   - 让学生有运用所学知识进行练习的机会。先让他们单独练习,然后再分成小组,与小组中的同学一起练习。

反思

6. 总结——反思/加强
   - 让学生们说说自己学到了什么,并与大家分享。
   - 独自思考,分组讨论,分享感受。
7. 下一步——把所学知识变成长期记忆
   - 通过询问或举例的方法,让学生认识到学习是有意义、有用的,和他们自身密切相关,并且学习是一件有趣的事。让学生学习记笔记，记录"我今天学了什么"，以及"我接下来应该学些什么"。

在教学的设计和执行过程中，应该按照三个步骤进行：预期、参与和反思。它随时提醒我们，介绍一门新课时，要想方设法减少学生的焦虑，引起他们的好奇心（预期）；要关注学生是如何学习的（参与）；最后的反思总结，可以帮助学生将所学知识变成长期记忆（反思）。在传统教学中，我们总不愿花很多时间进行反思。因为我们认为，老师应该把最主要的精力放在"教"的过程中。事实上，所学的知识是需要时间来消化吸收的，而学生可以利用反思的时间，将所学的新知识变成永久的记忆。

智力水平

有必要了解智力的不同水平。特别是在媒体技术飞速发展的今天，学生们面对越来越多信息，其代价也许就是，学生们越来越不喜欢动脑筋。

本杰明·布鲁姆从认知的角度出发，对教学目标进行了分类，有助于老师和学生了解思维的不同层次。按照分类，将思想从简单到复杂顺序排列如下：

1. 记忆——记住所学内容（能回忆起来的内容）。
2. 理解——理解所学内容。
3. 应用——在现实环境中，运用所学知识。
4. 分析——解析所学内容，从更深层次上对所学内容进行理解。
5. 综合——将解析的内容重新组合，形成新的东西（创造性）。
6. 评估——根据不同目的对知识内容作出判断。

如果学生能回忆起所学知识,就如同站到了梯子的最底端;如果学生还能把所学知识用自己的话描述出来,那么他们就上到了梯子的第二层;如果学生们还知道如何运用这些知识,就上到了梯子的第三层;如果他们能对知识进行分析,那就是上到了梯子的第四层;如果能整合不同的信息,得出新结论,那就是上到了梯子的第五层;如果学生们能根据不同情形对知识进行判断,表达自己的意见,那么恭喜他们,他们已经爬到了梯子的顶端。

从第三层"应用"往后的每一层,都需要用到第一层"记忆"和第二层"理解"。要是学生做不到记忆和理解,那么他们也做不到运用、分析、综合重组以及评价。

以下,用两门课来做个例子:

政治课

1. 记忆——学生需要记住的内容。

   什么是选举团?

2. 理解——学生用自己的话复述的内容。

   选举团是怎样运作的?

3. 应用——用这些知识解决某个问题。

   让学生们设想一下,如果没有选举团,会发生什么情况?

4. 分析——把知识拆分开来,对知识有更深入的理解。

   分析一下,在第12次宪法修正案通过之后,选举团的作用与之前有什么不同?

5. 综合——将不同的信息组合在一起。

   选举团选举和直选会产生怎样不同的结果?

6. 评价——学生们就所学内容发表自己的看法。

   你觉得选举团选举应该被保留还是被废除?请解释。

📖 **文学课**

1. 记忆——请描述故事里的一个主人公。
2. 理解——请比较一下两位主人公的性格特点。
3. 运用——写一段你和其中一个主人公的对话。
4. 分析——请分析一下主人公是怎样推动故事情节发展的。
5. 综合——请为主人公重新撰写一个结局。
6. 评价——描述作者的意图，并且说明作者是怎样通过主人公来表达这个意图的。

最开始的三层（记忆、理解、应用）是收敛的思维过程。学生们首先回忆所学内容，然后理解这些内容，最后利用它们解决问题。而后面的三层（分析、综合、评价）却是发散的思维过程，这个过程的结果就是产生新观点、新发现，产生了与原来的信息不同的新内容。

思维的这种分类方法，对于计算机普及、信息泛滥的今天尤为重要。要想让学生们变得更有智慧，就必须让他们学会如何进行高层次的思维活动。即使是学习上有困难的学生，也可以学会高层次思维。

以下是大卫·首萨提供的一些问题，它可以激发学生思维，帮助他们进行高层次思考：

- 你本来打算怎么做？
- 这事正在发生，你在想什么？
- 接下来会发生什么事情？
- 你为什么觉得这是最好的选择？
- 如果……你觉得会发生什么事？
- 你觉得造成这个结果的原因是什么？

- 预测一下，你觉得将来会发生什么事？
- ……是怎么样的呢？
- 这和……有什么不同吗？
- 举个例子吧。

- 我们该去哪里寻求帮助？
- 我们是否忽略了某些重要的东西？
- 这件事情还能用其他的方法完成吗？
- 这个东西有多少种用法？
- 你同意吗？为什么同意／不同意？

- 对你来说，最重要的想法是什么？
- 你要怎样做才能改变它？
- 你觉得应该增加什么细节，才可以对整体有更清晰的认识？
- 你该怎样来测试这个理论？

在课程设计中，应尽量帮助学生达到高层次思维，但也不必被这个理论束缚。另外，前面所举的关于政府和文学的例子，主要是为了帮助大家更好地理解，并不是说在任何一门课上，都固执地一定要达到这六个层次。

教学时，引导有效问题的提问

在教学中提出有效问题很利于老师提高教学效果。因为这些问题可以引导学生思考。

以下例子，不仅能促使学生们思考，还可以提高他们的参与度：

example 1

经常问学生"什么是……","如果……会怎样",或"还有什么其他办法吗",并且要不断地重复。学生据此思考,就会涉及更多的细节,并试图用自己的话表达,最终将新学的内容转化成自己的知识,为自己所用。

example 2

利用等待的时间,鼓励学生思考。老师们要学会提问之后做适当的停顿。当你叫一名学生回答问题,请等待10秒(通常只等待1-2秒),这样学生经过了深思熟虑,在回答时会更有信心。让学生思考10秒钟,也意味着老师很希望学生能回答这个问题,而学生也就不会抱着侥幸心理,认为老师还会再叫别人回答。

学生给出答案后,再等待5-10秒钟(通常只等待1-2秒),然后给出反馈意见,或引出新的话题。这段等待的时间,既可以鼓励学生对自己的答案重新思索,也可以给有不同意见的学生一个机会,让他们提出自己的看法。

example 3

要充分利用不同层次的思维理论。老师提问,不应该仅仅以回忆所学知识为目的,还应该尽量多地提一些让学生进行高层次思考的问题。学生自然就会用到较低层次的思考。

example 4

先提出问题,再叫某学生回答。如果老师提问前指定好让谁回答,其他学生就不会动脑筋思考了。

example 5

老师不要复述学生的回答。这时,其他的同学就会更认真地听这名同学的回答,也是对回答问题的学生的尊敬。

example 6

老师应该把问题摆出来,供大家一起讨论,而不仅仅是让大家回答。因为"回答问题"本身就隐含着"一定要回答正确"的意思。提出问题让大家自由讨论,没有固定的正确答案,结论是开放性的,这样大家才愿意积极开动脑筋,参与度就会大大提高。

使用小组提问的方法

加利福尼亚州卡干学习中心负责人斯宾塞·卡干认为,老师们用传统方法回答学生提问,实际上是在削弱自己的力量。学生们在课堂上需要做的就是举手而已。要是有人突然提出什么稀奇古怪的问题,整个课堂局面就有可能失控,这种做法对谁都没有好处。首先,它会让老师觉得丧气,因为不管学生提什么问题,老师都应该回答,学生可能得到一个不情愿的、马虎应付的答案;其次,学生们也受到很大损失,因为当老师试图回答的这些问题,往往是针对个别人的,对于大多数学生,没什么意思,还浪费了课堂的时间。有个方法可以帮助老师处理这类提问。

老师可以告诉大家,如果有什么问题可以先保留下来,在上课快结束时留出互动的时间,把学生分成两人一组,这时再提出问题,在小组中讨论。如果两个人都不知道答案,这问题就成了他俩共同的问题。把学生分成几人一组讨论,如果小组里其他同学能回答，那就不用浪费全班同学的时间了；如果这个组里谁都不能回答，就说明这是许多人都有的问题，这就意味着老师需要帮一帮大家了。

运用这个方法，老师要随机选组里一名同学提问。防止有的学生煽动其他人："我有问题，你们帮我一起举手"，使课堂秩序失控。回应学生提问，老师可以有几种做法：直接回答问题；引导学生换个角度思考；指导学生自己去查找资料、做研究；还可以把问题拿出来，和全班同学一起探讨。记住：老师如同过滤器，将经过选择的适当内容提供给大家。小组提问能带来多赢的局面，有问题的学生得到了满意的解答，从中受益；老师能保证教学按计划顺利完成；其他同学的时间没有白费。

善于选择关键词来勾勒提问或陈述的轮廓

"格林里夫深度学习法"的创始人罗伯特·格林里夫指出，提问题要注意措辞，特别是关键词。它会影响回答者的思考层次，也会影响小组成员间交流的效果。下面三个例子可以看出，关键字的选择，决定了会是怎样的答案。

example 1

"加利福尼亚州首次发现黄金是在什么时候？"回答很可能是"1848年"，稍微机灵的学生会给出生动一点的答案："木匠詹姆斯·马歇尔在萨特的锯木场发现金子的时候。"请注意，"什么时候"与"首次"放在一起，给人的印象是：这个问题只有一个正确答案，不必做进一步的思考。这样问问题还有一个风险就是，假如老师当着全班同学的面提这个问题，而自愿答题的学生答错了，其他同学就会想："我还是不要冒险参与讨论。"

example 2

"你觉得第一批前往加利福尼亚淘金的人，需要带**一些**什么东西？"学生们可能会列出一个长长的单子：水、食物、衣服、铲子、丁字镐、火药等。这个问题没有固定答案。提问时用到"一些东西"，会暗示学生答案不止一种。这样一来，学生们会充分运用学过的知识，拼命想象第一批淘金人遇到的情况，需要带什么东西。学生们得到鼓励，单子越拉越长。这基本上是一个没有任何风险的问题。如果有风险，也只是某些学生再也想不出更多答案了。

example 3

"你觉得，**假如**黄金不是在西岸发现，而是在墨西哥湾发现的，对美国后来的发展**可能**会有什么不同？"这个问题很可能引出五花八门的答案。"假如"和"可能"两个词，给人以无限的思考空间，大家思维活跃起来，各种知识被联系起来。人人都可以给出不同答案，答案也会更详尽、更完整。"就不会有那么多人来到西部地区了"，"这样一来，首先发现黄金的人就会变得很有钱，他们会把加勒比海的大部分地区买下来"，"那些先驱者恐怕不会那么早到西部来了，因为，那里不那么刺激了"，"新奥尔良州会成为美国的经济中心，而不是纽约"。

example 4

您设想出的新问题：_____

正如关键词能影响学生的答案一样，老师讲话时的关键词也很重要。关键词选得好，就能调动学生思考。

> 老师说："上课了，把书放在桌面上。"只需要学生简单照做就行了，如果换个说法："上课铃响了。大家想想应该做些什么？"

这就涉及更复杂的思考过程，学生们不只是单纯地按照指示去做，而是经过思考，决定自己该做什么，然后再去做。因此，选择恰当的关键词，可以促使学生更多地思考。

成像：让头脑形成画面，大大提高记忆效果

将所学东西或事件在头脑中形成画面，可以大大提高记忆效果。（与想象不同，想象可以漫无边际，而成像则是有目标的，范围明确。）

鼓励学生根据自己的体验，一边阅读一边想象出画面，以提高学生的阅读理解能力。

> 例如，让学生想象走进自己住的地方。走进第一个房间，随后走进厨房和其他房间……

成像要求他们必须集中注意力，还要增加很多细节，丰富画面。在这个例子中，可以让孩子们想象自己在某间房里停留，想象房间里的家具和装潢。学生可以将所学知识在头脑中成像，然后把这个图像"钉"

在某个地方。想象出的情景有助于加深记忆。

举个例子,学习史蒂芬·科威《高效人士的七个习惯》时,我有秩序地想象出以下场景,我将每个不同习惯"钉"在了人身体的不同部位:

习惯	想象把它放在身体的某个部位
1. 要积极主动	头部
2. 从一开始就定好最终目标	肩膀
3. 重要的事情先行	胸口
4. 强烈的求胜欲望	腹部
5. 先了解他人,再让他人了解自己	臀部
6. 要齐心协力	背部
7. 工欲善其事,必先利其器	大腿

通过想象这幅画面,可以很轻松地把7个习惯铭记于心。这比反复阅读、背诵记忆省时省力得多,不过一眨眼的工夫罢了。

一边通过右脑想象鲜活的画面,一边通过左脑整合所接收到的信息。这样记忆牢固,学起来自然事半功倍了。老师在课堂上能同时调动起学生的左、右半脑,那么无论教的是什么内容,学生们都能迅速掌握,并与已有知识联系起来,转化为长期记忆。在不断的学习过程中,大脑的神经网络得到扩展,建立起了更广泛、更紧密的连接。大脑不停地成长,终生不止。

大卫·首萨在《大脑是如何学习的》一书当中指出:"从幼儿园开始,想象就应该被列为课堂教学的常规内容。老师应该指导低年级学生去想象,以确保想象内容的正确。对于高年级学生,老师应该鼓励他们自由发挥想象力。很多人都在研究,对于松散事物的记忆,比如单词、一连串不相关的画面、复杂烦琐的步骤等,想象力能给予多大帮助。"

下面是一个简单的小实验,你可以在自己的班上进行

找两篇类似的文章片段,先让学生阅读第一篇,根据内容回答问题;再让他们阅读第二篇,但这次阅读的同时要进行视觉化练习,比如以每个人自己的卧室为例,老师对大家说:"当阅读到某个重要内容,如果你想把这个内容记住,就把它想象成一幅画,再用三言两语来形容它,然后把这幅画放到卧室的某个地方。以此类推,直到你把整篇文章读完。"然后,再让他们回答和前一篇文章类似的问题。

这时候你会发现,学生们这次回答问题的效果比第一次要好得多。这其中的道理就是:大脑对于图像及经历的记忆,要比单纯的文字好得多。

让学生们知道,其实只要他们把该记忆的东西想象成画面,他们的记性就会提高。一般来说,他们想象出来的画面越稀奇古怪,记忆的效果就越好。下面这个小练习就能证明这一点。

小练习

能让你记下美国13个州名字的奶牛

先想象一头奶牛，它的名字叫作乔吉特，它是一头泽西种的奶牛。它正在帝国大厦上，唱着两首圣诞节圣歌。奶牛的下巴上挂着火腿，一片弗吉尼亚火腿。乔吉特穿着黄色内衣，蹄子是铅笔做的。这头牛正在玩画图连线游戏，画出来的是玛丽莲·梦露。梦露正沿着一条路款款走来，她要去参加弥撒。

真不简单，你刚刚一下说出了美国初建时13个州的名字：乔治亚州（乔吉特的谐音）、新泽西州（泽西种奶牛）、纽约州（帝国大厦在纽约市）、南、北卡罗来纳州（两首圣歌谐音）、弗吉尼亚州、新罕布什尔州（拼写中有 ham）、特拉华州（内衣的谐音）、宾夕法尼亚州（拼写与铅笔相似）、康涅狄格州（连线游戏的谐音）、马里兰州（玛丽莲）、罗德岛州（road 路的谐音），以及马萨诸塞州（弥撒谐音）。

想更好地加强记忆效果，还可以通过口头复述，反复多做几遍。你可以这样练习：

先想象一头奶牛。名字叫作乔吉特。
这头奶牛叫什么名字？

它是一头泽西种的奶牛。
它是一头怎样的奶牛？

它正在帝国大厦上。
奶牛现在在哪里？

它正在唱两首圣诞节圣歌。

它在唱什么?

奶牛的下巴下面挂着一片火腿。
奶牛的下巴下面挂着什么?
一片弗吉尼亚火腿。
火腿的品种是什么?

乔吉特穿着黄色的内衣。
它穿着什么?

它的蹄子是铅笔做的。
它的蹄子是什么样的?

这头牛正在玩画图连线游戏。
它正在玩什么?
它画出来的是玛丽莲·梦露。
它画出来的是谁?

梦露正在款款走来。
梦露正在干什么?

她沿着一条路走。
她沿着什么走?

她要去参加弥撒。
她要去干什么?

通过反复口述,可以加强这一视觉效果。你可以问问学生下列问题,让他们给出答案,并说出所代表的州的名字。

这头奶牛叫什么名字?
它是一头怎样的奶牛?
奶牛现在在哪里?
它在唱什么?
奶牛的下巴下面挂着什么?是什么牌子?

它穿着什么?
它的蹄子是什么?
这头牛正在玩什么游戏?
它画出来的是什么东西?
是谁?走在什么地方?她要去干什么?

要想再进一步地加强记忆效果,老师还可以让学生们把上述内容画在纸上,或是用手指在空中作画。然后,再从画中指出所代表的州的名字。

运用想象加强记忆,要遵循"SAVER"的原则。"S"代表"看"(seeing),在你脑海里看到你所想象的画面;"A"代表联系(associating),意思是要把想象出来的画面与某个行为联系起来;"V"代表生动(vivid),想象画面的色彩越丰富,细节越清晰,你对它的印象就越深刻;"E"代表夸张(exaggerate),画面越不寻常越好;"R"指的是复习(reviewing),要不时地复习。这样,这些记忆就能很容易在脑海里长期保存下来。

应该鼓励学生多进行想象练习。因为用画面联想不仅仅能帮助加深阅读理解，增加词汇量，对学习其他很多科目也有帮助。更重要的是，加强记忆与理解是学习最基本的组成部分，可以使学生变得自信。

编故事

尽量简化语言文字才能把信息想象成一幅画。一个好办法就是将接收来的信息编成故事。这样可以帮助别人更好地理解、记忆我们讲的内容。故事能带给我们画面感，触发我们的情感，而情感比事实的记忆更长远。

一位历史老师的课讲得特别好，学生们都觉得非常有意思，学起来特别有热情。于是有人问他秘诀，他回答说："没有什么秘诀。我就是喜欢用故事讲历史给学生听。"

还有一个老故事也说明这一点。

真理光着身子满街跑，所有人看到它都躲了。
故事穿着花衣服在街上走，人人都喜欢它。
于是真理问故事："你到底做了什么，大家都喜欢你？"
故事借给真理一些漂亮衣服和有趣的装饰。
于是人们也开始喜欢真理了。

你知道"元认知"吗

元认知是指对自己思维过程的认知。许多学者都对这方面进行了研究，元认知对于辩证思维的发展至关重要。元认知的目标，就是让我们

了解自己的认知过程，了解自己的想法是如何形成的。这就是为什么，我们让学生不断反思，以便检查自己做的是否正确。

当你在解决问题——"二加二的一半是多少"时，仔细想一下，你是否在心里对自己讲话呢？

听到自己的思考过程，就是在进行元认知了。不要以为不加训练，每个人都能进行元认知。——例如当学生正在做一道题，老师问："告诉我们，你是怎么解决问题的？"学生如果回答："我不知道。"这就说明，此时这个学生没能意识到自己的元认知。

学生们往往想都不想就着手解决问题，因为答案一眼就能看出来。但很多时候，当情况变得复杂，解决问题就没那么容易了。习惯于靠直觉解决问题的学生，由于他们没有养成运用元认知的习惯，情况变得棘手了。于是，他们放弃了，学习也无法进行下去了。不遵守纪律、不喜欢学校，甚至退学的学生，很多是因为这个原因。

> 习惯于靠直觉解决问题的学生，由于他们没有养成运用元认知的习惯，情况变得棘手了。于是，他们放弃了，学习也无法进行下去了。不遵守纪律、不喜欢学校，甚至退学的学生，很多是因为这个原因。

元认知是用来帮助培养学生思考和解决问题能力的

尽管让学生掌握基本知识很重要，但更重要的是，培养学生思考和解决问题的能力。现在的学校教育,过多强调答案的"正确性",好像解决问题的方法只有一种。而在现实生活中,不是我们掌握了多少知识,而是当我们遇到新问题、新麻烦时,是否有办法解决它,从困境中走出来。这种能力,在瞬息万变的信息时代,尤为重要。

> 现在的学校教育,过多强调答案的"正确性",好像解决问题的方法只有一种。而在现实生活中,不是我们掌握了多少知识,而是当我们遇到新问题、新麻烦时,是否有办法解决它,从困境中走出来。这种能力,在瞬息万变的信息时代,尤为重要。

接到一个新任务,第一反应就是按照我们认为正确的方法处理。只有当遇到困难无法进行下去时,我们才会停下来思考。

就拿开车来说,我们遇到红灯,自然而然停下来,这是习惯,不需要任何思考。而我们遇到红灯闪烁时(这种情况不常出现),才会想一想。

在学校里,之所以有些学生能胜任比较复杂的任务,而有些学生只能回答简单的问题,就是因为能解决复杂问题的学生,会有意识地注意自己的思维过程。他们做事不是凭直觉和冲动,而是相对经过深思熟虑。

训练孩子们的元认知能力

人们把某件事变成习惯后,就可以不假思索地去完成它。这时候,老师就应该适时增加一些难度,强迫学生进行有意识的思考。当学生不断地思考,又对它习以为常后,再增加一些难度,如此反复多次。在这一过程中,他们处理复杂问题就会越来越自如,思维能力也变得越来越强了。

> **精华点**
>
> 人们把某件事变成习惯后,就可以不假思索地去完成它。这时候,老师就应该适时增加一些难度,强迫学生进行有意识的思考。当学生不断地思考,又对它习以为常后,再增加一些难度,如此反复多次。在这一过程中,他们处理复杂问题就会越来越自如,思维能力也变得越来越强了。

还有一个可以训练学生进行有意识思考、增强思维能力的方法,就是布置一项任务,让学生完成,在完成过程中,要让他们说出自己思考的过程。必须注意,不要把注意力放在得出正确结论上,而是放在思考的过程上。要有意识地注意思考是如何一步步深入的,保持思维的开放性,不要急于得出结论。要时常问自己:"我是如何得出这个答案的?""我使用了什么方法?""还有没有其他方法?"在我们谈论如何思考时,已经引发了更多的思考。老师可以通过示范,帮助学生了解思维的过程。

另外一种方法,就是向学生提出:"为什么你认为这是错误的选择?请给我三个理由。"学生在回答这类问题时,不得不进行比较。比较是认知过程中一个重要方法。回答问题,学生们不仅学会比较,也意识到自己的思维过程。

要知道通过提问鼓励学生思考,加深学生对所学知识的理解,比单纯表扬要好得多。如果老师再能给出一些反馈意见,那效果就会更加明显。

比较一下,老师对学生说:"你做得很好。"换一种说法:"看来你已经掌握了,你不觉得吗?你再示范一道题看看?"

后一种说法,更能让学生感觉到自己能力的增长。

老师们不应该把注意力放在分辨学生学习的好坏上或排名次上。老师们需要扮演中介角色,帮助学生从他们的成功中获取经验,失败中吸取教训。让他们了解,为什么能成功,或者为什么会失败。失败了,需要做哪些改进。元认知的目标是要让学生洞察自己推理、思考及论证的过程,而不是要检查他们是否掌握了某些知识。

调动各种感观,帮助记忆

说到教育,不得不提到感觉。它是人类收集信息的途径。有时候,某一瞬间的感觉,好像突然把你带回到过去的某一场景,唤醒藏在记忆深处的某张面孔、一首老歌,或一句忘怀已久的话语。

在学习中,我们应该尽可能多地调动全身不同的感官。调动的感官越多，将来用于回忆的线索就越多。就拿那头在帝国大厦上的泽西种奶牛乔吉特来说，你还记得乔吉特穿着黄色的内衣吧，因为颜色在记忆中有着魔术般的作用。除了颜色，我们还可以利用嗅觉帮助记忆。嗅觉直接传递到大脑里。你能回想起香蕉的味道吧？闻到每天早上弥漫的咖啡香气？同样地，当玛丽莲·梦露走在去往弥撒的路上时，你能闻到刚刚铺好的柏油马路的气味吗？

 音乐感觉

有些音乐能帮助增强记忆。回想一下《一闪一闪小星星》的曲调，字母表就不由自主地映入脑海。（我想各位在刚开始学习字母表时，都一定唱过这首歌吧？"ABCDEFG，HIJKLMNOP……"）音乐能很好地促进学习和记忆。对大脑的研究显示，脑细胞会对音乐产生共鸣。在学习时，播放节奏为每分钟60拍的音乐，效果最佳。因为这一节奏能使人心跳减慢，心情放松。把莫扎特的音乐，或节奏为每分钟60拍的巴洛克音乐（一种节奏舒缓而悠扬的音乐），作为背景音乐，可以使人感觉清爽，营造出良好的学习氛围。特别是在学生们复习或反思时，这类音乐能提高大脑的活力，增强记忆力。当然，这样做，老师还需征求一下学生意见，因为有些学生更喜欢在安静的环境中学习。

动作感觉

假如能在学习中加入一些动作，记忆效果也会加强。下面就是一个把算术和跳绳结合起来的好例子。

聪明的绳子，聪明的绳子
帮助我学。
分母在下，绳在头上。

分子在上，绳在脚下。

也许你跳绳跳得不好，总是被绊倒。但几个星期以后，保证你能记住这个口诀。

良好的学习环境，可以最大限度地加强感官对信息的接收。就像很多小学老师会比较注重这种应用，不过现在越来越多中学老师，也开始根据学生们不同的天赋，营造活泼的课堂气氛，以提高学生的学习效果。

有助于回想和记忆的其他一些建议

PROPAR 记忆法

关于记忆的一些建议，概括起来可以用"PROPAR"来表示。

- 其中 P（Primacy）代表首位，
- R（Repetition）代表重复，
- O（Outstanding）代表杰出，
- 第二个 P（Personal）代表自身，
- A（Associates）代表相关，
- 最后一个 R（Recency）代表新近。

P：首位——我们总是对第一印象记忆深刻。一个人重复的动作，重复说的话，特别杰出或与众不同的地方，都构成了我们对这个人的第一印象。另外，如果这个人身上有什么东西和我们已知的事情吻合，或是和最近发生的事有联系，都会让我们印象深刻。同样的道理，每节课的开头几分钟往往是最重要的。

R：重复——任何一件事经过多次重复，都有可能变成长期记忆。把我们教的内容在课堂上重复几次，课后再重复几次，学生们就很容易记住了。一次花费很长时间复习，与每次时间不长、多复习几次相比，后者效果更好。让学生自己重复，比老师重复给学生听，效果要好得多。如果学生在复习过程中加上一些肢体动作，效果也会更好。

O：杰出——人会对与众不同、新奇、引人注目的东西印象深刻。学习也一样，像实地考察、特殊事件之类。哪天老师突然采用了什么特别的教学方法，相信学生一定不会忘记。

P：自身——我们很容易记住和我们自身相关的事情，因为它引发我们的情感。比如，我们会记得老师的某句评语，它曾给我们极大鼓舞，或者垂头丧气。

A：相关——将新知识与已有的知识结合起来，会变得容易记忆。联想式记忆一直是教学中常常倚重的一个方法。

在我们在讲太阳系八大行星及其排列顺序时，我们会用"My Very Educated Mother Just Served Us Nine Pizza."（我受过良好教育的妈妈刚刚为我们做了八个比萨饼。）来帮助记忆。它每个单词的首字母分别代表：水星（Mercury），金星（Venus），地球（Earth），火星（Mars），木星（Jupiter），土星（Saturn），天王星（Uranus），海王星（Neptune）。

R：新近——就是指最近发生的事情。反思的时间对帮助记忆非常重要。要想提高学习效果，反思和复习必不可少，尤其是学习有困难的学生。反思最好通过个人和分组的方式进行，"个人思考、两人分享、集体讨论"。让学生列举在课堂上学到的东西，选其中的一样详细描述给另一名同学，再由几个人一组进行讨论，也可以让全班一起讨论。

Mercury	Venus	Earth	Mars	Jupiter	Saturn	Uranus	Neptune
↑	↑	↑	↑	↑	↑	↑	↑
My	Very	Educated	Mother	Just	Served	Us	Nine	Pizza

手势与眼球记忆

如今,对知识记忆的好坏仍是学校评判学生的关键。鉴于这一点,我们就记忆做更深一步探讨。

手势可以帮助人们获取记忆中的信息。当人们在脑海里搜索特定"词语片断"时,他们会不自觉做一些手势。可以尝试,当你想在脑海里搜出某个词汇时,观察一下手势和面部表情的变化。学生突然大脑短路,想不起自己要说的话,老师应该鼓励他做一些手势来帮助回忆。

眼球的活动也对记忆有帮助。学生们做作业或考试,老师要求学生盯着自己的本子或者试卷。其实,如果回忆时的身体状态,和储存信息时身体状态相同,回忆的效果最佳。让视觉型学生考试时只盯着自己的卷子看,他们可能什么都想不起来。而当他们交了卷,抬起头,他们的记忆会突然涌出来。因此,想让这部分学生考试获得好成绩,就要允许他们抬起头,以便在脑海里搜索记忆片断。

包括思考和复述的镭射学习法

镭射学习法是帮助记忆的另一种方法,它包括思考和复述两个步骤。

大脑储存的东西是以画面和经历的形式存在,学习新知识,首先要把这些知识转化成描述性的短句子,再在头脑中形成画面。这就是镭射学习法中的"思考"。为了巩固记忆,学生还要"复述",在30-45秒内,把所学的东西复述给另一名同学。通过叙述将知识转化成画面,储存在脑海里。由于思考和复述都限制在很短的时间内,这就给学习者造成足够的压力,迫使他们提高效率。这是大脑产生化学反应的过程,与人际交往无关,它不在乎对方是否在听,或是否做出反馈。最重要的是强迫学习的人进行思考和复述。为了达到最佳效果,可以多重复几次,每次时间不必很长。只有亲口说出来,他们才会发现自己到底有没有完全掌握,还可以及时发现和纠正学习中的错误。

要告诉学生,画面细节越多,越便于记忆和回忆,因为越多的细节,意味着越多的通往大脑记忆片段的通道。学生们必须亲口说、亲耳听。大脑释放神经传递素,帮助信息网络在大脑中建立。只有真正掌握了所学的内容,才能把它复述出来,才能发现哪些地方还需要多加复习。把所学的东西大声说出来,是一种绝佳的复习方法,可以提高学习效率。

请翻到本书第三章最后总结部分,请一分钟之内复述它,一分钟哦,相信自己,你可以的!

重大转变

在指导学生学习的过程中,我们自己也要做出一些转变:

1. 从改变别人变成改变自己

有人做了让我们不满意的事情,我们总是希望对方改变。特别是学生，如果学生没有按照我们期望的去做，我们不应该只是简单地要求他们改变，应该问自己："作为老师，我应该怎样影响他们，让他们按照我期望的去做。"

2. 从注重"教"变为注重"学"

传统的教学方法，让学生在课堂上注意力集中，认真听讲。根据艾瑞克·简森观点，让学生长时间保持注意力高度集中，无论从心理学还是生物学的角度来讲，都不适当。这是控制模式，不是学习模式。理想的状态是，学生在短时间内注意力集中，就能完成学习任务。要想达到这种状态，必须唤起学生的好奇心，触动他们的情感，或是与他们自身相关而引起关注。他们会有意识地将新知识与已有的经验、信息整合起来。这样，学习不再盲目被动，而是具有目的性。

> 让学生长时间保持注意力高度集中，无论从心理学还是生物学的角度来讲，都不适当。这是控制模式，不是学习模式。理想的状态是，学生在短时间内注意力集中，就能完成学习任务。要想达到这种状态，必须唤起学生的好奇心，触动他们的情感，或是与他们自身相关而引起关注。他们会有意识地将新知识与已有的经验、信息整合起来。这样，学习不再盲目被动，而是具有目的性。

谁在讲话，谁就在学习

认知学研究认为，当我们充满好奇心、面对挑战时，当我们用嘴巴讲话、讨论时，我们的学习状态最佳。因为，这时大脑额叶被激活。大脑额叶对于记忆、理解、评判等思维活动必不可少。所以学生不应该总是乖乖地坐在课堂上，安静地听讲，他们应该积极地参与进来。大脑在做事时的效率，绝对要比它"吸收"知识时的效率高得多。老话说得好：谁在讲话，谁就是在学习。这将弥补长期以来教与学之间无奈的差距：我们教了的，不是学生学到的；星期一老师教的，星期二学生就忘记一大半。

"避免单调"、"避免无聊"应该是我们的座右铭。提供更为丰富多彩的教学形式，将学生的注意力从"专注于老师"转移到"专注于学习"上来，将老师的注意力从"教了什么"转移到学生"学了什么"上来，就会有更多的学生从中受益。

> 所以学生不应该总是乖乖地坐在课堂上，安静地听讲，他们应该积极地参与进来。

> 提供更为丰富多彩的教学形式，将学生的注意力从"专注于老师"转移到"专注于学习"上来。

利用多种形式进行"学"

看一看这些统计数据：我们能记住读过的 10% 的内容；我们能记住听到的 20% 的内容；我们能记住看到的 30% 的内容；假如我们既听也看，那么我们能记住 50% 的内容；我们能记住我们说过的 70% 的内容；我们能记住我们既说过又做过的 90% 的内容。中国有一句格言："不闻不若闻之，闻之不若见之，见之不若知之，知之不若行之。学至于行之而止矣。"（《荀子·儒效》）

告诉不是教，听也不是学。还有一个好方法就是把自己变成老师，部分原因是：可以保证你积极地参与其中，让学习变得引人入胜。面对年龄跨度很大的学生，这是一种基本的教学手法。如果你班上有很多的学生，教学生如何去教别人不失为一个好方法。它不仅可以缩小教与

> 告诉不是教，听也不是学。还有一个好方法就是把自己变成老师，部分原因是：可以保证你积极地参与其中，让学习变得引人入胜。面对年龄跨度很大的学生，这是一种基本的教学手法。如果你班上有很多的学生，教学生如何去教别人不失为一个好方法。它不仅可以缩小教与学的差距，使教学更具个性化。"自己思考，两人分享，小组讨论"的教学模式作用也很好。还可以防止有些人被冷落，被排斥在学习氛围之外，大大提高了学生的参与度。

学的差距，使教学更具个性化。"自己思考，两人分享，小组讨论"的教学模式作用也很好。还可以防止有些人被冷落，被排斥在学习氛围之外，大大提高了学生的参与度。

3. 从让学生单独回答问题变成让全班学生参与

与其让学生举手回答问题，不如让全班同学讨论。学生通过讨论，可以获得更多反馈信息。也能体会到老师希望人人参与的心意。回答正确的学生依旧可以获得满足感。

总结一句："问学生问题是达到教学目的的关键。"老师们一定要记住。提问题是思维活动的起点，聪明的问题可以激发大脑，好的问题可以吸引学生关注。所以，有效提出问题也是这本书的重点。

4. 从"以不变应万变"的教学方法变成按照学生不同情况而设计的教学方法

学习能力、学习方式、性格、爱好、知识结构、经历、学习动机等千差万别，使学生达到最佳学习效果的方法也不尽相同。这就要求老师设计不同的教学方法，引导不同学生，实现共同的教学目的。

下面例子，是在中学的科学课上，老师针对不同学生，讲解细胞是如何工作的。

老师们首先要问自己：

学生应该知道些什么？
学生需要理解些什么？
学生应该学会做什么？

> ○ 细胞的各个部分，及其各自的功能。
>
> ○ 细胞的各个部分是相互关联的，每一部分都对其他部分造成影响。
>
> ○ 了解细胞各部分之间的关系，细胞如何运作，各个部分都起到了什么作用。并能向同伴解释。

听了老师关于细胞基本知识的讲解后，学生们可以从以下的选项中做出选择：

• 画一幅细胞图，用不同颜色的笔注明各部分名称，使对细胞一无所知的人能看懂。

• 把细胞知识与人与人之间的关系作类比。如果一个家庭、一个交响乐团、或一个篮球队相当于一个细胞的话，那么每个成员在团体中的作用是什么？相互关系又如何？

• 用教室里能提供的材料制作细胞模型。

• 以细胞为主题创作一个小故事。谁是主角？谁是大反派？谁又是企图摧毁细胞的那一方？

• 如果你觉得以上任务都不好，你有什么好主意，可以和老师讲讲。

然后把学生分组：

第一次，把选了相同任务的同学，每三人分一组，进行讨论。

第二次，把选了不同任务的同学，每三人分一组，进行讨论。

精髓点

- 做教学设计，"ＬＩＭＥＳ"这个缩写词可以帮助我们记住很多重要的概念。其中 L 是指左、右半脑（Left-right brain），他们之间的相互配合，既有序又随机；I 是指智力（intelligences），要多方发挥学生的不同天赋；M 是指学习方法（modalities of learning），老师要运用多种教学方法，以适应视觉型、听觉型、触觉型等不同类型的学生；E 是指情绪（emotions），坏情绪阻碍学习，好情绪推动学习；S 是指风格（styles），不同的人有不同的学习风格。因此老师的教学方法设计，要顾及不同学生的需要。

- 除了课堂上组织各种教学活动吸引学生注意外，老师还要在每节课的最后，留出时间让学生进行反思。

- 运用智力水平等理论，确保学生学会高层次思考，而不只是局限于接收新信息。

- 多向学生提问题，多等待一些时间，先提问，再叫学生回答，不要重复学生的答案，提出问题让学生讨论而不是让学生回答，这些都可以增加学生的参与度。

- 运用小组提问策略，有利于老师掌握教学进度和内容。

- 选好问题的关键词，可以大大提高提问效率。

- 运用想象和视觉化的方法，加强记忆效果。

- 给事实穿上故事的外衣，有助于记忆。

- 元认知——能意识到自己的思维过程，增强思维技巧。

• 运用鲜明的音乐或色彩等方法，刺激人的多种感官，使学习事半功倍。

• 镭射学习法——让学生用短句思考和复述，可以让学生改善记忆，及时发现哪些地方需要复习。

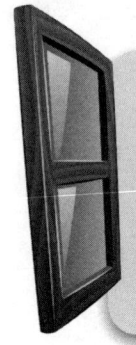

最想说的话

以新奇、有趣的活动开始一天的学习,也可以减少迟到现象。如清晨一上课读一会儿故事。不要以为学生第二天早晨就会自动按时到校。如果早晨学生进教室后太吵闹,读一个有趣的故事,绝对比任何强制手段效果好。停下来,等待,直到大家安静下来,然后继续读故事。不久你就会发现,学生们变得守规矩了。

最有效的管理小窍门:让孩子秩序由混乱变有序的法宝

有效的课堂管理靠的是程序,而不是纪律。

课堂管理就是指老师运用一定的策略,使教与学有效地进行。课堂管理做得越好,学生的纪律问题就越少。

让规矩帮你建立课堂秩序

老师、校长走进学校时,知道今天该干什么。学生们走进教室时,也应该知道今天该干什么。

我们要引导学生成为班级一员,就要教给他们规矩。比如,在开班会之前,要快速安静地把椅子围成一圈。这个步骤不完成,班会就不开始。正如谚语说的:"先有过程,后有产品。"

规矩可以指导我们的行为,对于"问题学生"尤为重要。所谓

"问题学生",与智力无关,仅仅意味着他们成绩不好,或者即将辍学。当然一般来说,问题学生在生活中存在着很多麻烦,而学校几乎是唯一可以给予他们稳定支持的地方。之所以成为问题学生,是因为他们没有做应该做的事,因为他们缺乏指引,而规矩恰恰给他们的行为以指引。

所谓"问题学生",与智力无关,之所以成为问题学生,因为他们缺乏指引,而规矩恰恰给他们的行为以指引。

我们常常错误地以为,我们知道什么,学生们就知道什么,或者知道该怎样做。而规矩正可以弥补这一点,让学生们明白我们希望他们做什么。

程序化常规性教学内容

对各种活动和周围环境做一些安排,尽量减少或消除不必要的误会和冲突。

对于低年级学生来说,这种安排包括室内和室外的活动与环境。

比如,让学生在室外操场上剧烈活动后,老师要安排学生饮水,这是室外活动程序中必不可少的一步。学生名字首字母从A到M的同学,使用卫生间外面的饮水机,名字首字母从N到Z的学生,使用指定的另一部饮水机。大家排队轮流使用。前面的同学正

在饮水,后面的同学可以慢慢数到10,如果前面的同学还没喝完,他就可以轻轻拍他的肩膀。在第一次使用这个程序之前,要让学生先演练一次,保证每个人都熟悉它的每一个步骤。

要强化像早上排队进教室这样每天都进行的程序。

a 老师

有一位老师每天不停地提醒学生:把书包放好,削好铅笔,把作业交上来,把午饭钱放好等。

b 老师

而另一位老师却不这样唠叨,无论是早晨进教室,还是中间休息,或吃午饭,都有一定的程序。他只需站在一旁观察学生,学生们知道下一步该做什么,或者马上按照投影仪里的指示行动起来。当人人都专注于自己该做的工作时,老师只需轻松地关注一下需要帮助的同学。

为了让学生们有最佳表现,每天的活动安排要经过专业设计。早晨学生进入教室后,马上开始一天的学习。而午饭后或课间休息时,让学生有机会放松。这样的安排更合理些。

组织一项新活动,比如玩一个新游戏,或请小动物到教室与孩子们见面，都有可能出现混乱的局面。老师对此要有心理准备，除非你已经制定了严格的程序。

用有效信号吸引学生的注意力

每天大量时间浪费在吸引学生的注意力上。即使像人人都知道的举手，也还是要教，要练习。举手有3个步骤：引起注意、集中注意力、发出信号。老师把手举起来，就意味着要引起学生注意了；学生看到老师举起手，也把手举起来，并且停止手上正在做的事，把注意力集中到老师这里；他们还要提醒还在忙其他事情的同学，应该把注意力集中到老师身上。把注意力集中在老师身上，是学生的责任，而不是老师的。

这个程序需要反复练习，直到全班学生能在很短时间内注意力集中，老师满意为止。而且过一段时间要再练习一次。

对于低年级学生，老师也可以想办法让这个程序变得有趣一些。

比如，在需要引起学生注意时，老师可以说"一二三，冰棍"。学生们听到指令后，必须马上不动，维持现有姿势。直到老师说"一二三，化了"，学生们才可以放松下来。

或者对学生说："听到我的话，拍一下手。""听到我的话，拍两下手。"拍第二轮手时，所有人的注意力都会集中过来了。

老师还可以向任何年级的学生询问，有没有更好的主意。总而言之，关键是要有至少能吸引学生注意力的方法，并把它变成常规程序。老师就能在短时间内获得学生注意力了。

帮助孩子们完成上课铃响前的准备工作

引导学生尽早投入到学习中

每天早晨学生走进教室,应该马上投入到学习中去。这时老师们可能需要记考勤,或是忙于其他日常事务,学生们可以利用这段时间写日记,分析投影机上播放的动画片,或者复习前一天所学内容。早晨时间非常珍贵,什么都不做实在是太浪费了。

派发及收集资料

班级形成的最初阶段,老师还必须做一件事,就是建立一个程式,管理和使用教室里的教学器材和教学资料。可以请学生帮助。比如,早自习学生要写日志,可以请两位同学帮助把日志本发到每人桌上。这两位同学要清楚同学的位子,需要提前到校,因为他们有责任在身。

书本、学习材料派发和收回,要建立一个路线,避免造成混乱。比如,按顺时针的方向派发和收回。这样在拥挤的教室里,可以避免不必要的肢体冲撞。

教会学生在不影响课堂秩序的情况下使用学习用具

借铅笔

除了低年级学生,其他学生都应该自己将学习用品准备好。但借铅笔在教室里从来都不曾停止过。没带铅笔或者笔坏了,借个铅笔很正常,问题是怎么把它要回来。

老师可以向学生介绍"抵押品"概念。学生需要借铅笔时,可以将个人物品作为抵押,像25美分,或家里的钥匙。学生可能会忘记归还铅笔,但绝不会忘记取回自己的东西。不光是铅笔,有些同学很习惯向别人借东西，遇到这种情况，同学们就可以用这个办法："借东西？可以，你拿什么作抵押？"

削铅笔

在老师上课时跑到前面去，用公共电动转笔刀削铅笔，会影响讲课和听课。设计一个小程式可以避免。学生想要削铅笔，就把铅笔竖起来，在老师觉得恰当的时候，点点头，允许他去削铅笔。

有些低年级老师不许学生刚上课时削铅笔。可以建议学生准备两个盒子，一个放削好的尖铅笔，一个放用久了的钝铅笔。当铅笔用钝时，把用钝的铅笔放在钝铅笔盒里，另取其他盒子的一支尖铅笔用。

善用教室里的学习用具

学生要懂得爱护教室里的学习用具。对此也应制定程式，让学生反复练习。否则，各种物品报废速度肯定会让你吃惊。以水笔为例，要让学生反复练习，直到听见笔帽扣到笔杆上的"咔嗒"，才算将笔帽套好。要不然，水笔很快就干掉。

建立有效的老师帮助程序

老师帮助小组

当学生们分组活动，老师需要确定到底哪一组需要帮助。

可以让学生用彩色杯子做指示，根据杯子颜色，老师考虑哪个小组最需要帮助。每个小组有3个杯子。把杯子倒扣在桌子上，摞起来。绿杯子在上，表明一切都好，不需要帮助；黄杯子在上，表明学生有问题要问；红杯子在上，说明学生需要立即得到老师的帮助。

老师帮助个人

最好的学习方法就是教别人。制定一个程序，学生有问题问老师之前，先向两位同学求教。所以老师问的第一个问题不是"你有什么问题"，而是"你想向谁请教"。这个程序可以帮助老师发现很多同学的共同问题，提高效率。

如何改掉学生上课时的"坏毛病"

上课时把纸团成一团——一个讨人嫌的习惯

在大家都全神贯注，特别是老师讲课的时候，揉废纸团的声音很是恼人，会分散大家的注意力。教给学生在把废纸扔进纸篓前，叠成热狗形（左右对折），或汉堡形（上下对折），放在桌面上占不了多少地方。

如何从学生那里获得教学效果的反馈

课程反馈

上课时学生的反馈，可以让老师知道教学效果。

一个简单方法，学生们听懂了，拇指朝上；没听懂，拇指朝下。低年级的同学可以用不同颜色的小卡片。老师说："告诉我你同意还是不同意。"同意的同学举起蓝色卡片，不同意的同学举起红色卡片。

让学生参与这种小活动，比单单叫起同学回答问题更可靠。

在叫起一位同学回答问题后，问全班同学："谁同意？谁不同意？"得到回答后接着问："为什么不同意？"如果有同学不明白，可以把他们组成一组，进行额外辅导。其他同学可以利用这个时间去做其他功课，或完成其他任务。

放学啦

中学生放学离校的程式

应当是老师，而不是什么学校的声控系统，指导学生解散。

解散可以是一行一行解散，一部分一部分解散，或是一起解散，这要根据学生不同的年龄。下课解散，老师有责任确保学生有序地离开，留下完好的教室，供下一节课使用。下一节课的同学有权力进入干净整洁、设施完好的教室。

下课也应制定相应的程式，指定不同的学生，承担不同的职责。即使老师专注于教学，或在指导学生而忘了下课时间，被指定不同职责的学生，快下课时，开始收集垃圾，回收学习用品，把收来的书本摆好，桌椅摆好，也可以提醒老师。这样下课的时候，教室的一切都布置妥当了。

下课前留出几分钟给学生反思，是非常有效的。选出学到的一点，和同伴分享。

关于考勤事宜有效的管理

采取积极手段减少迟到现象

如果中学生迟到现象时常发生，就应该采取一些积极的手段。

以新奇、有趣的活动开始一天的学习，也可以减少迟到现象。如清

晨一上课读一会儿故事。不要以为学生第二天早晨就会自动按时到校。在习惯迟到的学生走进教室时,不要给予特别的关注,也不必担心其他同学会效仿他。用不了几天,他就会按时到校。如果早晨学生进教室后太吵闹,读一个有趣的故事,绝对比任何强制手段效果好。停下来,等待,直到大家安静下来,然后继续读故事。不久你就会发现,学生们变得守规矩了。

如果过了一段时间,仍有学生迟到,有意识增加和这名学生的互动。问问他是否愿意迟到,是什么原因造成迟到。在愿望与结果之间,引导学生进行自我评价,并定出计划。注意,这个计划必须由学生首先提出来,老师可以提一些建议。如果他还是迟到,可以帮助他把计划变成具体程序,并亲身体验按时走进教室的感受,要强化这种感受。

即使是习惯性迟到的学生,他们大多数并不喜欢迟到。对于自己不可控制的迟到,他们会在精神上惩罚自己。他们已经惩罚自己了,再增加一些惩罚起不了什么作用。与其用迟到的后果威胁他们,不如和他们建立较亲密的师生关系,这样会更有帮助。

考勤

记考勤不应该占用上课时间,利用学生早自习进行。对于高年级,可以请学生帮着完成。检查到底谁缺席了,列出名单,填写表格,由老师在考勤簿上做上记号,最后由学生将缺席者名单送到校长办公室去。整个过程不应该超过一分钟。

给不出勤学生的作业

中学生请假返校后第一件事,就是看看自己不在学校的时候老师布置了什么作业。为此应制定一个简单的程式。准备一个笔记本,每次布置作业后,请一位学生把它记录在笔记本上。缺勤同学返校后,可以查看笔记本，发现哪些作业没有做。还应该规定时间，为缺勤的学生答疑。

有的学校采用学习互助小组，可以由互助小组的同学负责通知缺勤同学，甚至可以通过电话或电子邮件通知他每天的作业。

精髓点

- 高效的课堂管理，最重要的一点就是要建立起课堂秩序，设立一系列课堂常规程序。
- 通过设计合理的活动程序和教学环境，老师们可以减少或消除冲突。
- 和学生约定好一个信号，事先练习。通过这个信号，你就能吸引学生的注意力。当你想要对全班同学说话，通过这个信号，你可以使全班的注意力都迅速集中到你身上。
- 学生们走进教室，就应该马上投入到有意义的学习中去。上课时，考勤非常必要。老师们可以利用学生们在进行其他学习活动的时间考勤。
- 在课堂管理里首先要解决的问题就是分发和收集资料。
- 老师应该教会学生"抵押品"概念。有学生想向同学借铅笔时，就让他给那同学一个私人物品作为抵押。
- 老师在下课前要让同学们离开教室。老师不像学校的铃声那样是自动设定的。因此，在让学生离开教室时的做法也更为灵活。

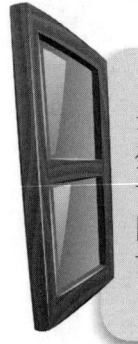

最想说的话

为低年级学生布置作业，要考虑到孩子其他方面需要的时间。家庭作业对他们的作用不是特别显著。作业太多，反而会对学校和学习造成负面影响。作业应该少，有趣，容易完成，把更重要的功课留到课堂上做。

为了让家庭作业变得有趣，老师最好能提供两个作业供大家选择。要让学生们都明白家庭作业的目的是什么。

如何让家庭作业的布置变得生动起来

想让孩子们认真对待作业，
就要告诉他们做作业对他们最有帮助了。

家庭作业是教学的延续，只与教和学相关，与纪律、学校行为准则、社会责任什么的扯不上关系。

目的

家庭作业给学生一个机会，练习和巩固学到的知识，为进一步学习做准备。家庭作业的作用不可估量，可以培养学生的自律、坚持和时间观念。家庭作业本身就是一个任务，学生要独立执行它，完成它，并接受它的后果。

要考虑的因素

为低年级学生布置作业，要考虑到孩子其他方面需要的时间。家庭作业对他们的作用不是特别显著。作业太多，反而会对学校和学习造成负面影响。作业应该少，有趣，容易完成，把更重要的功课留到课堂上做。

对上百名学生调查显示，家庭作业，直到在中学，才开始显示它的作用。

布置

为了让家庭作业变得有趣，老师最好能提供两个作业供大家选择。要让学生们都明白家庭作业的目的是什么。每隔一段时间，老师就要组织大家讨论，围绕着家庭作业，给学生们带来了什么好处，要让学生多表达意见、想法和建议。也要解释你的想法，希望学生们能从作业中获得什么收获。

家庭作业应该有的放矢。

比如，我们在课堂上阅读了一篇小说，在给学生布置作业时，不是让他们随便写写对于小说的看法，而是选择其中一个人物，解释这个人物为什么会有这样的行为。

文章的框架

在课堂讨论之前让学生提前阅读，基本上起不了什么作用。除非老师提供文章的总体思路——文章的大纲或框架。在建房子之前也需要搭建这么个"脚手架"，这个框架使阅读变得容易，也让他们猜测下一章讲什么内容，增加了他们阅读的动力。当他们开始阅读，就会好奇地想知道，书中讲的是否和他们的预测相一致。

还有一种阅读方法就是浏览，通过快速略读各章节，找出文章的总体脉络和大致结构。在浏览过程中要特别注意大标题、小标题、黑体字、斜体字、插图、图表、写作目的、每章开始提出的问题和最后的总结、单词表。

老师减少改家庭作业的次数

既然最好的学习方法是教别人，就让学生当回老师吧。

比如，在老师检查学生的作文前，先请其他两名学生检查。当作文最后摆在老师面前时，可能意思更明确，语句更通顺，阅读起来更有趣。

老师要克制自己亲自动手改作文的欲望，只在适当的地方做出评论，比如"检查这一段的拼写"，"注意这句话的主谓结构"，使用缩写更能节省时间："√拼写"，"√n-v 搭"等。这样做有助于学生的自我评价和自我改进。

为了节省时间，数学作业可以只改五道题，可以是最后五道题，也可以是预先选好的任意五道题。这样可以给你更多时间，判断这名学生是否需要额外辅导，哪部分需要辅导。

精髓点

• 家庭作业是课堂的延伸。它们只和教与学相关。和课堂纪律或社会责任等一点关系都没有。

- 请评价一下每次家庭作业的必要性和重要性。
- 简要讨论一下，通过做家庭作业，学生们能收获些什么。
- 在布置阅读任务之前，要先指出阅读的目的是什么，学生们应该获取哪些信息。

第六章 给父母们的有效建议

最想说的话

假设你有个正值青春期的女儿,有一天,她想放学后去朋友家玩,于是她问:"我今天可以去希拉里家玩吗?"你也许回答:"你要是不先把作业做完,就别想去她家玩。"这是负面说法。用积极的语气,你可以说:"当然可以去,只要你先把作业做完。"

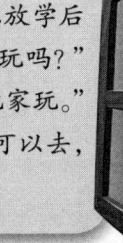

一粒橡子可以长成粗壮的橡树,但它绝不可能长成参天的红杉——无论你怎么逼它。发现孩子们的天性,顺应他们的天性,让他们成为本应成为的那种人。

——Jim Carhart

做父母是件很不容易的事。有时候你会觉得压力很大,充满挫折。但也有很多时候,你会觉得做父母很值,可以体会到无与伦比的乐趣和成就。在我们养育孩子的过程中,往往会受到来自童年阴影的影响,比如受伤的情感,不好的习惯等。我们自己首先要从阴影里走出来,放下自责与内疚,才能给孩子以正确的指导。就像种花,花没长好,我们决不会责备花。我们会主动查找,看看是什么原因让花儿没有长好。但是,培养孩子,我们却容易把责任归咎于孩子,不停地批评他们,唠叨不停。我们应该学会影响他们,让他们成长为我们所希望的样子。但这并不代表我们能改变他们的天性,只是把他们培养成为富有责任心、对社会有益的人。今天的父母,最关心是教育孩子怎样才能既不过于严厉，也不过于放纵。这一章，我们将帮助大家做到这两点。

改变孩子，先从改变你的思维开始

养成用积极的态度来思考的习惯

用积极正面的语言与孩子交流，不仅让他们容易接受你的意见，还可以避免给父母和孩子的关系造成压力。想一想，别人夸你时你是什么感觉；别人责备你时，你又是什么感觉。人在感觉良好的时候，会做得比较好。我们常常忘记这个基本常识，容易被自己的情绪控制，冲动地说出伤人的话。

要避免这种情况，第一步就是意识到自己本来可以用积极语气说的话，却用了负面的口气来表达。假设你有个正值青春期的女儿，有一天，她想放学后去朋友家玩，于是她问："我今天可以去希拉里家玩吗？"你也许回答："你要是不先把作业做完，就别想去她家玩。"这是负面说法。用积极的语气，你可以说："当然可以去，只要你先把作业做完。"或者让她自己判断："如果你觉得今天的学习任务完成了，你就可以去。"后两种回答中，传递了两个重要信息，第一，对功课负责的应该是孩子，而不是家长。第二，表达了你对她的信任。其实，不管哪种说法，表达的都是同样的意思，就是先做完作业，再去朋友家玩。但由于表达方式不同，给人的感觉就大不相同了。

> 正值青春期的女儿问："我今天可以去希拉里家玩吗？"

第六章　给父母们的有效建议

> 回答："你要是不先把作业做完，就别想去她家玩。"这是负面说法。用积极的语气，你可以说："可以去，只要你先把作业做完。"让她自己判断："如果你觉得今天的学习任务完成了，你就可以去。"回答中，传递了两个重要信息，第一，对功课负责的应该是孩子，而不是家长。第二，表达了你对她的信任。

下面的例子可以看出，使用积极正面的表达方式，能使孩子承担起责任。

🎧 孩子快出门上学的时候，父母们总是不由自主地叮嘱："别忘了带午饭！""别忘了带钥匙！"等。其实还有个方法能达到同样的目的，只需要对他说："检查一下该带的东西。"这不仅避免了唠叨，还让孩子自己承担起了责任——检查上学该带的东西。这些东西可以是课本、作业、学习材料，根据天气需要，选择适当的服装、雨衣，还有其他的一些东西等。

以积极正面的方式与人沟通，不仅能减少冲突和摩擦，还能增进彼此间的信任，增强满足感。

🎧 有一位妈妈，每当她看到家人是把脏衣服随手扔在地上，而不是放到洗衣筐里，就火冒三丈，然后冲着全家人大发雷霆，这使得没犯错的其他家庭成员感到很无辜。于是，她问自己："我该怎样做才对大家都有利，才让气氛不这么紧张？"她想了个办法，对全家人说，以后再在地板上发现脏衣服，她还会一如既往地捡起来。但是，"肇事者"会欠她5分钟的背部按摩，当她需要按摩时，这个人就要给她按摩，还得是心甘情愿。这样一来，家里气氛缓和多了，她也享受了几次背部按摩。渐渐地，地上的脏衣服越来越少了。

美国著名探险家约翰·戈达德在进行关于旅行探险的演说时，总会深情地回忆起自己儿时与父亲的交谈。

约翰8岁时告诉爸爸，想当消防员。他爸爸没对他说消防员的职业有多危险，即使不葬身火海，也可能在消防车转弯时从车上摔下来。约翰10岁时又告诉爸爸，他长大后想当警察。他爸爸没有说警察的职业也很危险，有可能受伤，训练也非常严苛。他只是说，如果他穿上蓝色警服，配着铜扣，样子一定很帅。他父母从未向他灌输过任何负面信息。戈达德从中得出结论：父母与孩子交谈时，应该使孩子更有勇气，而不是吓唬他们，使他们畏惧。

与孩子沟通还应注意的是，对孩子的评论要对事不对人。可以评判孩子的行为，但不要评判孩子本身。把所做的事和做事的人区分开来，是我们在"责任心培养体系"讲到的最重要的原则之一。另外，不要由大人来判断孩子的行为层次，让孩子自己去判断，这样自然就把事和人区分开了，也使孩子有机会反思自己的行为，并承担相应的责任。孩子们不会感到尴尬，也不会伤到他们的自尊心。这样做最大的好处是，它向孩子们传达了一个信息：父母对他们是无条件接受的，如果孩子能和父母合作，那么所有人都会感到满意。

第六章 给父母们的有效建议

> 还应注意的是，对孩子的评论要对事不对人。可以评判孩子的行为，但不要评判孩子本身。把所做的事和做事的人区分开来，不要由大人来判断孩子的行为层次，这样自然就把事和人区分开了，也使孩子有机会反思自己的行为，并承担相应的责任。

把所做的事和做事的人分开，目的在于把对这个人的爱和这个人的行为区分开来。这个理论同样适于孩子的零用钱上。

父母给孩子零用钱的目的，是希望孩子学会支配自己的开销。但这并不是父母的义务。也就是说，家长不要把零花钱和孩子的表现挂钩，因为这么一来，零花钱就变成了奖励。孩子们表现好的目的，就变成为了取悦父母，为了得到零花钱了。

> 给孩子零用钱的目的，是希望孩子学会支配自己的开销。不要把零花钱和孩子的表现挂钩，零花钱就变成了奖励。孩子们表现好的目的，就变成为了取悦父母，为了得到零花钱了。

一直保持用积极正面的语言与人沟通，是件困难的事，但也是有趣的事。一个人观察自己说话的习惯，就会惊讶地发现，"原来我经常说消极负面的话呀。"其实，只要稍加练习，我们就会习惯用积极正面的方式表达了。

提供选择

给孩子提供不同的选择，是培养责任感的重要步骤，还能对孩子的行为产生影响。因为选择给人"自己的事情自己做主"的感觉，能使人独立，并给予力量。通过让孩子做选择，还可以教给他们如何与人合作。让他们做选择，比对他们下命令要好得多。

选择项不必太多。越早让孩子做选择，他们就越早学会承担责任。当然，选择必须让双方都满意。

例如：家长可以让孩子自己说想承担哪项家务活。如果家长对孩子的选择不满意，就接着问"还有呢？"直到双方都满意为止。让孩子自己提出想做什么家务，能让孩子觉得"是我说了算"，这比直接给他布置任务要好得多。假如孩子没能好好完成自己选的家务活，家长也不要提出他们该受什么处罚，让孩子自己提出来。这时候，之前用的"还有呢？"又可以派上用场了。家长不断问孩子"还有呢？"直到双方意见达成一致为止。对于孩子没能完成家务活的问题，还有另一种解决方法，就是增加选择项。比如说，孩子该做两件家务事，但是他没做。那么就再给他加三种选项，让他五选二。这种方法非常积极正面，这比威胁他们，或扬言不完成就要剥夺他们某种权力，要有效得多。

记得小时候我不想吃妈妈准备的晚餐，孩子们常常这样，这是他们宣示权力的一种方法。你越劝他吃，他越不吃。而我妈妈是这样做的，她漫不经心地对我说："你是想先吃胡萝卜，还是想先吃

第六章 给父母们的有效建议

青豆？"请注意一下，在这里，决定权落在我的头上，我成了责任的主体。其实，吃东西本来就应该是自己的事。

让孩子服从我们的意愿，是父母们永恒的挑战。之所以那么希望孩子们听话，是因为我们觉得，想要孩子做的事，比孩子自己想做的事，对他们更有利。其实孩子，特别是年纪较大的孩子，在善意与对错之间，更看重善意。

有一位父亲咨询，他和17岁儿子无法沟通。咨询师问他："你觉这是谁的问题？是不是希望儿子能主动找你沟通？"咨询师建议这位父亲，他回家后主动找到儿子，对儿子说："儿子啊，爸爸意识到，爸爸以前没有尽全力和你沟通。有没有可能你也没有尽全力和爸爸沟通呢？"咨询师还故意用激将法对这位父亲说："但我想，你肯定没勇气这么对你儿子说。"

两个月以后，父亲打电话来，说他没勇气说那段话，但他试了其他各种手段，想方设法与儿子沟通，却都失败了，直到上星期天早晨。儿子在厨房里啃三明治，父亲则在自己的房间里啃着手指甲冥思苦想。突然，父亲冲进厨房，对儿子说："儿子，爸爸意识到，爸爸并没有尽全力和你沟通。有没有可能，你其实也一样，也没有尽全力和爸爸沟通呢？"这时候，儿子说，那一刻他突然觉得父亲的形象异常高大。他高兴地站起来，紧紧地拥抱他爸爸。

成年人可以通过选择改变自己的行为，孩子们也一样。改变是决定的产物，而决定的前提是选择。给孩子们选择，就是在为他们的行为改变轨迹。其实，就算父母不允许孩子选择，孩子也在偷偷地选择。其中，最有力的选择就是选择什么都不做，成年人把这一行为称为反抗。而为了避免反抗，最好的方法就是给孩子们选择的权力。

> 最有力的选择就是选择什么都不做，成年人把这一行为称为反抗。而为了避免反抗，最好的方法就是给孩子们选择的权力。

我们从小就被灌输了这样一种思想：权力使人堕落；绝对的权力必将带来绝对的堕落。然而事实上，毫无权力同样会使人堕落。当人感到自己毫无权力，他做事的目的就变成了一个——争取权力。哪怕是孩子也是如此，这是人的天性使然。让孩子们做选择恰好满足了这一点。只要孩子们感觉到自己有选择的权力，他们就觉得自己不是弱者，没有失败。对于孩子们，没有失败远比取得胜利重要得多。

鼓励反思

事实上，本书的所有理论和方法都是基于一个目的——反思。反思即思考，是对我们与他人关系的思考，是对我们的欲望与我们自身行为的思考。反思的目的是为了激发我们的内在动力。改变一个人的行为，内在动力远比其他的任何手段有效得多。即使我们可以暂时控制别人，我们也无法改变他们。我们原本希望他们能改变，但是强迫只会与我们的初衷背道而驰。因此，应该考虑如何影响他人，让他们自己反思。

第六章 给父母们的有效建议

🎧 有一次，我和我太太去探望我表弟。我们夫妻陪我表弟和他太太去接他们的两个女儿。路上，他们谈两个女儿的情况。大女儿6岁，非常讨人喜欢，是所有父母心目中的理想孩子。而3岁的小女儿却是个小麻烦，她不喜欢与人分享。在幼儿园里，如果得不到她想要的东西，就会尖叫。并且非常爱摆布别人。

两个女孩儿上车后，我们告诉姐妹俩，我们为她们准备了一份礼物——Versatile玩具1，但因为当时商店里只剩下一套，她俩只能分享这套玩具。我问她们，是否介意一起玩这套玩具。两个女孩都说不介意。

回到表弟家，我教她们怎么玩这套玩具。我们说好了，每人玩两遍，就要让给另一个人玩。还说好，让妹妹先玩。然而，妹妹玩了两遍后，根本没有让给姐姐的意思。于是我提醒她，之前说好的，每人只玩两次。但是她假装没听见。

于是我问自己："对她命令行不通。那应该问她什么问题，才能让她反思自己的行为，并愿意履行自己的义务？"在她开始玩第四遍的时候，我问她："你是在玩第二轮的第二次了，对吧？"妹妹看了看我，停了几秒钟后把玩具让给姐姐了。你看，问她反思性问题，比其他任何强迫手段都有效得多！

过一会儿，我和她父母分享了这种提问的技巧。告诉他们，这样提问，可以让孩子们反思自己的行为。几个月后，我又和我表弟通了电话，他告诉我，用了这种方式后小女儿依然非常聪明，且争强好胜。但是在别人不听她的时候，脾气已经不像以前那样不可控制了。

---

1 Versatile是放在一个细长的盒子里，由很多形状的小块组成，每个小块后面都有一个数字的玩具。游戏时按照图纸把它们拼成各种图形，再把图形翻过来，就会发现，数字已经排成一定的顺序。

有时候，只要孩子们能前进一小步，做家长的都应该很欣慰。就像在棒球比赛里，跑了一垒虽然不如全垒打，至少也是向胜利前进了一步。就拿我表弟的小女儿这件事来说，当她不得不把玩具让给姐姐时，心里是一百个不情愿。虽然我对她玩了两次后还不想给姐姐的举动表示不满，但她最终还是把玩具让给了姐姐。这是她令人欣慰的进步。

责备、抱怨和唠叨等外部手段，让人感到压力，还会招来孩子的反抗，对培养孩子的责任心没有丝毫帮助。通过强迫的手段培养孩子的责任心，很困难，甚至不可能。孩子们只有心甘情愿，才是真正有效地负责任。首先要让孩子意识到责任的存在，并且意识到负责任是他们应该做的。这就是为什么，反思性问题能有效地改变他人的行为，因为这些问题引发了思考。不仅回答的人需要思考，提问的人也需要思考。俗话说，好的交流起始于好的问题。其实不仅被提问的人在回答问题，提问的人也在心里回答问题，双方都清楚自己的想法。自己的答案最可信，相信自己的结论就是相信自己，而这是自我评价和自我改变的关键。

正是因为有效的提问能促使人反思，并进行自我评价，它是人们交往时很重要的技巧，尤其是在与青少年相处时。

学会有效地提问题

以下4个问题非常有价值，它们可以帮助改变他人的行为：

1. "你想要什么？"

通过问这个问题，可以引发被提问者的思考、反思。

2. "你的选择能帮你达到目的吗？"

这个问题促使被提问者对自己的行为进行评价。

3. "要是你的选择不能帮你达到目的,下一步,你还有什么计划?"

通过这个提问,提醒被提问者制订计划。孩子们既可以独立制订计划,也可以在老师或家长的帮助下完成。计划不能完全由大人代劳。

4. "你准备如何实施你的计划?"假如是年幼的孩子,就问他:"你准备通过哪些步骤来实现你的计划?"

通过这个问题,被提问者会在脑海里勾画出计划实施的样子,和将要采取的步骤。家长可以帮助孩子一起来完成。大人们在给出建议之前,一定要由孩子先提出步骤。大人可以巧妙地运用"还有呢?"鼓励孩子说出更多更细致的答案。

要注意的是,一个指向积极正面信息的问题,要比可能引发消极负面答案的问题要好得多。"今天有什么好事?"就比"今天有什么坏事?"要好。

想要得到高质量的回答,就必须提出高质量的问题。

父母送孩子去参加夏令营。孩子回来时,父母问:"在夏令营过得怎么样啊?"孩子很可能回答:"还行。"如果问得再具体一点,孩子的答案可能完全不一样。但是如果父母问:"在夏令营,有什么好玩的事?"孩子就会回忆,并告诉父母他在夏令营的愉快经历。

和青春期孩子相处,坚持和耐心很重要。下面就是一对父母试着和15岁女儿沟通的例子。

🎧 这个女孩没什么自信，态度也不好。但她的父母懂得如何问高质量问题。每天晚上女儿放学回家时，他们没问"今天过得怎么样？"，而是问"今天有什么高兴的事？"女儿总是冷冰冰地回答："没什么高兴的事儿，让我自己待会儿！"但是父母并没有放弃，一直坚持这样问。几个星期过后，有一天女儿吃早餐时突然说："我知道今天最高兴的事是什么了。"女儿一反常态让父母大吃一惊，但他们还是镇静地问她："是什么呢？"女儿露出了甜甜的微笑："就是在我醒来，我就想，今天一定会有好事儿发生。"

以下是你和青少年交流时会对你们的沟通非常有帮助的一些句子：

- 为了达到目的，你都做过什么？
- 你应该做些什么来改善当前的处境？
- 你现在正在做的事管用吗？
- 你能描述一下，你希望事情会怎样发展？

- 今天你哪些方面做得比过去好？
- 是什么原因使你今天做得比过去好？
- 你在这件事上学到哪些东西，将来可以用在其他领域？
- 你做过哪些事你认为是特别的？

- 今天哪些事让你感到特别高兴?
- 对于明天,你有什么期望?
- 你最欣赏的是什么?
- 对于未来,你有什么计划?

- 是什么激励着你实施和完成你的计划?
- 下一步,你该怎么走?
- 我能帮你做些什么吗?
- 假如用10分来打分,过去3天,你会打几分?
- 你觉得,要怎样才能打出10分的高分呢?

🎧 有一次乘飞机,我旁边坐着个好动的小男孩,他妈妈束手无策。飞行过程中,小男孩把前排座椅后背上的电话拿下来,不停在手里玩着。我凑过去问他:"假如你把电话弄坏了怎么办?"男孩想了想,就把电话放了回去。因为我的问题使他马上反省了自己的行为。没有命令他守规矩,只是唤起他的责任心。也可以直接让他把电话放回去,我想他也会照着做,但效果一定没有这样好。

问高质量的问题也是一种技巧,需要练习。只在心里想,不能算是练习,只有真的对人提问才能算是练习。只有在实践过程中才能真正学会做某件事情。空想和试图做,都没有用。

抚养孩子,对他从来没有批评和责备是不可能的。想要尽量减少对孩子的批评,就得把批评变成问题。比如问:"假如可以重来一次,你会怎么做?"这样的提问方式,既不会让自己火冒三丈,也不会给孩子带来任何负面情绪。

做父母，我们也可以通过问自己问题，做自我反省。"我和孩子的沟通方式能使我满意吗？""有人对我讲话，就像我对孩子讲话一样，我会不会觉得不舒服？""我下次该怎么做？"

通过倾听来学习

就父母与子女关系的问题，如果我只能给出一点建议，这个建议就是，通过倾听来学习。只有当父母愿意聆听子女的心声，并重视他们的感受，他们之间的沟通才有效。

通过倾听来学习，指的是不要把自己的观点强加给孩子，也不要在孩子说话时去评判他的观点正确与否。父母都有一种习惯，孩子说话时，父母的第一反应就是，从自己的角度出发，评判孩子的话是否正确。这是典型的从自己的角度倾听。在大多数的谈话过程中，我们都会倾向于评价对方说的是否正确，假如其中掺杂了个人感情，那么气氛就会变得更为紧张。养成通过倾听来学习的习惯，是避免这种倾向发生的最简单的方法。

另一个应该摒弃的坏习惯就是，父母在听孩子说话时，总喜欢预测孩子将要说些什么，导致父母总是打断孩子的话。孩子们都希望被了解，他们不喜欢在话还没说出来，父母就已经知道他们想说什么的感觉。善于倾听的父母总是能了解孩子的感受和想法，也给孩子树立起好榜样。我们都知道，青春期的孩子一般都没什么耐心去听别人说话。

> 另一个应该摒弃的坏习惯就是，父母在听孩子说话时，总喜欢预测孩子将要说些什么，导致父母总是打断孩子的话。孩子们都希望被了解，他们不喜欢在话还没说出来，父母就已经知道他们想说什么的感觉。

"把嘴巴装上拉链"，对父母来说是件挺困难的事。但如果你想改善与孩子的沟通与理解，就必须这样做。响水不开，开水不响。口若悬河是不可能想出什么真知灼见的。家长们必须让孩子们知道，父母随时随地都愿意倾听他们的想法，哪怕不一定赞同。"咱们来聊聊这件事吧。"就是个很好的开场白。营销当中"先询问再提议"的原则，同样适用于父母和子女之间的谈话。

减少说教

家长们总怕孩子不能做出正确的决定，于是开始说教。这也就意味着，父母对孩子的决断力没有信心。渐渐地，孩子们对自己也丧失了信心。发现这点后，父母对子女的信心更加与日俱减，新一轮说教又开始了。

哪怕父母的出发点再好，一旦开始说教，子女就知道自己做错了，或至少做得不够好。这往往会使得孩子为自己辩护，产生抵触情绪，青春期的孩子更是如此。假如说教管用，孩子们早就按照父母说的去做了。想用说教的方法来说服青春期孩子，几乎不起作用，哪怕孩子们知道父母说得对。听到父母又在说教，青少年会想："爸妈就是想控制我！"有句老话说，对青少年讲话不要超过13个字。

鉴于青春期孩子对于父母的指手画脚特别敏感，而他们又少不了父母的帮助，因此父母在和他们说话时要特别注意。用问话的口气提建议，例如："你觉得……怎么样？""你有没有想过……？""你会不会考虑……？"

只有养成新习惯，才能摆脱旧习惯。每当你想开口说教，试着把它变成疑问句："如果我直接告诉你，结果会不会好些呢？"哈里·S.初曼建议："我发现给孩子们建议的最好办法是，先搞清楚孩子们想听什么，再给他们建议。"

第六章 给父母们的有效建议

最想说的话

其实父母想要获得孩子的尊重，一个很有效的办法，就是先不要想着能为孩子们做什么，先让孩子们为父母们做些什么。父母要表现出自己需要帮助，给孩子机会，让他们来帮助你。

帮助你开始具体操作

检查假设

有时候我们的决定是基于不正确的假设。我们觉得很清楚自己在说什么，在想什么，但孩子们听到耳朵里的就变成另一个意思了。

在《卡尔文与霍布斯》系列漫画中，卡尔文对妈妈说："妈妈，我饿了。我能吃点零食吗？"妈妈说："好啊，你自己去拿吧。"下一幕中，卡尔文抱着一个大饼干筒从客厅里走过，手里拿着一块，嘴里还叼着一块。他听到妈妈说："你可以到冰箱里拿一个橘子或者吃个苹果。"卡尔文站在那里，呆呆地想："尽管我们说的都是英语，但我们讲的根本就是两种语言。"对于卡尔文来说，零食就是饼干；而对妈妈来说，零食就是苹果或者橘子这类健康食品。

还有一个例子。

一位父亲带着3岁女儿走在树林里。他不断地叮嘱女儿，沿着马路走，沿着马路走。可小女孩还是到处走来走去，一会儿看看这棵树，一会儿又到那边的树丛里转转。爸爸不停地说："沿着马路走。我已经告诉过你了，要沿着马路走！"终于，爸爸忍无可忍，他把小女孩拽过来，轻轻摇晃着她的身子吼道："跟你说了多少遍了！沿着马路走！！"小女孩满脸委屈地望着他，眼睛里含着泪："爸爸，什么是马路啊？"

把注意力集中在重要的事情上

父母和子女之间的矛盾不可避免，但并不是说每次都演变成冲突。一个有效的办法是，停顿一下，然后问自己："假如一星期之后再来看这件事，它还这么重要吗？"

青少年总想尝试各种不同的事情，有时候让大家感到既烦恼又困惑。尽管这一切做父母的看在眼里会很焦虑，但这却是他们的必经阶段，他们必须学会自己解决问题。父母的首要原则是："只有在事情严重到可能对孩子造成伤害，或是事情发展下去会变得不可逆转时，才可以进行干涉。"13岁的男孩喜欢穿松松垮垮的裤子，或戴稀奇古怪的帽子，虽然父母都不喜欢，但却无伤大雅；但假如他在手臂上文上有争议的文身，问题就严重多了。只要是涉及安全、法律和道德的问题，都没有商量余地，家长一定要出面干涉。

让孩子帮忙

正如你无法把知识和智慧装进别人的脑袋里一样，你也无法强迫一个人变得有责任心。尽管你可以给他分配任务,让他完成,但只有在他真正愿意接受,他才会变得负有责任感。让孩子帮父母的忙,其实是培养他们责任心的很好的方法。在老一辈观念里,父母是家庭的中心,孩子需要帮助父母打理家庭事务。但在今天的家庭生活中,我们总强调家长能给孩子们些什么,忽略了应该让孩子们也为家庭做出些贡献。

其实父母想要获得孩子的尊重,一个很有效的办法,就是先不要想着能为孩子们做什么,先让孩子们为父母们做些什么。父母要表现出自己需要帮助,给孩子机会,让他们来帮助你。你可以这样说:"我需要一个人安静一会儿。"或者"我需要你帮我把这些吃的放到冰箱里。"或者"你能帮我一起做晚饭吗?"根据马基雅弗利的观点,人天生容易和那些给予或接受自己好处的人建立起联系。

请求帮助听上去更悦耳,更主动,也更有效,比批评、责备、抱怨要好得多,如"你怎么不帮我把东西放到冰箱里?"

或者"我需要你帮我把这些吃的放到冰箱里。"

请求帮助听上去更悦耳,更主动,也更有效。比批评、责备、抱怨要好得多,如"你怎么不帮我把东西放到冰箱里?"

读出隐含信息

父母在表达出明确信息的同时,也传递了隐含的信息。"明确信息"是指实际说话的字面含义;"隐含信息"是指根据字面意思推测出的信息。

例如:13岁孩子的电影票要比12岁孩子的贵。父母为了省钱,就让13岁女儿对电影院售票员说她只有12岁。这一过程中,传递出的明确信息就是父母想省钱,而隐含信息就是,你可以撒谎。

青春期孩子对父母说:"我今天晚上要出去。我可能会晚一点回来,在派对上,我也可能会喝一点酒。"父母对孩子说:"不许去!"这句话的字面意思很清楚,而它的隐含意思就是:"我不信任你。"

还有一个例子,父母所传达的隐含信息起到了反效果。

有天晚上,18岁女儿打电话给父母,告诉他们她有点喝多了,希望他们来接她。这本来是非常负责任的行为,父母却非常生气。在开车回家的路上,他们不停地数落她。女儿默不作声,心想:"我下次再也不告诉你们了!"

父母恼羞成怒,并勒令孩子不得再做某事,孩子们就像把头暂时埋在沙子里的鸵鸟,父母以为他们禁止,孩子就真的不再做了。但事实却是,大多数情况下孩子们依然故我,想干什么还会去干什么。只是,他们不再告诉父母了,父母们失去了原本可以影响孩子的宝贵机会。本来他们有机会告诉孩子,对这件事他们的看法;他们本来可以和孩子分享他们年轻时的经历和感受，告诉他们做父母的感觉——但是现在，都已经不可能了。

家长们要特别注意隐含信息所表达的意思。父母们火冒三丈，朝孩子大吼大叫，隐含信息告诉他们，对别人大吼大叫是可以接受的。打人也是同样的道理。父母一般没有意识到，他们实际是在教孩子，你生气的时候，可以不必控制情绪，甚至还可以动手打人。

培养责任心

责任心的培养应该从很小开始。

🎧 小宝宝坐在婴儿椅上喝牛奶。喝完后，随手一扔，就把奶瓶扔到地上。他听着"咚"的一声，感到很高兴，他喜欢这样把手伸出去。妈妈走过来，把奶瓶捡起来。小宝宝得到的信息是，他可以这样控制妈妈。妈妈认为不应该让宝宝养成这个习惯。她没有责怪也没有吓唬宝宝，她只是在宝宝一喝完牛奶时，马上把奶瓶从他手中接过来。然后一边给宝宝擦脸，一边和宝宝讲话。这里，妈妈已经在教宝宝什么是负责任的行为了。

年幼的孩子还不具备自我保护能力，保护他们是父母的责任。比

> 与其把焦点放在孩子做错了什么上，不如引导孩子明白，应该怎么做才能避免类似的事情发生。

如，孩子跑到马路中央，父母就要把他拉回来，让他走在人行道上。父母还可以告诉孩子，在马路中央走有多危险，但不要让孩子为自己无知的行为感到受了责备。其实，与其把焦点放在孩子做错了什么上，不如引导孩子明白，应该怎么做才能避免类似的事情发生。

孩子们渐渐长大，家长开始给孩子们立规矩了。特别是青春期孩子，很容易出现一些问题，因为规矩在他们眼里就是禁令。青春期孩子追求独立，他们不是存心要叛逆，只是在寻求自我。父母不应该只是给他们设下种种条框，更多的应该是和他们交流，谈谈期望，这样更积极正面。通过提问，帮助他们反思和自我评价，这些都比立规矩有效得多。

> 青春期孩子追求独立，他们不是存心要叛逆，只是在寻求自我。父母不应该只是给他们设下种种条框，更多的应该是和他们交流，谈谈期望，这样更积极正面。通过提问，帮助他们反思和自我评价，这些都比立规矩有效得多。

第六章　给父母们的有效建议

媒体在青少年生活中扮演着重要的角色。青少年有自己的权利，也希望父母明确地承认他们的权利。拥有权利当然不能用责任做代价。尊重青少年就是在培养他们的责任心。孩子处于青春期，父母和孩子都承受着巨大压力。父母需要孩子们做什么，都只能通过协商来解决。父母不能再像以前那样靠体力占优势，也不能阻断孩子受到外界的影响。他们不在时孩子们做了什么，他们不可能全知道。

唯一的出路就是培养孩子的责任心。孩子有了责任心，就能与父母保持步调一致。"怎样做才是正确的呢？""这是我真正想要的吗？""我父母会怎么想？"有责任心的孩子，不断地在脑海里问这些问题。当孩子们懂得什么是内在动力，什么是外在动力（"责任心培养体系"的首要目标），他们就能很容易地做出负责任的选择了。

展现个人责任感

我们的行为和我们与人交流的方式，都源于我们的信念。但很多时候，连我们自己都不太清楚这些信念是什么。例如，当父母夸孩子："我真为你感到骄傲啊！"其实就隐含了一层意思：如果你们真的爱父母，就做一些正确的事情，让父母感到骄傲吧。在一定程度上，父母这番话就暗示了孩子，他们应该为父母的感受负责。刚才那句话也可以这样说："如果你真的爱我，你就应该让我感到高兴。"另外，当父母说："你让我很生气"，"你让我很沮丧"，"你气死我了"之类的话时，传递的是类似的信息，都在表示着子女要为父母的感受负责。

父母因孩子的行为感到生气，就会想："我感到很生气，都是这孩子造成的，都是孩子的错。"这时，父母其实并没有为自己的反应负责。父母应该这样想：我感到生气，我应该怎样对待这个情绪？可惜父母一般都没有这样做，他们把自己情绪不佳的责任推到了孩子身上。

"我感到很生气，都是这孩子造成的，都是孩子的错。"这时，父母其实并没有为自己的反应负责。父母应该这样想：我感到生气，我应该怎样对待这个情绪？

同样，要子女为我们的感受负责，我们也得为他们的感受负责。父母们意识到自己监护人的身份，觉得让孩子高兴是父母的责任，哪怕无视自己的感受也无所谓。这种想法既不利于父母，也不利于子女的成长。比如，子女向父母提出请求，虽然很勉强，但最后父母还是尽量满足了孩子的要求，可是事后，父母会越想越生气，越想越后悔。这个过程传递出的隐含信息是：告诉孩子们不必在乎父母想要什么，孩子们才是第一位的。

觉得让孩子高兴是父母的责任，哪怕无视自己的感受也无所谓。这种想法既不利于父母，也不利于子女的成长。

这不仅仅使孩子学会操控父母，并且使他们对父母越来越依赖，需要父母无时无刻地陪着他们。所以，父母最好有时候能对孩子说："我晚一点再和你一起做吧。"或"我需要一个人待一会儿，你先自己玩吧。"孩子们也就学会了让自己变得高兴。父母当然应该把孩子放在首位，但也不能因此让孩子完全依赖父母。孩子们渐渐学会负责任，父母

第六章 给父母们的有效建议

对孩子的照顾也应该越来越少。

孩子从完全由父母照顾，到开始学着照顾自己，有时他们还会试探父母。年幼的孩子会用尖叫、哭喊等手段，试图操控父母。如果父母总是让步，就给了孩子暗示，下次还可以这样做。孩子们很擅长让别人为他们负责。

> 年幼的孩子会用尖叫、哭喊等手段，试图操控父母。如果父母总是让步，就给了孩子暗示，下次还可以这样做。

想要让家长以身作则，表现出负责任的态度，是一件很困难的事，执行的过程中也会遇到种种阻碍。但是，好处也十分明显，你会觉得一切都是值得的。父母言传身教，给孩子树立负责任的榜样。毫无疑问，一开始孩子并不喜欢这样，过一段时间，孩子们就会发现，对自己负责，比依靠别人来获得快乐，更能让人满足。如果父母对子女说："我不得不照顾你，因为你不照顾自己。"孩子就会越来越依赖父母，也越来越没有自信。但如果父母对子女说："如果你需要，我都会在这里。但是我相信你自己也能做得很好。"孩子们就能变得更独立自主，更有责任感。

如果父母对子女说："我不得不照顾你，因为你不照顾自己。"

但如果父母对子女说："如果你需要，我都会在这里。但是我相信你自己也能做得很好。"

维持一定的标准

有一天,英国诗人塞缪尔·泰勒·柯尔律治接待了一位来访者。谈话期间,两人谈到孩子教育的话题。这位客人认为,应该给孩子充分的自由,让他们天马行空地想,随心所欲地做,自由自在地学,孩子们才可以充分发挥潜能。于是柯尔律治邀请他参观后花园。后花园里杂草丛生,一朵像样的花都没有。柯尔律治告诉他,过去这个花园曾盛开过满园的玫瑰花,但今年他突发奇想,想让玫瑰花自由地生长,于是,就变成现在这番荒芜景象了。

青春期孩子似乎总是对父母不满意,也很讨厌别人吩咐他们做事。对他们来说,父母只是父母,不是朋友。他们常对父母说:"你不懂!"或者"在同学里只有我还……",或者"如果不让我……,我就死给你看!"其目的就是想让父母乖乖就范。这时候,父母不能放纵孩子的无礼要求,要从孩子的长久利益出发,考虑怎么做才是对他们最好,引导孩子去思考他们这么做的理由。因为青春期孩子即使没理,也总觉得自己有理。这里有个小技巧,父母想拒绝孩子的要求时,可以说:"你要是能说服我,我就同意你……"孩子就不得不反思自己的行为。

正如都应该了解民主体制一样,每个公民也应该具备基本的道德、伦理和价值观,它们是民主体制的基础。从现实的角度说,我们的行为应该遵从这些社会规范,而不能光凭着感觉,任性而为。在公园里,一个男孩把另一个年纪更小的男孩推倒了。他妈妈连忙跑过去问儿子:"你到底为什么发这么大脾气,要把他推倒呢?"也许这个男孩真能说出个理由,但那也不能作为借口。不当的行为就是不当的行为,无论出于什么理由或感情,都需要被纠正。要培养孩子的是非观,学会克制自己的冲动。

第六章 给父母们的有效建议

> 不当的行为就是不当的行为，无论出于什么理由或感情，都需要被纠正。要培养孩子的是非观，学会克制自己的冲动。

在维持标准方面，父母要学会尊重孩子，这样才能获得孩子的尊重。孩子们对父母不礼貌，父母会感到被冒犯；但父母却很少意识到，其实他们也没怎么尊重过孩子。例如，不经过允许就乱翻孩子的东西，这其实就是对孩子的不尊重。如果孩子没经过父母允许，乱翻父母的东西，父母也会很生气。当然，在这件事上，还是孩子首先欠了父母，他们欠了告诉父母他们的行踪，欠了告诉父母如何联系到他们。如果彼此之间多一些礼貌和尊敬，父母也不必给孩子定那么多规矩，孩子也不会觉得父母总是要控制他们。很多标准就可以自然而然地形成。

动用权威的力量并不意味着惩罚

有时候我们有必要动用权威的力量，但这并不意味着要惩罚。关键在于要用积极的态度与孩子交流，给他们选择的权利，最终引导他们进行反思。这需要反复练习。我们这么做的目的不是要惩罚他们，而是要培养他们的责任心。惩罚有损于责任心的建立，疏远父母与孩子的关系。应该利用这个机会对孩子进行教育，启发他们，让他们自己思考下次再遇到相同的情况该如何处理。这样做既尊重孩子，也让孩子懂得尊重自己，让他们明白他们要为自己的行为负责，从而使不良的行为得到矫正。将坏事变好事，把犯错误当作教育的机会，帮助孩子们成长。

孩子犯错，不要急着惩罚，要循循善诱，让孩子自己思考这种情况该如何处理。如果孩子的回答不能被接受，就接着问："除此之外还有什么办法？"直到满意为止。最终的处理办法应该满足三个要求：

1．要与具体这次事件相关。
2．处理方法要合理。
3．处理方法要有助于孩子成长。

🎧 有个青春期女孩，每次生气都会使劲把门撞上。她爸爸跟她说这样撞门会让其他人感到不舒服，但她依旧这么做。于是爸爸想，制定一套步骤，每次生气时让她做，以此来转移注意力。爸爸对女儿说，他相信她一定能学会控制好自己的情绪。他还试着提些建议："你生气时跑回卧室，暂停一下，转过身来，再关上门。"他还鼓励女儿看看有没有更好的办法。女儿尝试。这时候父亲开始动用权威的力量，如果再出现同样的情况该如何做。他不停地问女儿"还有什么办法？"直到女儿说如果再这么做，就把门拆下来。后来又有一次女儿使劲摔门，父亲真的把门拆下来了，他拿着锤子、螺丝刀和胶带把门拆好后放到车库里，对女儿说，他知道她很希望有自己的隐私，只要她找到办法控制自己的情绪不再摔门，他就会把门再安回去。

在这里父亲使用了一些策略。首先，他表达了对女儿改变自己不当行为的信心，帮助她制定了步骤。其次，他帮助她理解到发脾气时，除了摔门还可以有其他选择。再次，鼓励她反思，当同样的情况再次出现时该怎么做。最后，他按照他们事先说好的做了，但是仍然启发女儿制定新的更有效的解决办法。

让孩子停止抱怨的妙招：让孩子自己做

如果孩子总是抱怨父母做事的方式，那就让孩子组织一次活动，这不失为好主意。父母也可以从中指导，给一些建议，拨一点儿预算。这种方法虽然不能保证让每个人都过得满意，但至少能让孩子不再抱怨。

有些孩子忘性大，抱怨自己总是丢三落四。可以让他负责家里的"信息中心"，就是那块放在冰箱附近，作为家庭备忘录的小黑板。把家里重要的事情写在上面，孩子也可以留言，每天保持更新。目的是让他不再忘事。孩子也不能以"不知道"做借口了。

孩子冲动怎么办：学会制定有效步骤来对付冲动

虽然我们会受到外界的刺激，但冲动、情绪化都源自内部，在没来得及深思熟虑时就冒了出来。坏消息是我们无法彻底消除这种冲动，但好消息是可以通过选择我们的反应来减弱它，不使它干扰我们的行为。我们选择怎样的反应，会影响到冲动的强度和频度。比如，一个青少年发脾气，除非他有意识地选择建设性的方法去应对，否则他的脾气就会发得越来越频繁，延续的时间也会越来越长。掌握一套程序来应对这些消极想法、负面情绪和不恰当的行为，是一种有实效的办法。

首先要让孩子了解到，无论内心有多么冲动，我们还是可以选择如何应对。对于年幼的孩子，可以让他画一个红绿灯，把颜色填好；对于年龄较大的孩子，只需他在脑子里想象一下就可以了。

红灯在最上面，代表着停和开始呼气。情绪比较激动，呼吸也会变浅。这时候要用力呼出身体里的剩余气体。

黄灯亮了，慢慢地开始吸气，吸气要长，让精神放松下来，这样你才不会被情绪所控制。在第二阶段，就要考虑选择怎样应对了。

家长们可以通过提问引导孩子，比如问："在这种情况下，怎样做才是最聪明的选择？"这时绿灯亮起，代表着走上正确的道路。

这一进程必须经过反复练习，直到孩子完全习惯为止。下一次，孩子的行为再被情绪控制，家长就要第一时间举起信号灯（你可以多做几个信号灯，放在不同的地方。需要时，马上就能拿到）。人处在精神高度紧张状态下时，是不会考虑后果的。采用上述方法比威胁或惩罚都要有效得多。而且，对家长和孩子来说，压力也会小很多。

上述方法很简单，哪怕是年幼的孩子也能轻易掌握。尽管无法阻止负面情绪和冲动的产生，至少可以选择理智地应对，而这正是成长的标志。多次应用上述进程来应对负面情绪，坏情绪出现的频率就会越来越低，持续的时间也会越来越短。

最想说的话：有个简单的方法区分表扬和肯定,就是看它是不是把大人自己牵涉进去。如果把大人自己牵涉进去,那就是表扬。

处理孩子们彼此间问题的七个小诀窍

一、巧妙化解兄弟姐妹之间的争吵

兄弟姐妹之间的良好关系,会成为孩子一生的财富。但如果他们之间产生矛盾不能妥善解决,将在他们之间埋下心结,成为一生难以愈合的伤口。

年长的孩子开始欺负妹妹,父母必须马上干预,要清楚地告诉他们,伤害别人的行为绝对不能被接受。孩子们之间的争吵也需要马上制止,因为它不仅让双方都感到愤怒,而且会伤害自信心。像"讨厌"或"闭嘴"一类的话,在手足之间应该绝对禁止。大家都不使用这些伤害的词语,争吵也会少得多。要让每个孩子都明白,"没有攻击,就不会受伤害",在遇到问题时,要用和平的方式解决。

当然,并不是孩子们每次争吵,父母都得进行干涉。假如争吵变得激烈,甚至演变成打架,父母就必须站出来干预了。多数孩子不喜欢打架,即使他们占上风。孩子们之所以会打架,是因为他们没有其他办法

> 孩子们之所以会打架，是因为他们没有其他办法来解决愤怒和沮丧。

来解决愤怒和沮丧。这时候，要把打架的双方分开，让他们都冷静下来。一个办法是，让他们都坐下来，直到得到对方的许可，才可以站起来。父母要听取双方的观点，帮助孩子们一起找出解决矛盾的办法。

另一个办法就是，让他们分别写出事情的来龙去脉。其实这是在给他们时间，让他们冷静。家长读两个孩子写的东西后就会发现，两人写的大相径庭。这时，家长就要让他们两个商量，最终达成共识。或者让他们交换看对方写的东西。再要求他们想出一个双方都同意的办法，哪怕这个办法完全行不通也无所谓。最终的结果往往是，在他们共同努力下想出了一个既可笑又可爱的解决办法，而在这个过程中，他们的怒气也烟消云散了。

> 最终的结果往往是，在他们共同努力下想出了一个既可笑又可爱的解决办法，而在这个过程中，他们的怒气也烟消云散了。

二、正确面对孩子们的性别差异

父母们需要教会孩子很重要的一点就是：哪怕和别人都不一样，也不代表着你就是错的。生活在今天这个兼容并蓄的文明社会里，能理解人与人之间的差异非常重要。这个差异也包括性别差异。

总的来说，让他们坐下来，谈论一下感受，对于女孩子来说比较容易，男孩子就没那么容易了。男孩子更喜欢用行动来表达他们的感受，比如打棒球、篮球，或是出去跑等。

男孩子们很喜欢充满力量、无所不能的感觉。所以，如果总是告诉他该做什么，就破坏了他自己做主的感觉。这也是为什么，男孩子听到父母的命令时，总是迟迟不愿行动，哪怕他知道父母的话是正确的。

了解男孩儿和女孩儿的差异，对父母很有帮助。母亲因为怕儿子受伤，不想让儿子参加某项活动，父亲就应该站出来："让他去吧。这样他才能长成男子汉。"父亲们往往觉得，只要活动没有生命危险，不损害健康，也没有道德和法律上的问题，都可以让儿子去参加。一般来说，父亲们都比较鼓励儿子参加剧烈活动。

这种"男孩之间的游戏"，是男孩子们的天性，它和一般意义上的好斗的负面错误行为不同。比如欺负人就是错误行为，父母越早出面干预越好。

三、用肯定代替表扬：用自信替代迁就

有一次，我在华盛顿组织大会。会后，我收到来自弗吉尼亚州亚历山德里亚市一位校长的来信。信中说道：

"你说用肯定来代替表扬的主张真的使我醍醐灌顶。有一次，我11岁的女儿做了一件很棒的事。我又像往常一样对她说：'宝贝，你真让妈妈感到骄傲。'我才说到一半，她就让我打住了。她把手指放在嘴唇上做了个'嘘'的动作，然后对我说：'妈妈，每当你这样对我说，我就会觉得很别扭。好像我很无能，连完成了一点点小事都值得你惊讶半天。'"

这位妈妈的初衷是想通过表扬奖励女儿。虽然发自内心，但表达的方式却不太合适，听上去就像在暗示女儿能力有限。

表扬，是有代价的。大孩子得到父母表扬，就如同被当作小孩子一样对待，会觉得很尴尬。对年幼孩子的表扬实际上是鼓励他们去讨好大人，去按照大人的心愿，做大人想让他们做的事情。比如："我真为你骄傲，你是个听话的孩子。"这句话暗示，听大人话的就是好孩子，如果有一天孩子不听话了，那就不是好孩子了。一旦你习惯了这种表达方法，就很难停下来，因为孩子也已经习惯了，他会一直需要你的表扬。

而来自弗吉尼亚有位妈妈，在肯定孩子的做法时，并不把它和做母亲的骄傲挂上钩。肯定孩子的作为，欣赏他取得的成就，这对培养孩子的自尊非常有帮助。

自尊来自于内心对自己能力的认同，所以人的力量来源于内心。人只有经过努力，才会对自己的能力有自信，才会在心里产生深深的满足感。那些总是寻求外部刺激才能行动的人，他们的自尊心一定有缺陷，仿佛需要等着别人将自尊赐予他们。

自尊之所以重要，是因为它塑造我们的人格，而不仅仅是激励我们的行动。比如，我们不说"你取得这么好的成绩，我为你骄傲。"我们说："干得好！"它传递的信息可以带给人更多的力量、更丰富的含义。"我看到你今天自己整理了床铺。"相较于"你今天自己整理床铺，我真为你骄傲。"更能够有助于自尊心的加强，而后者更像是鼓励孩子取悦父母。

肯定对方的成就，不仅表达了赞扬的意思，还肯定了对方的自身价值，而这价值不需要他人来赐予。它的长期效用就是加强了自信、自尊，而一个有自信自尊的人，不需凡事仰仗他人的脸色行动。

年龄小的孩子总是不自觉地希望自己做的事能让父母高兴。而我们真正希望的是孩子们能懂得什么该做，什么不该做，不要因为有人在前面举着个胡萝卜，就放弃了自己的原则。一个人用理智做出正确的决定，并采取了正确的行动，他会感觉非常良好，会觉得自己有价值。培养孩子的责任心，而不仅仅是服从取悦于他人，这对孩子和父母都有好处。孩子获得了自信，家长成了好家长，他们给予孩子的礼物最有价值，让他们受益终身。

> 年龄小的孩子总是不自觉地希望自己做的事能让父母高兴。而我们真正希望的是孩子们能懂得什么该做，什么不该做，不要因为有人在前面举着个胡萝卜，就放弃了自己的原则。培养孩子的责任心，而不仅仅是服从取悦于他人，这对孩子和父母都有好处。孩子获得了自信，家长成了好家长，他们给予孩子的礼物最有价值，让他们受益终身。

有个简单的方法区分表扬和肯定，就是看它是不是把大人自己牵涉进去。如果把大人自己牵涉进去，那就是表扬。

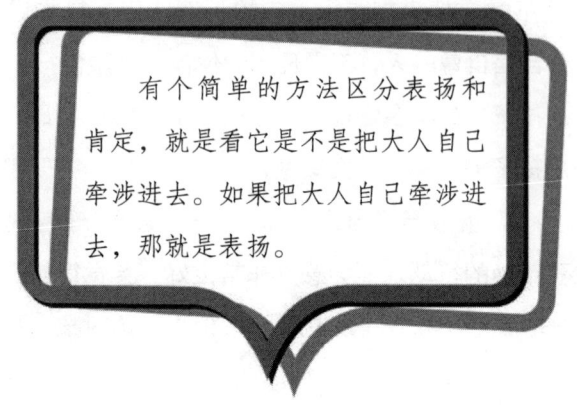

有个简单的方法区分表扬和肯定,就是看它是不是把大人自己牵涉进去。如果把大人自己牵涉进去,那就是表扬。

正如洛夫·沃尔道·安莫森说的:"对完成一件事情的最好奖励就是完成它。"

四、用正面态度鼓励孩子完成家庭作业

做家庭作业有两个益处,很显然,一是有机会练习所学知识,触类旁通,加深理解。仅靠课堂时间是不够的,反复练习必不可少。

二是培养孩子的责任感、自律性、独立性、持之以恒的精神和时间观念。每次做家庭作业,从开始,到完成,还要对它的结果负责任,对孩子是很好的锻炼。

有时候家庭作业很难,如果孩子觉得独立完成有困难,家长可以适当给予帮助。一旦孩子知道该如何做下去,家长就需要放手。否则孩子会逐渐产生依赖感。

做家庭作业应该养成习惯,安排出专门的时间,最好及时完成,不要拖到最后。晚饭前后的时间最好,这时孩子们还精力充沛,头脑清醒。拖到睡觉前再做就有点太晚了。

无论做任何事,我们都可以选择自己的态度,做家庭作业也是这样。需要父母参与时，父母可以给些积极的鼓励，并让孩子承担一部分责任，不要全部包办。比如问他们："这个作业能让你学到什么？"注意不要太唠叨，不要总说消极的话，比如"做完作业了吗？"家长的负面态度会让孩子想赶紧做完作业，逃离父母的说教。常常会出现明明做完了作业，却忘记带到学校。这是因为孩子的目的不是完成作业，而是想避开父母的唠叨。

五、引导孩子寻找正确的时机做事情

青少年自己能做的事情，就要让他们自己做，不要替他们做，因为这是培养他们责任感的好机会。

一旦任务开始实施，就要注意它的进度，而不是追求完美，即使最终没有达到父母的期望，你还是能找到些积极的话来说，积极鼓励可以让他们振奋起来。相反，批评的话让人更泄气，加深他们的内疚和失败感。

每天用固定的时间做固定的事，把时间安排好，就可以从容地完成任务，不至于最后手忙脚乱。制订日常计划要充分考虑其他因素，比如小孩子会不会饿了、累了。

开始做事时给予一些引导，不失为好方法，尤其是对年幼的孩子。他们全心投入后，家长就可以放手让他们自己去做，说一些给他们信心的话："我相信没有我的帮助，你也有能力把它做完。"

做任何事情都要根据孩子们的年龄。"把你的桌子整理一下",相较于"把你的房间整理一下",前者更明确,更容易完成,不像后者叫人不知从何下手,望而却步。在他们整理好桌子以后,你自然还可以叫他们接着整理床铺、地面。

> "把你的桌子整理一下",相较于"把你的房间整理一下",前者更明确,更容易完成,不像后者叫人不知从何下手,望而却步。在他们整理好桌子以后,接着整理床铺、地面。

要注意到孩子什么时候累了,病了,或是被过高的期望压垮了。因为这会让孩子乱发脾气,拒绝合作。同样,如果该看的电视没让他们看,或在该玩的时间没让他们玩,那你也不要指望他们会有好心情与你合作。特别是一定要考虑青少年的精神状态。

有个典型例子:有个男孩没有将垃圾倒出去,或者没有完成其他该做的家务活,就坐在那里看电视。家长马上发难了,结果闹得大家都很不愉快。

时机没有掌握好，才会造成负面反应。更好的方法应该是在电视节目结束后，或者他站起来时。一旦他离开沙发站起来，他的精神就会处于这样一种状态：更容易接受其他的指令，将垃圾拿出去。另外，注意不要给孩子错误印象，好像父母的需要比他们自己的需要更重要。"越是强迫，越是不干"。

六、顺应且尊重孩子的天性

一粒橡种树子在适当的土壤里，给它浇水施肥，有一天它会长成参天橡树。即使想让它长成红杉树，它还是会长成橡树。

青少年不是父母的克隆。有些人比较理性，有些人偏向感性；有些人需要不停地做事，有些人需要不停地交朋友。尊重孩子的天性，对你与孩子之间的关系至关重要，避免摩擦。关键是要量体裁衣，因人施教。

七、在陪他成长中学会收获快乐

做父母最大的快乐莫过于看着孩子健康成长。在过去千百年中，父母对孩子的所有权在家庭关系中占有显著位置。而今天，时代让孩子变得不再是父母的私有财产，孩子作为独立的人享有和社会上其他人同等的权利，因此在正确管教和错误束缚子女之间就有着微妙的界限。

既为孩子提供安全的港湾，又为孩子提供翱翔的翅膀，这是每位父母发自内心的愿望。也许所有这些加起来，就是卡里·纪伯伦在1932年写的动人的《先知》里要表达的内容。

你的孩子，那不是你的孩子
他们是生命长河的儿子和女儿

他们从你而来，却又不是从你而来

他们和你在一起，却又不属于你

你能给他们你的爱，但不能给他们你的思想

他们的思想来自于他们自己

你能荫庇他们的身体，却守不住他们的灵魂

他们的灵魂住在明天，你看不见，即使在梦里

你努力模仿他们，但别指望他们模仿你

生命不会停下脚步，徘徊在昨日里

如果你是弓，孩子们就是那飞出去的箭

射手凝视着无穷的远方，低下头向你致敬，射出的箭矢迅疾又遥远

令你满怀的喜悦为他倾倒

他挚爱的箭飞向远方，他忠诚的弓牢牢握在手里

精髓点

- 练习正面的表达，减少交流时的隔阂，是影响孩子的最佳方法。
- 给孩子选择的权力，选择权可以带给他们力量，也使他们乐于合作，比强迫命令有效得多。
- 鼓励他们反思，目的是激发他们内在的动力。
- 学会使用有效提问，引导学生对自己做出评价，从而使提问者和回答者都对自己有清醒认识。
- 多听少说。多了解青少年的想法和感受，可以有效拉近父母与孩子之间的距离。

第六章 给父母们的有效建议

- 尽量减少说教。虽然初衷是让孩子们分享你的经验，少走弯路，但孩子们常把它当成批评。说教传递出的信息就是，青少年所做的是错的，至少不够好，这常导致争执和对抗。
- 多思量一下自己的话会不会被误解。虽然我们心里都清楚要表达的意思，但听到另一个人的耳朵里，也许意思就完全不同了。
- 关注重点，掌控全局。矛盾和冲突总是不可避免，但并不意味着每一次你都要一钉一铆地认真对待。
- 给青少年机会，让他们帮助你，共同付出努力完成一件事情，你会发现青少年变得富有责任心了。

- 要小心字里行间隐含的意思，隐含的意思是我们无意中表达出来的。比如，父母很生气时，会对孩子大喊大叫，隐含的意思就是，一个人很生气时，可以通过大喊大叫来发泄。
- 加强孩子们的责任心。父母应该将孩子的青春期看作是一个探索自我的过程，通过对话引导他们反思，减少他们的困惑，而不只是严厉的苛责。
- 父母应该以身作则，首先自己做有责任心的人。孩子激怒你，不要马上责备孩子，先深呼吸，然后好好想一想：我很生气，但现在我应该怎么做才是最好的解决方案？

- 要坚持原则。有时候坚持原则比父母的面子更重要。
- 动用权威的力量，但并不意味着惩罚。让青少年明白不同的行为会造成不同的后果，然后让他们选择自己的行为，这比强加的惩罚要有效得多。这让青少年学会对自己的行为负责。

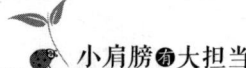

- 有些事可以让青少年做主导,从做计划开始,到后来执行。家长仅从旁指导,必要时适当帮助,并在经济上给予援助。

- 如何控制自己的冲动,家长可以教给他们一些步骤,最后让自己冷静下来,做出理智的行为。
- 对于孩子之间的争吵,父母不应该每次都介入,只有当争吵变得激烈,并演变成打架时,父母就应该及时制止。
- 要注意男孩女孩的不一样。男孩不善于表达,更喜欢付诸行动;有更强大欲望去表现自己的力量,要引导孩子如何正确处理这些欲望。
- 多肯定,少表扬。因为肯定强调了孩子行为的自主性,而表扬剥夺了孩子的成就感。

- 认真对待家庭作业。家庭作业提供了极好的机会,对所学的知识进行练习,并进一步巩固和提高。它还培养了孩子们的责任心、自律精神、独立意识、持之以恒和时间观念。家长的帮助要适可而止,尽量让青少年自己去完成。
- 要巧干而不要死干。他们可以自己做时,就不要代替他们去做。专注进程,而不是追求完美。
- 尊重孩子的天性。每个孩子都是不同的,他们不是父母的翻版,意识到这点,可以改善父母与孩子之间的关系。
- 收获快乐。做幸福的家长,看着孩子们健康快乐地成长,给他们安全的港湾,也赋予他们翱翔的翅膀。

最想说的话：要把人和事分开。孩子做了不恰当的事，我们只要就事论事就可以了，不要称孩子为不负责任的人。"你能想出一个更合适的方法去做吗？""无论什么情况都不值得你这样做。"这样的表达都比"你太不负责任了"要好。

总　论

世界就像一面镜子，每个人都能从中看到自己。

你皱眉，世界也对你皱眉；你刻薄，它也对你刻薄；

你笑，它也笑；你快乐，它也快乐。

——威廉姆·马克皮斯·泰克瑞

人的力量来自于内心，积极的态度具有化腐朽为神奇、将坏事变好事的力量。要反复问自己，怎样才算是以积极的态度与人交流。你可以说："你这人脾气很坏。"这与下面这句话意思相同："你可以把坏脾气改掉。"前者给人贴标签，后者则给人以鼓励。

人的改变依靠的是自身力量和能力。总是指出他的弱点，要求他改正，是没有作用的。但这并不等于说他就不需要改变弱点，而是说父母应该更关注孩子能做的，而不是总强调孩子不能做的。当他们知道该怎么做，并且有自信去做，他们就会付诸行动。

要注意与你交流的孩子，你说话的口气透露了你的情绪。你的肢体语言、面部表情、站姿和手势，所表达的意思一点也不比语言少。

要把人和事分开。孩子做了不恰当的事，我们只要就事论事就可以了，不要称孩子为不负责任的人。可以给行为加标签，但不要给人加标签。"你能想出一个更合适的方法去做吗？"或者"无论什么情况都不值得你这样做。"这样的表达都比"你太不负责任了"要好。

家长总是习惯用说教的口气而不是询问讨论的口气与孩子对话，无非是想告诉孩子如果父母处在他们这种状况会怎么做。这就传达了一种意思，青少年做得不够好，至少不如父母建议的好。想改变这种口气，就要用询问的语气，引导孩子进行反思。

有三种做法会严重伤害你与孩子之间的关系：批评、责备和抱怨。

> 有三种做法会严重伤害你与孩子之间的关系：批评、责备和抱怨。

不要对他们进行威胁，用询问的语气提出问题，帮助他们对自己做出评价，对自己的行为进行反思。

没人喜欢被逼到墙角的感觉，无论是字面意思，还是暗含的意思。人没有退路就只能拼命抵抗了。孩子失去选择的权利，不仅会反抗，还会对父母产生不满。

克制自己避免争吵。争吵只会加深敌意，阻碍彼此的交流。争吵时人们很少关注问题的解决，而是不停地重复抱怨对方让自己愤怒的原因。有个简单的办法可以让你及时停下来：伸出双手，做"停止"的手势。一只手竖起来，手指向上，另一只手平放在它上面。青少年有权觉得受到伤害，感到愤怒或失望，他们的反应都正常。认同他们的感觉会极大地缓解他们愤怒的情绪。

要活在当下。过去的已经过去了，不能改变。不停地回想过去，仿佛重新经历一次，只会增加人的挫折感。

  青少年自己可以办的事情，就不要代替他们做。要承认这个事实，成长都需要挣扎。让小孩子凡事依赖你，最终会阻碍他们的成长。

  你希望孩子们是什么样子，就要像那个样子对待他们。你希望孩子们有责任心，就要对待他们像有责任心的人，这样他们就会长成这样的人。

关于激励学生的一些建议

激发学生好奇心

好奇心是最好的老师。在日本的学校里,在老师正式上课前,都先把问题摆出来让学生们思考。学生们通过冥思苦想,自然对这节课产生了兴趣。

告诉学生"为什么"要学习课程的内容,以增强他们的兴趣

首先,问问你自己,为什么要教这门课程,在所有人都"唯利是图"的今天,每节课开始,很有必要花一点时间给学生讲解所学内容、在日常生活中的应用及对他们生活的好处。假如你觉得这么做有困难,不妨让学生自己来讨论。你会惊奇地发现,原来学生们是这么会动用手头上的资源呀!你还会惊叹这个讨论对课程的推动效果如此之大!

举例告诉同学们,所学知识可以运用到生活的其他方面

老师应尽可能地把所学知识和日常生活联系起来,告诉他们这些知识是如何让生活更轻松更美好,以及从长远的角度看,学习这些知识对他们的好处。这样,学生们对所学内容会更感兴趣。老师应该和学生们探讨,这些知识是如何使他们做出更好的选择,解决遇到的问题,帮助他们建立起更好的人际关系,甚至提高办事效率。最重要的是,要灌输

给他们这样的真理:"聪明人会从长远的角度看问题。"

教会学生向自己提问

提问促进思考。学生们开始问自己"为什么"和"怎么样",他们的兴趣就会提升,也会更专注于这件事情。这一方法还能运用到元认知技巧的发展上来。

充分利用学生对自身的了解

在和学生分享了你将会教给他们些什么后,问问学生,要怎么样才能使他们的学习效果最好。

培养责任心

激励的最主要原则:人们总是有意无意地激励着自己。每名学生都有责任好好学习,而老师的职责是为学生们创造优质的学习氛围。一个有效的方法就是每节课开始让学生们思考以下问题:

他们有什么期望?

他们希望通过这次课收获些什么?

他们要怎样做才能达到预期的目标?

适时肯定学生的表现

要不时地对学生表示肯定。你对学生说:"我想,你应该知道你干得很好吧。"这不仅能促进学生反思,并且能增强学生的自信心。还有,假如有名学生对别人的表现做了很正确的评价,你就可以说:"艾芙琳的评价非常正确。她很客观地总结了我们刚刚探讨的内容。我想有必要重复一下她刚刚说过的话。"这不仅鼓励了艾芙琳，还鼓励了其他学生积极参与到课堂讨论中。同时还表明，你非常希望同学们能积极做出反馈，积极的反馈对他们学习有帮助。

鼓励学生

最重要的技巧之一就是要让学生知道，你相信他们能做得到。在人们失意时的一句鼓励，胜过他们得意时的一箩筐夸奖。

把关注的焦点放在成长上

向学生强调学习是不断进步的过程，没有人能在一开始学习就做到完美无缺。即使尝试后也没有成功，就把这一过程当作很好的经验。不成功不等于失败。只有当你停止尝试时，你才真正失败了。

少竞争，多合作，才能更有利于学习

竞争可以提高人的临场发挥水平，但却不能促进学习。我们经常看到，有些学生在参加音乐比赛、体育比赛或演讲比赛前能连续不间断地练习4个小时。这些学生练习的动力就是想要在比赛中取得好成绩。对于这些为了胜利而孜孜不倦练习的同学来说，也许竞争是一件有趣的事。但是，对于从来就没有希望在竞争中获胜的人来说，竞争就并不是那么好玩了，他们可能试都不试就直接放弃了。

老师提问题，同学们都竞相举手回答，希望能吸引老师的注意力。但是，老师只能叫一位同学回答，也就是说只有一个人获胜。怎样才能把提问时的竞争局面转变成合作的局面？老师只需摆出问题让大家讨论

就可以了。这样做有几个好处：

第一，它引发了全体学生思考。在讨论中，会得出许多不同的答案，在互相争论中，能进一步激发他们思考。若问题只有一个答案，也还是得让同学们集体讨论。因为这个时候，同学们的目标就变成了和别人分享自己的意见，而不是落在吸引老师的注意力上。

第二，这种方式能让所有学生都参与其中。有些非常害羞的同学不好意思当着全班的面回答问题，但也还是愿意和某些同学交谈，发表自己观点的。最重要的是，当学生们得出正确答案时，他们内心的满足感增加了。这份满足感来自学习本身，而不是来自于老师的认可。

> 老师只需摆出问题让大家讨论就可以了。
> 这样做有几个好处：
> 第一，它引发了全体学生思考。
> 第二，这种方式能让所有学生都参与其中。

在讨论的过程中，老师们需要好好设计一套吸引学生注意力的进程才能使学生们马上集中注意力。

鼓励学生拿自己的现在跟过去对比

人们总是喜欢拿自己和别人比，这是人类的天性。但这种比较是建立在竞争基础上的。一个人能从自身发现越多进步，他的成就感就会越大。老是把自己跟别人比，越比就越觉得不满意，越觉得啥都不如别人，这就容易产生消极负面情绪。一个人感觉良好时，往往能坚持得更久。而当他把自己的现在和过去做对比时，往往能取得更大的成功。要让孩子们明白，每个人都有自己的特点，没有人能和别人完全一样。拿自己和别人比，就像是拿棕榈树和橡树比一样，根本没有可比性。

多磨炼自己的长处，而不是短处

即使是"问题学生"，在感到成功或者看到了成功苗头时，他们的"问题"也会变得不那么明显了。他们把注意力放在成功上，而不是放在还有多少需要改进的方面上。然而，老师们容易把注意力放在"完美的表现"上。老师们应该在心里记住"先尝试，再完美"这个原则。要知道，学生在还没建立起信心之前就听到负面评价，很容易受到打击而半途而废。他们感到灰心丧气，就没有坚持下去的动力了。孩子们更自信，就会愿意接受让他们改进的意见了。老师们可以做一个小小的改进，在正确答案上面用黄色笔打钩，而不要在错误的答案上面用红笔打叉。

制订计划，改善和学生个人之间的关系。

对于青少年来说，人际关系非常重要。特别是来自贫困家庭的学生更是如此。老师遵循了积极正面、给学生选择权和促使学生反思三原则后，师生关系就会得到明显改善。

此外，还应该帮助学生，加强同学之间的联系，增进他们的友谊。每隔一段时间，都要为学生们组织可以增进友谊的活动，只需一小段时间即可。

给学生选择的权利

无论多大年龄的人,都喜欢掌控自己人生的感觉。做选择时,会有一切尽在掌控之中的感觉。因此,老师们上课时,也应该布置两三项任务,供学生们选择。学生有了选择权,就觉得他们的选择是由自己做主的,有了对事态发展的控制感。是否拥有控制感决定了学生做事的态度是积极主动的还是消极被动。老师们在布置家庭作业时,也应该给学生两三个任务,让他们选择。另外要注意:(1)给孩子三个选项要比给他两个选项好。特别是在处理人际关系时,增加了第三个选项能给人完全不同的感觉,会使人完全感觉不到压迫感。(2)逻辑促使人思考,而感觉才让他真正行动起来。

尽可能运用多种教学方法

课堂上,老师们可以运用各种各样的辅助工具进行教学,例如:图表、鲜艳的颜色、动画片、电影片断、录音带/DVD、投影仪、教学幻灯片等。这些工具使得教学工作能更顺利地展开。还可以运用视听的手段,如:播放有韵律节奏的音乐、说唱等。使得学习过程更有趣,也能使学生们记得更牢。还记得你刚开始学字母表时所唱的字母歌吗?它用的就是《一闪一闪小星星》的曲调。此外,老师们还可以让学生们进行各种肢体活动。

如:(1)词汇课上,让学生们用手在空中拼写单词;(2)历史课上,让学生分成小组坐在一起,模拟20世纪早期的移民横跨大西洋时晕船时的情景;(3)在做正误判断题时,让学生用手势来表示对错。如果他认为是对的,则大拇指朝上,如果他认为是错的,则大拇指朝下。

此外，老师们还可以巧妙利用学习小组或学习伙伴来帮助学生们完成学习任务。对于年龄稍大的孩子，可以给他们一张已经填了一部分的工作日程表，让他们在其他同学演示过程中完成这张表格，使得他们注意力集中，帮助他们记好了笔记，以便课后复习。

首先使自己兴奋起来

如果连你自己都兴奋不起来，又怎么指望同学们对你的教学内容感到兴奋呢？所以，要尽可能地让自己兴奋起来。可以尝试多种方法：讲故事，打比方，把所学的知识和日常生活联系起来，把新的知识与过往知识联系起来，把新知识运用到不同场景中等。这些都是非常有趣的方法，能使老师和学生都变得兴奋。这样无论是老师还是学生都能在课堂上更有热情。

从学生的角度看问题

在备课和上课时，想象自己是学生。要不断问自己，如果我是学生，现在会有什么样的反应。

问自己："如果我是学生，我希望什么样的老师给我授课？"

总结

假如教室里的所有学生都是因为喜欢上课而坐在那里，而不是因为想要上课而坐在那里，那该是件多棒的事情啊！如果老师能充分调动学生的积极性，那么就很有可能达到这个效果。

零压力管教：以非强迫性的手段为核心

核心观点

1. 零压力管教最主要是把注意力放在培养孩子的责任心上。我们不需要孩子们言听计从，因为一味强调服从只会使孩子们产生抗拒厌烦情绪，甚至会站起来反抗。服从不能激发起孩子的欲望。而当孩子有责任心时，自然而然会听话。

2. 在课堂上运用这些理念时，我们就可以创造良好的课堂气氛。而在整个学校范围内都运用这些理念，这所学校的校风就会得到重塑。

3. 无论是任何年级、班级、学校，在任何学科上，都可以运用到本书所讲到的观点，甚至在你家里也可以用到这些观点。

4. 这些理念具有普遍意义。既可以把它们运用到日常生活中，也可以应用到职场上。你将发现你的办事效率提高了，人际关系也改善了。

5. 这个体系依赖一套综合教学模式得以实现，而不是通过单个而割裂的技巧实现。

---

6. 这个体系的所有方法都是非强迫性的。它既不会使得人们有权力的争斗，也不会带来人际关系方面的困扰。但是，这一体系也不是放任自流的教育方法。

7. 要一直保持积极正面的学习氛围，哪怕有不负责任的行为发生时也要如此。

8．本体系是一个积极主动的教育项目。目标是防患于未然，也就是，在捣乱行为发生以前就做到未雨绸缪，防止它们发生。这和我们通常所采取的在捣乱行为发生后才管教治理的被动方法大不相同。

9．有学生捣乱，我们要采取能减缓压力的方法，让捣乱的学生放松。这就和平时采取的给捣乱学生施压的方法大相径庭。

10．采用"协调大脑"的方法促使学生们达到我们预期的行为目标。

11．激发孩子们负责任的动力，也促使他们发自内心地想要努力学习。

12．一个人的选择决定了他的生活。因此，要采用"选择——应对"的思考模式。

13．采取了这一体系后，青少年们就不再容易陷入"受害者情绪"中了。

14．采用了演绎的方法。我们先讲解了社会行为的四个层级，把人的行为划分到这四个行为层级中。这与通常人们所采取的归纳方法不同。

15．采用了"构建主义"的方法。每名学生都针对四个行为层级举出了与自身密切相关的例子。在老师向学生们强调思考、理解、自律时，这一方法尤为重要。

16．我们并没有只划定了一个可以接受的行为层级，而是把两个行为层级都当作可接受的行为层级。这样一来，学生成功的可能性更大了，想要达到这一目标的积极性也会更高。

17．这一体系把人的本性和他的行为区分对待，做到了对事不对人。问题发生时，学生不再会千方百计找借口为自己辩护了，扫清了通往责任心的道路上的最大障碍。

18．把不负责任的行为当作是冲动之下的行为，而不是刻意的行为。有了这种意识，我们就能把学生犯错当作是教育他们的好时机了。这里的"犯错"既包括做了某些错误的事，也包括某些科目跟不上、学不好等。

19．这一体系促使人自发地反思，评价自己的所作所为。

20．随时随地都要保全所有人的自尊。

21．通过"控制冲动"我们能减少做出错误决定的可能性。注意我们的行为，也是控制冲动的一部分。

22．本书的方法能给人以指引，并赋予人力量。这与人们通常所采取的说教和力图压倒对方的做法大不相同。

23．老师在课堂上制止捣乱现象，并没有浪费时间。因为通过短暂的交流，老师们既带领同学们复习了四个行为层级，又纠正了不恰当行为，一举两得。

24．假如使用传统的方法，最好是私底下纠正学生不恰当的行为。但用了这种方法，哪怕当着全班同学的面纠正错误也无所谓了。

25．学生们都了解了内在动力和外部动力的区别和内涵，就不容易受到同伴不负责任的行为地影响了。

26．这一体系提高了学习质量。因为在这一体系里，我们是先评价再指导。

27．本书强调的是个人发展，不主张使用外部的手段，如让成年人监督等。

28．本体系通过激发人们的内在动力，促使人们自发地想要变得更负责任，想要表现得更好。这就与利用奖励或惩罚等外部激励的手段完全不同了。

29．之所以不主张运用奖励或惩罚等外部激励手段是因为：这些手段（1）能使人顺从，但却不能使人努力；（2）需要大人在旁监督；（3）使学生对外界产生依赖；（4）并不能使人产生长期的动力，不会更有责任心。

30．以非强迫性手段运用权威的力量。惩罚是基于以下的错误假设的：孩子们只有在吃一堑后才会长一智，因此必须惩罚他们，让他们多吃点苦头。但事实上，惩罚孩子会带来反效果，还会使得你和孩子之间的关系变得糟糕。

这一体系中还暗含了以下的原则：

（1）积极正面是比消极负面更好的老师，它可以教会我们很多东西。

（2）选择使人充满力量。

（3）只有不断地进行自我评价，才能不断进步。

（4）人们选择了自身的行为。

（5）自我纠正是改变行为的最好办法。

（6）负责任的行为就已经是最好的奖赏了。

（7）用非强迫性手段运用权威的力量吧，这样更能促使孩子成长。

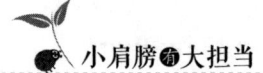

责任感培养体系

责任感培养体系是建立在以下指导模式基础上的：

1 讲授四个行为层级（教）

　　D级——民主

　　（处于这一层级行为的人们都是自律的，而且还会自觉地做出负责任的行为）

　　此时人们的行为动机来自内部——人们会自发地做出符合一般人的期望的表现。

　　C级——合作／循规蹈矩

　　（行为能够符合人们的期望，会受到同伴们行为的影响）

　　此时人们的行为动机来自外部。

　　B级——蛮横专制

　　（这个行为层级的人常常破坏规矩并且建立起自己的一套标准）

　　这一层级的行为主要是欺负别人。只有外界有足够强大的权威力量干涉才能改变人的行为。

　　A级——混乱无序

　　（毫无秩序，没有目标，一片混乱）

2 检查理解和吸收情况（问）

通过检查理解和吸收情况，可以很好地解决有人在课堂上捣乱的问题。这样做的目的是让捣乱的学生认识到自己所处的行为层级。只有认清自己所处的行为层级，捣乱的学生才能意识到自己应负起的责任。

培养孩子责任心的关键在于：(a) 讲解行为层级；(b) 检查理解和吸收情况。

运用上述方式就能解决大多数课堂纪律问题了。

3 引导选择（引导）

引导选择的方法适用于以下情况：捣乱的学生已经认识到自己的行为所处的层级不被接受，但却一意孤行继续捣乱。这就要运用非强迫性权威的力量了。

引导选择：引导学生说出下一步打算，使得他们在下次有冲动捣乱时能更好地控制冲动的方法。

本书的私人订制

不同行为层级的发展

D 层级——民主

行为发展的最高层级

- 自律
- 主动
- 做对的事情,因为那是人们应该做的事情
- 表现出强烈的责任心——责任心是民主社会的核心品质,动力来自内部

C 层级——循规蹈矩

也属于被人们所接受的行为层级

- 为他人着想
- 听从他人意见
- 受到同龄人压力的影响

动力来自外部

B 层级——蛮横专制

属于在课堂上不能被接受的行为层级

- 扰乱他人
- 欺负他人
- 不按照约定俗成的规矩行事，而制定自己的规则和标准

只有在外界强大压力的促使下才肯守规矩

A 层级——混乱无序（混乱无序的无政府状态）

属于行为的最低层级

- 毫无秩序
- 毫无目标，一片混乱
- 无政府状态

这种无政府状态的行为层级是民主层级的最大对立体

另外要注意的是：C 层级和 D 层级的区别不在于人的行为，而在于他们的行为动机。

致家长们的样板信

责任感培养体系

尊敬的家长：

　　我们的课堂就像一个微型社会。每名学生都像按照社会期望和标准而生活的市民。

　　了解这一点，我们就可以明白，孩子们的表现达到了期望，他们并不会因此而得到奖励——就像我们在社会上不会因为没有犯错就受到奖励一样。同时，如果孩子表现出不负责任的行为，也请你们把它当作是促进孩子成长的机会，而不是惩罚他们的机会。

　　我们希望通过让孩子们反思以及进行自我评估来鼓励他们，使他们变得更自律。我们希望同学们学会控制自己的行为。这样一来，就不需要时时刻刻都由老师在旁监督了。

　　我们还希望我们的课堂一直充满鼓励的气氛，孩子们能更好地学习。这样的话，孩子们才会建立起积极正面的人生观，学会许多生活中必须用到的行为上的技巧。这对他们日后成功地走向社会也是大有裨益的。

您最真诚的 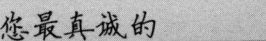

作 文

责任感培养体系

请清楚、充分地阐述以下问题：

1. 我过去做了些什么？（认知）
   _____
   _____

2. 我现在要怎样做才能使其不再发生？（选择）
   _____
   _____

3. 我将来要做些什么？（承诺）
   _____
   _____

注意：此篇作文的目的是：

（1）把爱搞乱的学生和其他同学分开

（2）组织该学生参与一个培养责任感的活动，促使其反思他/她的行为

以上的关键之处就在于让学生自己来描述这一切——而不是让老师告诉他们。

在学生离开教室之前，还需要问他/她两个问题：

你知道为什么要把这份表格给你填吗？　　你认为这是针对你个人的吗？

"自我诊断书"（高年级版）

责任感培养体系

姓名：＿＿＿＿＿＿＿＿

日期：＿＿＿＿＿＿＿＿

1. 发生了什么事？
   ＿＿＿＿＿＿＿＿＿＿＿＿＿＿＿＿＿＿＿＿＿＿＿＿＿＿＿＿＿

2. 你的行为属于哪个行为层级？
   ＿＿＿＿＿＿＿＿＿＿＿＿＿＿＿＿＿＿＿＿＿＿＿＿＿＿＿＿＿

3. 介绍一下这个行为层级有哪些特点？
   ＿＿＿＿＿＿＿＿＿＿＿＿＿＿＿＿＿＿＿＿＿＿＿＿＿＿＿＿＿

4. 当你的行为属于这一行为层级时，老师应该做些什么？
   ＿＿＿＿＿＿＿＿＿＿＿＿＿＿＿＿＿＿＿＿＿＿＿＿＿＿＿＿＿

5. 你希望老师这样对你吗？请讲明希望或不希望的原因。
   ＿＿＿＿＿＿＿＿＿＿＿＿＿＿＿＿＿＿＿＿＿＿＿＿＿＿＿＿＿

6. 你觉得，你以后的行为应该属于哪个层级？
   ＿＿＿＿＿＿＿＿＿＿＿＿＿＿＿＿＿＿＿＿＿＿＿＿＿＿＿＿＿

7. 假如你过去表现得更有责任感，也许你已经用某些方法解决一些问题了。请举出其中一个方法。
   ＿＿＿＿＿＿＿＿＿＿＿＿＿＿＿＿＿＿＿＿＿＿＿＿＿＿＿＿＿

"自我诊断书"（低年级版）

责任感培养体系

姓名：　　　　　

日期：　　　　　

上课时间：　　　　　

1. 说说你上课做了什么"好事"，使得你现在得坐在这里填这份表格？

2. 你自己的行为是属于哪个行为层级的？

3. 介绍一下这个行为层级有哪些特点？

4. 解释一下，为什么你觉得自己的行为属于这个层级呢？

5. 当你的行为属于这一行为层级的时候，老师应该做些什么？

6. 你坐在教室里学习，就是为了想要老师这样对待你的吗？

7. 说说上个问题答案的原因吧。

8. 你觉得，你的行为应该要属于哪个层级才能在课堂上被大家接受呢？

9. 如果你过去的行为真的属于你上面所说的层级，现在的情况会有什么不同？

10. 假如你过去表现得更有责任感，也许你已经用某些方法解决问题了。请在这份自我诊断转诊书的背面列举出其中3个方法。

给父母的便条

责任感培养体系

主题：_____ 上课时间：_____

尊敬的家长：

  您好！附件中的是您孩子写的"自我诊断书"。我让他写这封诊断书的目的，就是希望他能够认清自己的行为所处的行为层级，从而使他认清自己的社会责任，变得更有责任感。这已经是他第二次写诊断书了。第一次写诊断书，他所填的表格只需要由他的老师（也就是我）过目就行了。

  然而，如果这名学生需要写第二封诊断书，那么我们一般都会把他两次诊断书都寄回家。

  希望您能够注意到，您孩子所选择的行为是一般课堂难以接受的行为。（在我的课堂上也是如此。）我希望，您能让孩子给您解释一下，他所选择的行为层级有哪些特点。

  假如，您孩子还需再写第三封诊断书，我将把这三封诊断书都寄给您。还会把这三封诊断书都转交给教务处，让教务处来帮助您的孩子。

  请在下面的便条签字。谢谢。

老师签名_____

家长签名_____

设计学生的执行范本(以4-6年级为例)

责任感培养体系

 (用时15分钟)

内容:介绍A层级和B层级(C层级、D层级)

 (用时45分钟)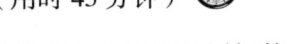

内容:1. 让学生列举关于A层级和B层级的例子

2. 把A、B、C、D四个行为层级通通过一遍。(以描述的方式)。

3. 复习A层级和B层级。

4. 就C层级和外部动力的内容进行讨论。(特别要对"同龄人压力"进行讨论)。

5. 就D层级和内在动力的内容进行讨论。(特别要对责任感和主动性进行讨论)。

6. 把学生们分成几人一组的小组。

——每个小组都要针对A、B、C、D四个行为层级各举3个例子,并且都是教室里发生的行为。

7. ——告诉学生,第二天上课,每个小组的全体成员都得上讲台展示他们的报告。

8. ——每组都要选出一位组长,要负责协调组员之间的分工。哪些人负责展示,哪些人负责报告等,都要由组长来分配。

9. 最后,每组最终给每个行为层级想3个例子。

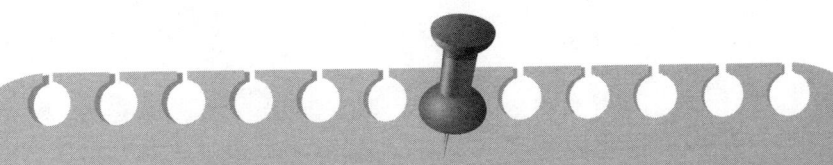

家庭作业：让学生们把下面的话抄在"行为层级表格"的背面。再让他们带回去给家长签名。

（学生姓名）　　　已经向我讲解了各个行为层级的内涵，他还告诉我，A级和B级的行为是课堂上不能接受的行为层级。

（　　　　　　）

家长签名＿＿＿＿＿

　　（用时15分钟）

小组成员集合。每个小组都要就四个行为层级的每个行为层级选取其中一个例子做报告。

每个小组都得把每个行为层级的一个例子与大家分享。

老师们来练习责任感培养体系

在每次课开始都要向学生们宣读以下的内容：

本班的同学都已学习并了解了行为层级的内容。这是本班赖以维持课堂纪律的基础。代课的老师没有必要重申这部分内容。

维持课堂纪律是本班所有同学共同的责任。大家都知道，是我们自己选择了我们想要的行为层级。

如果同学们都能自觉完成老师布置的任务，那么他们的行为层级就属于C层级或D层级了。

那些行为停留在B层级的同学们，你们是在宣示你们自己的权威。而学生们都知道，既然选择了自己想选的行为层级，就必须为自己的选择负责。因此，对于公然挑衅的同学，我会把你们的名字记下来。因为你们既然选择了你们想选的行为层级，就必须完成这个行为层级的人应该完成的任务。

下课后，请交给我一份选择了B层级行为的同学的名单。